史上最強カラー図解

江戸時代のすべてがわかる本

東京学芸大学教授 大石 学＝編著 ◉ *Ohishi Manabu*

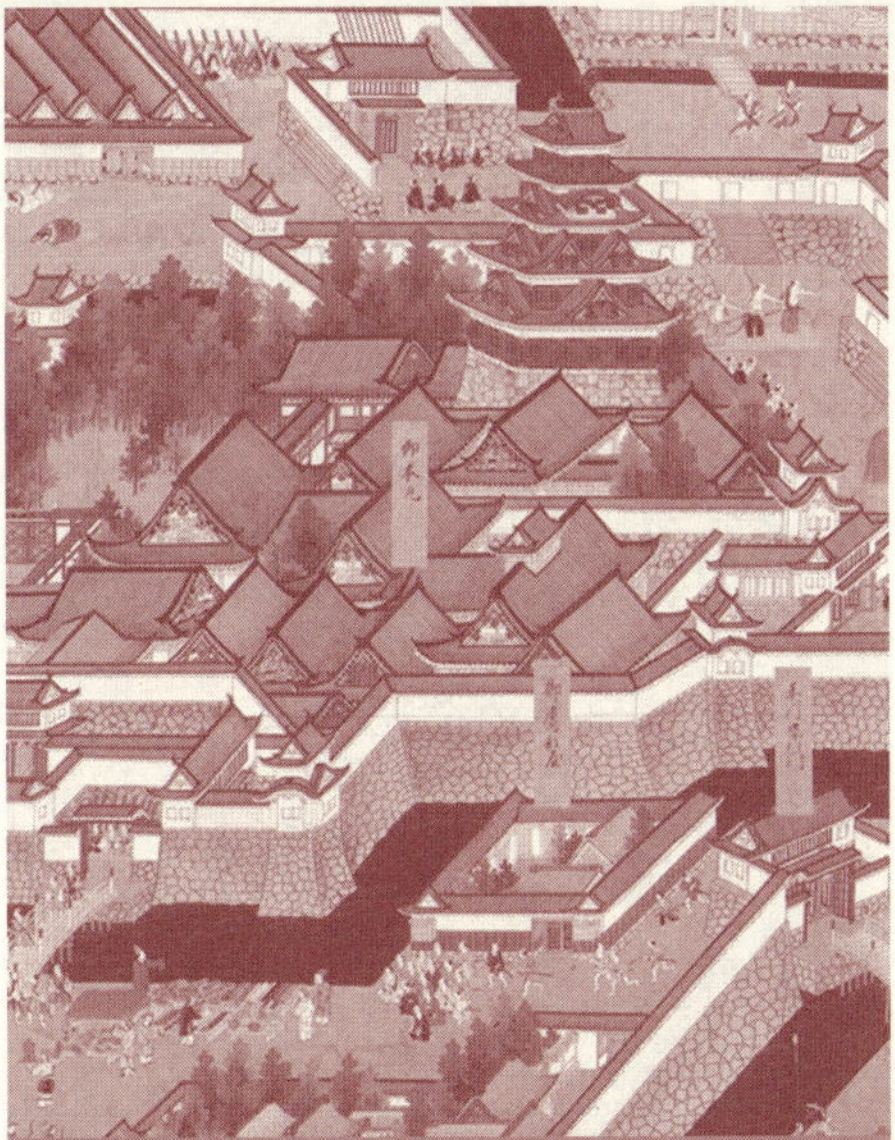

ナツメ社

はじめに

「江戸時代を知ることは現在を知ることである」――。

本書は、この意識をもとに編集された。江戸時代を起点として、形成・発展してきた日本型社会・日本型システムが、グローバルスタンダードのもとで、変質・解体されつつある今日、江戸時代を見直す作業は、ますます重要になってきている。

本書の編集にあたって留意したことは、

（1）執筆にあたって、最新の史料や研究成果をもとに、新たな江戸時代像を描くこと。

（2）その際、江戸時代265年の全体的な特徴を捉えるとともに、15代将軍の個性や政治に注目し、各時代の社会・経済・文化の変化を描くこと。

（3）わかりやすい叙述や見やすい図版・データを多用し、読者の理解に資すること。

の3点である。

執筆は、江戸時代を専門とする若手研究者たちが、さまざまな分野から江戸時代をイメージする約100項目を厳選し分担した。いわば、若い人々による新たな江戸時代像の提示であり、読者の皆さんは、今まで教科書や一般書、あるいはテレビや小説などの時代劇を通じてつくり上げてきた江戸時代像と、大きく異なる実相を見ることになる。今から400~135年前に、この列島上で展開された、人々のさまざまな営みを知り、私たちの未来を構想する手がかりを得ていただければ、関係者一同これに過ぎる喜びはない。

大石　学

江戸時代のすべてがわかる本

もくじ

「平和」と「文明化」の江戸時代
新たな江戸時代を知るキーワード20

【第1章】江戸のはじまり

第2章 文化の開花

第3章
政治の発展

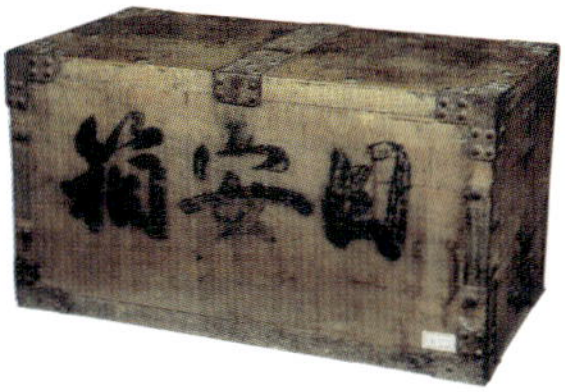

第4章 教育のすすめ

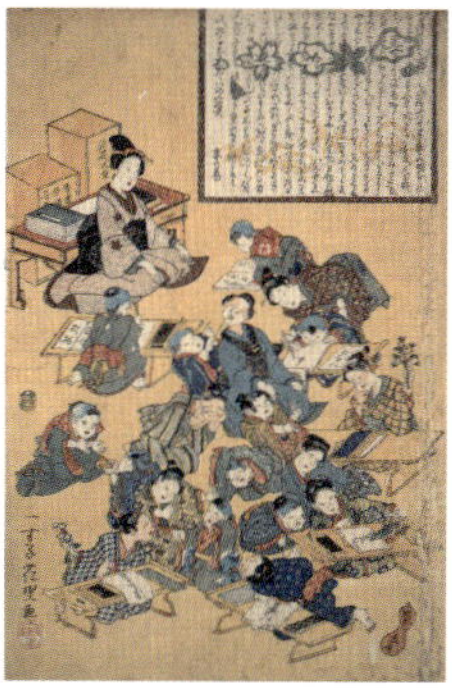

＊本文中の年月日は和暦（太陰太陽暦）を基本とし、（　）で西暦を補った。改元のあった年は、改元前の出来事でも、原則として新元号を用いた。

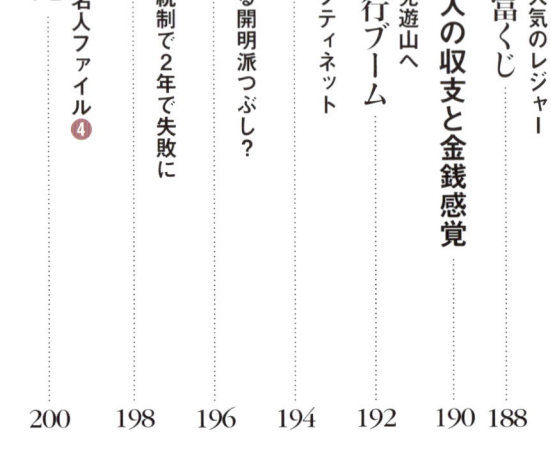

【第5章】幕末維新

『熙代勝覧《きだいしょうらん》』（部分） ベルリン東洋美術館蔵 AMF,Tokyo / DNPartcom /bpk / Museum für Asiatische Kunst, SMB / Jürgen Liepe

「平和」と「文明化」の江戸時代

新たな江戸時代を知るキーワード20

I 統治のしくみと社会

江戸時代＝「平和」と「文明化」の265年は、国家の制度が統一・整備され、国民文化が成熟し、列島社会の均質化が大いに進んだ時代である。そして、この進化こそ明治時代以後の日本の国家社会の重要な前提となった。

① 徳川の平和

慶長8年（1603）に、初代将軍の徳川家康が江戸に幕府を開いてから、慶応3年（1867）に15代将軍の徳川慶喜《よしのぶ》が大政奉還《たいせいほうかん》するまでの265年間を江戸時代と呼ぶ。教科書や学術書では近世《きんせい》とも呼ばれている。

この時代、中央政府である幕府が、全国約260の大名（藩）を編成し、列島規模で国民を統治した。対外戦争はもちろん内戦もほとんどない、世界史上でもまれな「平和」な時代だった。

慶応元年（1865）に世界周遊の旅の途中に来日した、トロイの遺跡発掘で知られるシュリーマンは、「この国は平和で、総じて満足しており、豊かさに溢《あふ》れ、極めて堅固な社会秩序があり、世界のいかなる国々よりも進んだ文明国である」と、江戸の社会を高く評価している。

江戸幕府（徳川氏）による「平和」は、古代ローマ帝国の平和（パクス・ロマーナ）、現代アメリカの覇権による平和（パクス・アメリカーナ）を模して、「徳川の平和」（パクス・トクガワーナ）とも呼ばれる。

◎参考文献　芳賀徹『叢書比較文学比較文化1・文明としての徳川日本』（中央公論社、1993年）、藤川徹訳『シュリーマン日本中国旅行記』（新異国叢書、雄松堂出版、1982年）、藤木久志『豊臣平和令と戦国社会』（東京大学出版会、1985年）、大石学「伊勢国文禄検地の基礎的研究」（徳川林政史研究所『研究紀要』昭和57年度）

江戸の賑わい

江戸のメインストリート、日本橋通り（東京都中央区）に立ち並ぶ店と、その前を行き交う人々を描いたもの。平成11年（1999）にベルリン美術館で発見された絵巻の一部で、全体は縦43cm、全長1230cmもの大作。そのなかには、約90軒の問屋や店、約1700人の人物がいきいきと描かれている。文化2年（1805）頃の作品とされる。作者不明。

② 豊臣秀吉と惣無事令

「徳川の平和」を準備したのは、約1世紀におよぶ戦国の争乱を終結させた豊臣秀吉である。秀吉は「惣無事令《そうぶじれい》」と呼ばれる一連の法令を発布し、「公儀」＝公権力として、大名間の戦争や村落間の紛争、海賊行為、国内外での船の紛争などを禁止した。これらの政策により、戦争や紛争は「私戦」として封じ込められ、列島社会に「平和」がもたらされたのである。

③ 太閤検地と石高制

全国を統一した秀吉は、天正《てんしょう》10年（1582）から慶長3年（1598）にかけて全国各地で検地（土地の測量）を行った。いわゆる太閤《たいこう》検地である。太閤検地は、それまでの指出《さしだし》検地（申告方式）とは異なり、秀吉が中央から派遣した検地奉行《ぶぎょう》が行い、不統一だった長さや面積の単位などを全国規模で統一して行われた。

土地の生産力を、米の収穫高を表す石高（1石《こく》＝10斗＝180リットル）に換算して表示し、村ごとに検地帳（土地台帳）をつくり、検地帳に記載された者の土地の耕作権を認めるとともに、年貢負担者として位置づけた。

石高制は江戸時代を通じて大名や家臣たちの軍役賦課《ふか》（武士としての負担）の基準となり、農民の年貢・諸役（雑税）の基準にもなった。太閤検地は村々に行政村としての公的性格を与える機会にもなり、その後の社会編成の原理として重要な役割を果たしたのである。

江戸城

江戸初期の頃の江戸城とその周辺の様子。江戸城は江戸幕府の最高政庁だった。

『江戸図屏風』（部分）
国立歴史民俗博物館蔵

④ 大名の官僚化

秀吉が達成した「平和」のうえに、全国統治を展開したのが江戸幕府である。

江戸幕府は、改易《かいえき》（領地没収）や転封《てんぽう》（領地移転）などによって、大名を領地から切り離し官僚化を進めた。伊勢国津藩（藤堂氏）の法令には「我等は当分《とうぶん》の国主《こくしゅ》、田畑は公儀の物に候《そうろう》」（『宗国史』）と、大名支配は当座のことと記され、岡山藩の藩主池田光政は、「上様（将軍）ハ日本国中の人民を天より預り成され候、国主ハ一国の人民を上様より預り奉る」と、大名支配は、あくまでも将軍から預かったものと述べている。つまり、大名は、土地に根づかぬ「鉢植え」の状態に置かれたのである。

この大名らの官僚的な支配を支えたのは、村を単位とする地域社会だった。地域社会は村法や村寄合などをもとに自治を発達させ、江戸後期には名主《なぬし》（庄屋）や組頭（年寄）などの村役人を入札（選挙）で決めたり、輪番で勤めることが多くなった。一般農民の代表として、村役人を監視する百姓代《ひゃくしょうだい》が現れ、村政を監視した。大名の官僚的支配は、地域社会の成熟とあいまって実現したのである。

◎参考文献　大石学『吉宗と享保の改革』東京堂出版、1995年）、尾藤正英『江戸時代とはなにか』（岩波書店、1992年）、荒野泰典『近世日本と東アジア』（東京大学出版会、1988年）、大石学『江戸の外交戦略』（角川学芸出版、2009年）

⑤ 享保改革

幕府は江戸時代を通じて、さまざまな国家制度・国家システムを整備していった。とくに8代将軍の徳川吉宗《よしむね》は、強力なリーダーシップのもとに享保《きょうほう》改革（1716〜45）を断行。法と官僚機構を整備し、これを基礎づける公文書システムを整えた。さらに吉宗は、全国規模で人口調査や薬草などの物産調査を行うなど支配の合理化・客観化を進めた。

⑥「役」の体系

江戸時代には、士農工商と呼ばれる身分制度も整備され、人々はそれぞれの身分に応じた「役」を勤めた。武士は軍役を、農民は年貢・夫《ぶ》役を、職人や商人は技術労働・人足《にんそく》役などを、それぞれの集団を通して勤めたのである。人々は、全国的にこれら「役の体系」により編成され、国家の一員、集団の一員として位置づけられた。

⑦ 四つの窓

対外的には、鎖国《さこく》体制がとられた。鎖国とは、世界に対して日本が窓を閉じてしまうことではなかった。

日本は、薩摩、長崎、津島、松前で外国と接していたのである。長崎では幕府管理のもとに中国・オランダと、対馬では宗氏を通じて朝鮮と、薩摩では島津氏を通じて琉球と、松前では松前氏を通じてアイヌと、「四つの窓」を通じて、外交・通商を行っていた。幕府は鎖国体制により、諸外国・諸民族との関係を確定し、安定化させたのである。

近年は、鎖国とは別に、「海禁」という言葉を使うことも主張されている。

参勤交代の大名行列

莫大な費用がかかり、藩にとって大きな負担となったが、一方で参勤交代は、江戸と国元との情報･文化の交流の機会になるなど、日本全国の発展に大きな意味を持った。

『加賀藩大名行列図屏風』
石川県立歴史博物館蔵

8 首都としての江戸

国家が統一されると、江戸を中心に列島社会の均質化が進むとともに、江戸はしだいに首都機能を強化していった。

家康は、「江城（江戸城）は政令の出る所、天下諸侯朝勤《ちょうきん》の地なり」（『徳川実紀』）と、江戸城が法令を発布する場所、全国の大名たちが参勤する場所と述べている。

また将軍吉宗は、「3代将軍家光の時代まで、江戸は寂しく「国都」＝首都としての体裁をなしていなかったため、当時の老中らが相談して参勤交代を始めた」（『徳川実紀』）と述べており、江戸を首都として認識していたことが知られる。

寛永《かんえい》12年（1635）の参勤交代《さんきんこうたい》の制度化により、全国の大名は1年おきに江戸に住むことになった。江戸には諸藩の屋敷などが立ち並び将軍直属の旗本《はたもと》や御家人《ごけにん》などの屋敷も整備された。これら武士の日常生活を支える商人や職人も多く住むようになり、江戸は首都としての景観を備えていった。

9 外交都市・江戸

首都江戸はまた、外交の中心でもあった。朝鮮国王が江戸幕府の将軍就任など慶事に際して派遣する通信使《つうしんし》、琉球王が将軍就任時に派遣する慶賀使《けいがし》と琉球王就任時に派遣する謝恩使《しゃおんし》、さらに長崎出島のオランダ商館長が将軍に挨拶する江戸参府など、江戸は外交の中心として機能していた。

江戸の天下祭《てんかまつり》（神田祭と山王祭のこと）では、好奇心旺盛な江戸っ子たちが、朝鮮風の衣装を身にまとい、朝鮮通信使の行列を再現することもあった。

◎参考文献　大石学『江戸の教育力-近代日本の知的基盤-』（東京学芸大学出版会、2007年）、大石学編『近世公文書論-公文書システムの形成と発展-』（岩田書院、2008年）

大名屋敷 参勤交代制度の成立をきっかけに、江戸に諸藩の屋敷が立ち並んだ。図は江戸初期のころの大名屋敷。

『江戸図屛風』（部分） 国立歴史民俗博物館蔵

⑩ ペーパー時代

江戸時代の特徴として文字や教育の普及も見逃せない。兵農分離政策や商品経済の発展などにより、人々の間で文書のやりとりが増大し、幕府をはじめ、さまざまな組織や集団が公文書を作成し、保存するようになった。社会はペーパーレスからペーパー時代へと移行した。

また、幕府や藩などによる民衆教化が大きな成果をおさめた。手習塾《てならい》（寺子屋）も普及した。学問や文芸への関心が高まり、出版も活発化し、貸本屋が増加した。

⑪ 列島社会の均一化

参勤交代は、江戸と国元との情報・文化の交流の機会となった。また「役の体系」は、身分集団内部や地域社会の均質化を進めた。たとえば、享保改革の際、江戸周辺地域では、鷹場《たかば》制度の整備にともない将軍の鷹狩にかかわる農民の夫役（人足役）や江戸城への上納役（生活用品の納入）が定められたが、これは同地域の、江戸城・将軍家とのかかわりを強めるとともに、地域内の一体性を高める結果にもなった。

また、江戸後期には、庶民の間で旅行がさかんになり、農村から都市への出稼ぎも一般化した。

江戸時代は、人の移動、交通網の整備、商品流通の活発化、そして身分や地域をこえた国民文化の成熟など、列島社会の均質化が大いに進んだのである。

（以上 大石学）

◎参考文献　大石学『首都江戸の誕生-大江戸はいかにして造られたのか-』（角川書店、2002年）、大石学『享保改革の地域政策』（吉川弘文館、1996年）、大石学「近世中期三河地域の江戸稼ぎ奉公人－碧海郡野田村を中心に－」（大石慎三郎編『近世日本の文化と社会』雄山閣出版、1995年）

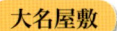

Ⅱ 大江戸八百八町の形成

俗に「大江戸八百八町」といわれるが、実際の江戸には、その倍の町数があり、武士・町人合わせて百万人が住んでいた。首都機能を蓄積しながら発展した江戸は、京・大坂の上方を超える経済力、文化力を備えるに至った。

⑫ 関東平野と江戸湊

都市江戸は、江戸時代を通して政治経済の中心として発展していった。江戸湾の奥深くにあった江戸湊は太平洋岸でも有数の良港であり、北側には実り豊かな関東平野が広がっていった。

これまで家康入府以前の江戸の町は、未開の地、あるいは寒村といったイメージが強かったが、この説は現在、修正されつつある。江戸寒村説は家康の功績を称《たた》えるためにつくられたストーリーで、江戸は中世から東国《とうごく》水運の結節点であり、要衝地だった。

江戸の町は、天正《てんしょう》18年（1590）の家康の関東入府以来整備され、関が原の戦いをへて全国政権の中心地（首都）として発展し、3代家光《いえみつ》のころには、「町づくり」がほぼ完成した。

⑬ 明暦の大火

徳川3代で築き上げた江戸の町だったが、4代家綱《いえつな》の時代の明暦《めいれき》の大火により、江戸の町の約6割が焼失してしまう。このため防火対策を含む都市大改造が行われた。江戸城周辺にあった武家地や寺社地が移転するとともに、江戸郊外の開発が進んだ。本所（墨田区）・深川（江東区）地域の開発が進んだのもこのころである。

この後も江戸の町は膨張し続け、正《しょう》徳《とく》3年（1713）に933町、延享《えんきょう》2年（1745）に1678町を数え、俗称される「大江戸八百八町」の2倍の町数となった。

◎参考文献　岡野友彦『家康はなぜ江戸を選んだか』（教育出版、1999年）、大石学『首都江戸の誕生-大江戸はいかにして造られたか-』（角川書店、2002年）、牧野昇・会田雄次・大石慎三郎監修『人づくり風土記 全国の伝承・江戸時代13・48大江戸万華鏡』（農村漁村文化協会、1991年）、『大江戸八百八町』（東京都江戸東京博物館、2003年）

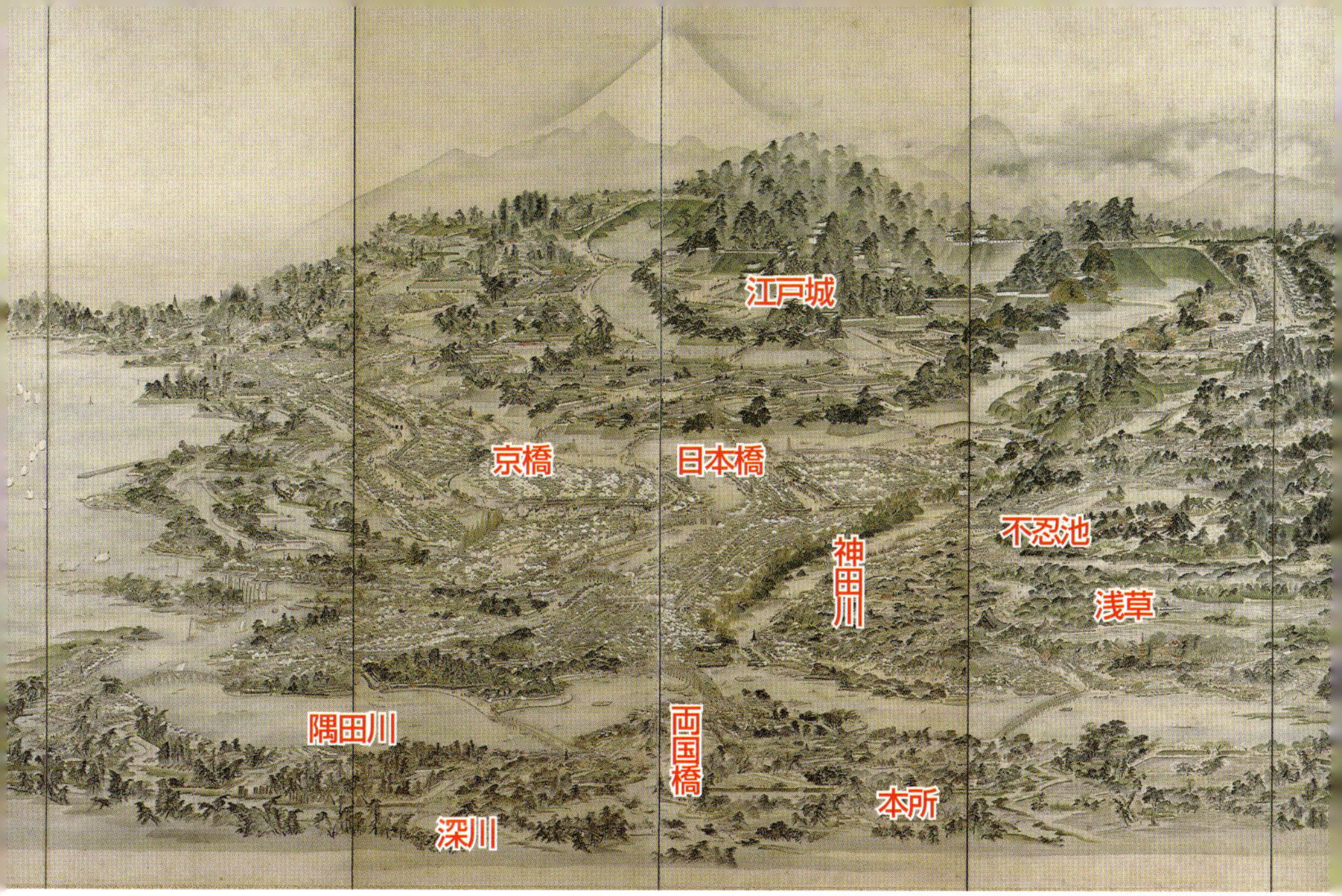

江戸の風景 文化6年（1809）に描かれた屏風絵。江戸が緑と水に恵まれた土地だったことがよくわかる。

鍬形蕙斎『江戸一目図屏風』 津山郷土博物館蔵

⑭ 百万都市

江戸の人口は、慶長年間（１５９６～１６１５）当時約15万人だったが、江戸の発展にともない、元禄年間（１６８８～１７０４）には町人人口が約35万人、享保《きょうほう》年間（１７１６～３６）には約50万人に急増した。

江戸全体の人口は、これに旗本《はたもと》・御家人《ごけにん》や、参勤交代で参府した武士の人数が加算されるので、享保年間には１００万人を超えたと推定される。当時世界の都市の人口はパリが55万人、ロンドンが46万人である。江戸はそれらを上回る世界最大の巨大都市に成長したのである。

江戸中期以降になると、江戸の人口増加や地域的拡大に加え、江戸商人の経済力、あるいは町人文化の成長を背景に、「大江戸」意識や、通《つう》や粋《いき》などを誇る「江戸っ子」意識が生まれる。そして、江戸後期の文化文政期（１８０４～３０）には、化政《かせい》文化と呼ばれる江戸の町人を中心にした文化が花開いた。

（以上 竹村誠）

『聖堂講釈図』 東京大学史料編纂所蔵

昌平坂学問所での講義風景

昌平坂学問所は、幕臣の子弟教育を行った江戸時代の最高学府。

Ⅲ

江戸時代の教育・文化・情報

江戸時代、とくに後期から幕末期の教育・文化・情報は、世界と比較しても高いレベルを達成し、日本を訪れた外国人らを驚かせた。また地域独自の展開を見せるとともに、明治政府の近代化政策の広がりに大きく貢献することとなった。

⑮ 教育爆発

文書主義の浸透、一般民衆の「家」の成立、全国的な流通・貨幣経済の展開などを背景に、江戸時代には、子どもに読み書き・算盤《そろばん》等の能力を身につけさせようとする親が増えた。とくに江戸後期以降、「教育爆発」と表現されるように、全国的に手《て》習塾《ならいじゆく》（寺子屋）が激増。幕末期には約７万５０００の手習塾と約６５００の私塾が存在していたといわれる。

明治５（１８７２）、６年の東京府の調査では、江戸府内とその周縁部だけでも７６２塾（漢籍の素読《そどく》や算術・洋学などを教授するものを含めると９９９塾）あった。江戸には、全国的に著名な師匠も多いため、江戸町人だけでなく、周辺地域から遊学に来る者も多かった。その卒業生たちはのちに各地域で開塾し、江戸での教えを広めるとともに、それぞれの塾の名を広めていったのである。

◎参考文献　大石学編『江戸時代への接近』（東京堂出版、2000年）、大石学『江戸の教育力―近代日本の知的基盤―』（東京学芸大学出版会、2007年）、辻本雅史・沖田行司編『教育社会史』（山川出版社、2002年）

手習塾の様子

江戸後期には多くの子どもが手習塾に通っていた。

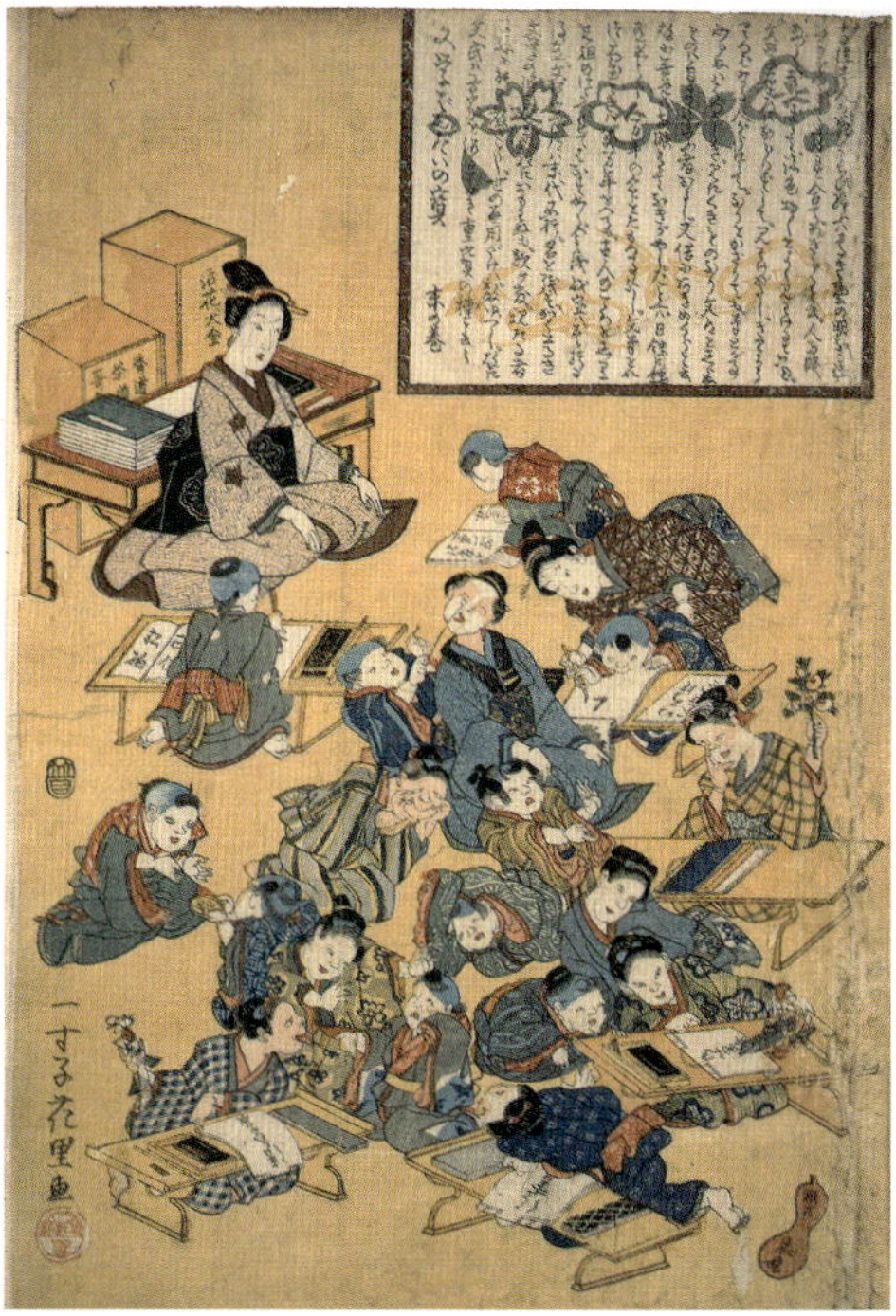

一寸子花里『文学ばんだいの宝』
公文教育研究会蔵

⑯ 手習塾の多様化

江戸後期以降は、手習塾の教育内容も経営形態も多様化し、より地域に密着したものや、専門性を高めたものが登場した。たとえば、江戸の三井越後屋などへ多くの奉公人を出していた伊勢国《いせのくに》（三重県）の寿硯堂《じゅけんどう》では、奉公へ出るための準備教育が行われていた。

手習塾の師匠も、当初は僧侶や村役人が多かったが、やがて一般の地域住民も師匠となり、地域教育を支えることになった。女師匠も多く、明治5、6年の東京府の調査では、約1割にあたる92の塾が女師匠によって支えられていた。

⑰ 実益としての教育

民衆のなかには、地域を飛び出して江戸・大坂・京の三都や、各地の城下町などに遊学し、和学・漢学や蘭学など高度な学問を学ぶ者も少なくなかった。

しかし一方で、江戸時代の教育は、あくまでも各々の実生活や職業に必要な知識を身につけることが基本とされ、必要以上の学問修得は身を滅ぼすものとして家訓等でいましめられていた。実際、手習塾では、いわゆる〝勉強〟のみを教えていたのではなく、礼儀作法も重視された。それぞれの生活や職業など明確な目的のもとで、必要に応じた学習が行われていたのである。

江戸時代は、若者組などの集団生活や一生を通じた慣習・儀礼等の非文字文化を含め、人間形成にかかわるさまざまな領域の教育的環境が整ったときでもあった。

7代目市川団十郎

歌舞伎十八番のひとつ、『助六《すけろく》由縁江戸桜《ゆかりのえどざくら》』の主人公、花川戸助六を演じる、7代目市川団十郎。歌舞伎役者は江戸っ子の憧れ。役者を描いた錦絵も人気があった。

歌川豊国『助六所縁江戸桜』 江戸東京博物館所蔵 Image: 東京都歴史文化財団イメージアーカイブ

⑱ 町人文化

江戸初期の文化は京・大坂など上方《かみがた》を中心としたが、中期以降は、江戸が全国の文化の拠点となった。

松尾芭蕉《まつおばしょう》とその門人らが確立した俳諧《はいかい》は与謝蕪村《よさぶそん》・小林一茶《こばやしいっさ》らによって民衆に広められ、幕政を風刺した狂歌《きょうか》や川柳《せんりゅう》なども江戸町人の間で流行した。さまざまなジャンルの書物が売り出され、浮世《うきよ》絵《え》では多色刷りの技術が進み、喜多川歌麿《きたがわうたまろ》の美人画や葛飾北斎《かつしかほくさい》の風景画など錦絵《にしきえ》が人気を博した。

町人のなかからは、文化を極めようとする好事家《こうずか》や知識人が生まれ、文化サロンが形成された。また、貧富を問わず、歌舞伎や落語を楽しみ、江戸近郊の寺社への参詣《さんけい》や、名所めぐりなどを積極的に楽しむなど、いわゆる行動文化が発展した。

武士や大店の富裕層をはじめ、古くから下町に住んでいる「江戸っ子」、全国各地から流入した長屋住まいの人々まで、江戸の多彩な文化は、さまざまな階層の者たちによって、発展したのである。

◎参考文献　宮地正人『幕末維新期の社会的政治史研究』（岩波書店、1999年）、工藤航平「幕末期江戸周辺における地域文化の自立」（『関東近世史研究』第65号、2008年）、工藤航平「阿部伊勢守御達と民衆-江戸湾警衛に動員された川越藩領を事例に-」（大石学編『時代考証の窓から-「篤姫」とその世界-』東京堂出版、2009年）

⑲ 地域文化の自立

町人文化が盛り上がる一方で、江戸後期には全国各地で、俳諧や和歌、国学、蘭学、剣術などさまざまな文化が愛好されるようになった。このような地域文化の展開が、江戸の文人らの経営や行動文化を支えていたのである。

地域住民は積極的に彼らを援助することで、その「知」を取り込み、さまざまな文化的ネットワークを形成した。このネットワークを通じて、地域住民の各階層や武士、江戸や城下町等の文化人が交流を持ち、文化面だけでなく支配・行政といった場面でも活用された。

やがて、地域住民は自ら地元の史蹟《しせき》・名勝《めいしょう》調査や桜の植樹などを行うことで〝名所〟をつくり出し、その由来を記した石碑《せきひ》の建立《こんりゅう》や、句集・地誌などの刊行を通じて、その名所を広める活動を行った。地域住民のこれらの活動は〝地域文化の自立〟と評価できる。これが全国各地で展開したことにより、現在にも続く地域独自のさまざまな文化が花開くこととなった。

⑳ 情報社会

江戸時代の情報は、触書《ふれがき》や日常的に作成される村方文書《むらかたぶんしょ》、政治・経済に関する瓦版《かわらばん》（読売《よみうり》）、書物《しょもつ》・写本《しゃほん》などさまざまな媒体を通じて発信された。しかし、幕府をはじめとする為政者《いせいしゃ》側は、支配の強化・安定化のために意図的に情報を選別・統制して流した。

これに対し、読み書き能力を身につけた民衆は、さまざまなネットワークを通じて情報を主体的に収集した。彼らは情報を鵜呑《うの》みにせず、自らの知識をもって現実を直視しようとしていたのである。とくに嘉永《かえい》6年（1853）のペリー来航に代表される異国船渡来《いこくせんとらい》に関する情報は、江戸を中心に膨大な量が駆けめぐった。蒸気船やペリー一行の様子、幕府中枢の動向やそれを揶揄《やゆ》するものなど、虚実も含めさまざまな情報がやりとりされた。そしてこれらの影響のもと、実際に異国船を見に行く者、政治運動に参加する者、地域秩序の維持に奔走する者などが現れた。江戸後期、「情報」は人々の行動の大きな指針となっていたのである。

（以上　工藤航平）

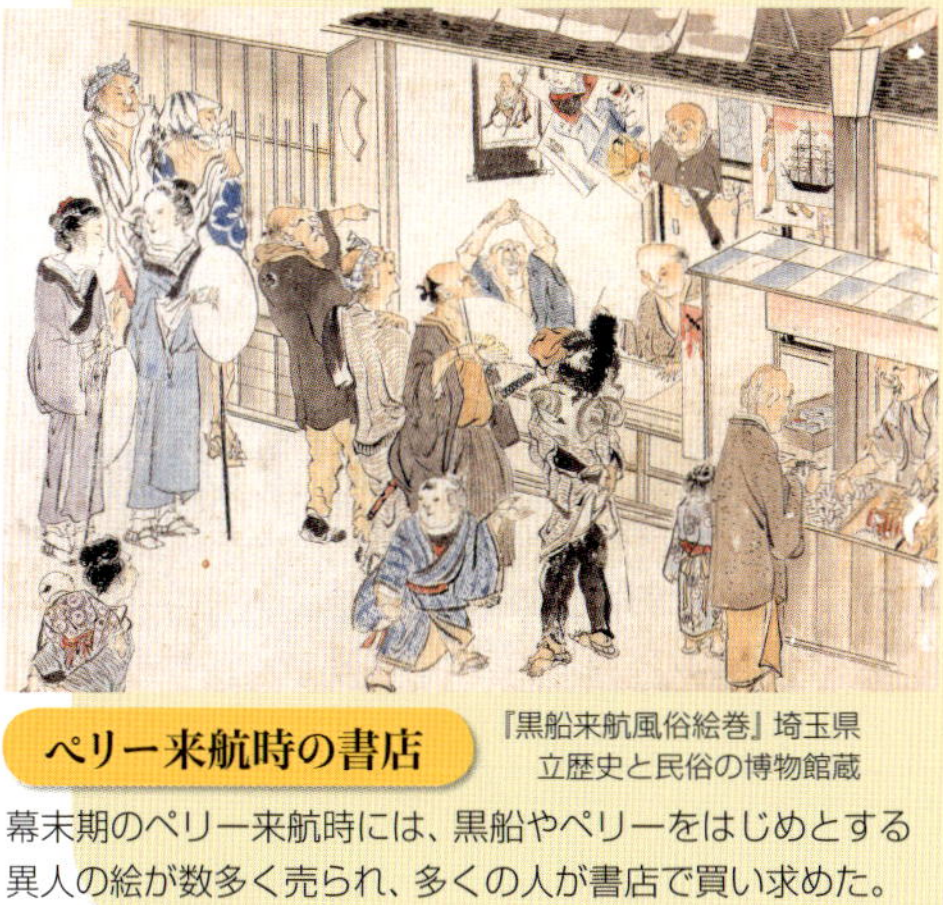

ペリー来航時の書店

『黒船来航風俗絵巻』埼玉県立歴史と民俗の博物館蔵

幕末期のペリー来航時には、黒船やペリーをはじめとする異人の絵が数多く売られ、多くの人が書店で買い求めた。

徳川将軍家 家系図

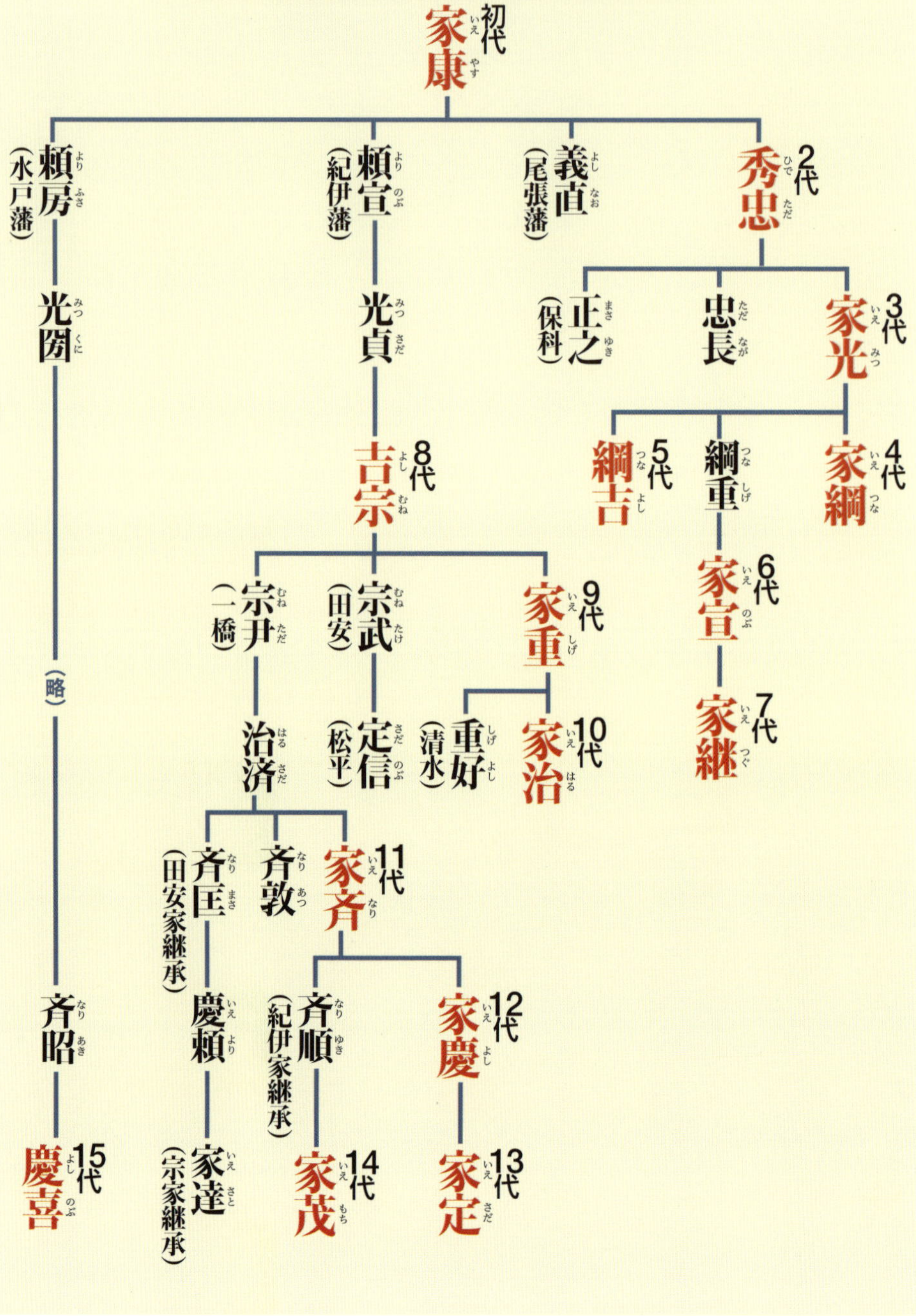
初代
家《いえ》康《やす》
頼《より》房《ふさ》
（水戸藩）
頼《より》宣《のぶ》
（紀伊藩）
義《よし》直《なお》
（尾張藩）
2代
秀《ひで》忠《ただ》
正《まさ》之《ゆき》
（保科）
忠《ただ》長《なが》
3代
家《いえ》光《みつ》
光《みつ》圀《くに》
光《みつ》貞《さだ》
8代
吉《よし》宗《むね》
5代
綱《つな》吉《よし》
綱《つな》重《しげ》
4代
家《いえ》綱《つな》
宗《むね》尹《ただ》
（一橋）
宗《むね》武《たけ》
（田安）
9代
家《いえ》重《しげ》
6代
家《いえ》宣《のぶ》
（略）
治《はる》済《さだ》
定《さだ》信《のぶ》
（松平）
重《しげ》好《よし》
（清水）
10代
家《いえ》治《はる》
7代
家《いえ》継《つぐ》
斉《なり》匡《まさ》
（田安家継承）
斉《なり》敦《あつ》
11代
家《いえ》斉《なり》
斉《なり》昭《あき》
慶《いえ》頼《より》
斉《なり》順《ゆき》
（紀伊家継承）
12代
家《いえ》慶《よし》
15代
慶《よし》喜《のぶ》
家《いえ》達《さと》
（宗家継承）
14代
家《いえ》茂《もち》
13代
家《いえ》定《さだ》

〈第1章〉
江戸のはじまり

【初代〜3代】将軍とその時代

【初代】徳川家康《いえやす》

●生没1542〜1616年
●在職1603〜1605年
●享年75歳

三河国《みかわのくに》（愛知県）岡崎城主松平広忠《ひろただ》の長男として生まれる。織田信長と同盟を結んで勢力を拡大し、信長の死後は豊臣《とよとみ》秀吉《ひでよし》に従う。その秀吉の命に従い、天正《てんしょう》18年（1590）、関東へ入国。五大老《ごたいろう》の筆頭として政治を行い、秀吉の死から2年後の慶長5年（1600）に関ヶ原《せきがはら》の戦いに勝利。慶長8年（1603）に江戸幕府を開いた。その後わずか2年で将軍職を秀忠に譲るが、のちも大御所《おおごしょ》として実権を握った。

【2代】徳川秀忠《ひでただ》

●生没1579〜1632年
●在職1605〜1623年
●享年54歳

家康の三男として生まれる。天下分け目の関ヶ原の戦いで戦場に遅参するという大失態を犯したものの、従順な性格を見込まれ、慶長10年（1605）、家康より将軍の地位を譲り受ける。家康の存在に隠れ影が薄いが、家康の死後は自らリーダーシップを発揮。大名への改易《かいえき》（領地没収）なども容赦なく行い、幕府の支配体制を強化した。将軍職を家光に譲ったあとも、大御所として政治を行った。

【3代】徳川家光《いえみつ》

●生没1604〜1651年
●在職1623〜1651年
●享年48歳

秀忠の二男として、祖父家康が将軍となった翌年に誕生。「生まれながらの将軍」と称された。弟の忠長《ただなが》とは、後継者問題で争ったが、春日局《かすがのつぼね》の尽力により、その地位が確保された。家光は、参勤交代《さんきんこうたい》を制度化し、幕府法を諸藩への適用と定めるなど、幕府の全国支配をより強める政策を行った。鎖国《さこく》体制の確立や老中以下の幕府職制の整備など、幕府の支配体制の基礎が確立したのも、家光の時代である。

おもな出来事

将軍	西暦	元号	出来事
家康	1600	慶長5	家康、関ヶ原の戦いで勝利
	1603	慶長8	家康、征夷大将軍《せいいたいしょうぐん》に任じられ、江戸幕府を開く
	1603	慶長8	江戸に日本橋ができる
秀忠	1605	慶長10	秀忠、2代将軍に就任
	1612	慶長17	幕府、直轄領《ちょっかつりょう》でキリスト教を禁止。翌年、全国に禁教令発布
	1612	慶長17	家康、伏見《ふしみ》（京都）から江戸に銀座を移す
	1614	慶長19	大坂冬の陣
	1615	元和元	大坂夏の陣。豊臣氏滅亡
	1615	元和元	武家諸法度《ぶけしょはっと》を制定
	1616	元和2	家康死去
	1617	元和3	家康、東照大権現《とうしょうだいごんげん》の神号を受ける
家光	1623	元和9	家光、3代将軍に就任
	1632	寛永9	2代将軍秀忠死去
	1635	寛永12	武家諸法度を改定。諸大名に参勤交代を義務づける
	1635	寛永12	日本人の海外渡航と帰国を禁止
	1636	寛永13	江戸城総構えの完成
	1637	寛永14	長崎で島原の乱が起こる
	1639	寛永16	ポルトガル船の来航を禁止
	1640	寛永17	幕府、宗門改役《しゅうもんあらためやく》を設置
	1641	寛永18	平戸《ひらど》（長崎県）のオランダ商館を長崎の出島に移す。鎖国体制の確立
	1651	慶安4	家光死去

こんな時代

関ヶ原の戦いの勝利により地位を確立した家康は、慶長8年（1603）に幕府を開く。265年におよぶ江戸時代の幕開けである。元和《げんな》元年（1615）には、大坂の豊臣秀頼《ひでより》を滅ぼし、戦争の時代が終わりを告げた。2代秀忠の時代には、大名が守るべき基本法として武家諸法度や、天皇・公家を監視するための基本法である禁中並公家諸法度《きんちゅうならびにくげしょはっと》が制定され、3代家光の時代には、鎖国体制が成立。この時代、幕府を中心とした幕藩体制の基礎が確立された。

また、豊臣秀吉の時代から継承された兵農分離により、支配者である武士は城下町に、被支配者である町人は町人地に、百姓は村落に住むようになり、武士たちの世界に対し、町人や農民の世界である「民間社会」が形成された。民間社会は、人々の生活を脅かす悪政が行われると、一揆《いっき》などを行い領主に仁政《じんせい》（思いやりのある政治）を求めた。

◎参考文献　北島正元『徳川家康』（中央公論社、1963年）、小和田哲男『徳川秀忠』（PHP研究所、1999年）、藤井讓治『徳川家光』（吉川弘文館、1997年）、深谷克己『大系日本の歴史9 士農工商の世』（小学館、1988年）

政治

家康の江戸開府

関ヶ原の戦いで天下人に

関ヶ原の戦いの様子

『関ヶ原合戦図』(部分) 彦根城博物館蔵

形勢が東軍有利に転じた9月15日午後からの合戦の模様を描いたもの。右側に描かれているのが東軍、左側が西軍である。

家康の生涯と天下取りの道 ①

西暦	年齢	出来事
1542	1	●誕生 三河《みかわ》(愛知県)岡崎城主・松平広忠の長男として生まれる。幼名竹千代《たけちよ》。
1547	6	●人質生活 尾張《おわり》(愛知県)の織田信秀の人質となり、2年後には人質交換で、駿府《すんぷ》(静岡県)今川家の人質となる。
1560	19	●桶狭間《おけはざま》の戦い 今川義元《よしもと》戦死。翌年、今川氏から独立し、織田信長と同盟を結ぶ。
1566	25	●松平姓から徳川姓へ改姓
1572	31	●三方《みかた》ヶ原《はら》の戦い 武田信玄に大敗する。
1575	34	●長篠《ながしの》の戦い 織田信長とともに、武田軍を破る。

『徳川家康三方ヶ原戦役画像』徳川美術館蔵

若いころの徳川家康

元亀《げんき》3年(1572)、武田信玄との三方ヶ原の戦いで敗北したときの家康。当時31歳。この合戦では武田軍に全く歯がたたず、憔悴しきった様子が描かれているが、本来の家康は戦上手として知られた。この肖像画も戒めとして描かせたものといわれる。

◎参考文献　深谷克己『大系日本の歴史9 士農工商の世』(小学館、1988年)、藤井讓治『集英社版日本の歴史12 江戸開幕』(集英社、1992年)、池上裕子『日本の歴史15 織豊政権と江戸幕府』(講談社、2002年)、笠谷和比古『関ヶ原合戦』(講談社、2008年)

関ヶ原の戦いで、天下をほぼ手中に

慶長5年（1600）9月14日、徳川家康率いる東軍は赤坂（岐阜県大垣市《おおがき》）に、石田三成《みつなり》率いる西軍は大垣城（大垣市）に陣を構えた。翌15日、家康は大坂城進攻という情報をわざと流して西軍を大垣城から誘い出し、長期戦の城攻めではなく、得意とする野戦へと持ち込んだ。東軍7万5000余（12万2000とも）、西軍8万余（10万とも）。世にいう関ヶ原《せきがはら》の戦いである。

辰《たつ》の刻《こく》（午前8時）、関ヶ原で始まった戦闘は、家康の戦前からの同盟工作による寝返りと、戦後の体制をにらみ軍を動かさず日和見《ひよりみ》を決め込む武将らにより、東軍の勝利に終わった。西軍8万余（10万）の兵力も、実際に動いた兵力は3万余だった。

この関ヶ原の戦いにおいて、西軍は豊臣秀頼《とよとみひでより》への奉公《ほうこう》を唱え、故秀吉が定めた法度《はっと》に違背《いはい》する家康を討つために戦った。一方、家康は西軍の決起を石田三成の謀反《むほん》とし、あくまでも豊臣政権の大老《たいろう》として、その謀反人を討つために戦った。つまり、名分のうえでは、豊臣氏と徳川氏による「天下分け目の戦い」ではなく、どちらの側も豊臣政権存続のために戦ったのである。

とはいえ、家康に天下取りの意思がなかったわけではないだろう。関ヶ原の戦いとは、実質的には徳川政権の樹立を目指す家康が、公儀《こうぎ》の名において邪魔者を排除するための戦いだった。

1582	41	**天目山《てんもくざん》の戦い** 武田家を滅亡させ、信長より恩賞として駿河《するが》一国（静岡県）を与えられる。この年、本能寺の変で信長死亡。
1590	49	**関東移入** 秀吉とともに北条氏を討伐。秀吉より関東240万石を与えられ、江戸城に入る。
1592	51	**秀吉朝鮮出兵のため肥前名護屋《ひぜんなごや》（佐賀県）詰めの軍役に従事**
1596	55	**秀吉の朝鮮再征で出兵拒否** ほかの大名が家臣を引き連れて参戦するなか、家康は領国経営に力を入れ経済的基盤を整える。
1598	57	**秀吉死亡。家康が主導権を握っていく** 秀吉の死後、五大老《ごたいろう》、五奉行《ごぶぎょう》の合議政治となるが、政権内部の対立が表面化し、戦へつながる。
1600	59	**関ヶ原の戦いで勝利** 家康率いる東軍、石田三成率いる西軍の戦いは、東軍が勝利。家康は西軍の諸大名を処分。
1603	62	**江戸幕府を開く**

江戸は中世以来の政治・経済・文化の中心として栄えた場所。江戸幕府は長期政権を確立し繁栄するが、それも江戸という立地がプラスに働いたといえる。

このとき力を蓄えていたことが、のちの覇権《はけん》に有利に働いた。

覇権を確立。実質的に天下を取る戦いとなった。

合戦の論功行賞で財政基盤を整える

関ヶ原の戦いに勝利した家康は、西軍に参加した90大名の領地を没収・減封《げんぽう》し、222万石あった豊臣氏を65万石の一地方大名におとした。家康が没収した全国石高《こくだか》の約3分の1にあたる領地は、東軍に参加した大名への論功行賞《ろんこうこうしょう》にあてられた。関東・東海にいた外様《とざま》大名を東国・西国に移し、そのあとへ一門・譜代《ふだい》大名を配置して江戸から京都に至る東海道筋を固めた。そして、徳川氏自身の直轄地《ちょっかつち》もほぼ400万石に達し、江戸時代最大の大名として、実質的な天下を掌握したのである。

将軍宣下と大坂の陣

慶長8年（1603）、家康は朝廷より征夷大将軍《せいいたいしょうぐん》に任じられ、江戸に幕府を開く。京都や大坂といった選択肢もあったが、家康は江戸を選んだ。この江戸幕府の開幕により、室町幕府以来の幕府政治が復活した。開幕から2年後、家康は息子の秀忠《ひでただ》に将軍職を譲った。政権を世襲することを天下に示し、盤石の態勢を整えていったのである。

しかし、まだひとつ懸念材料があった。それは、大坂城に暮らす豊臣秀頼の存在である。家康は、方広寺《ほうこうじ》鐘銘《しょうめい》事件*を契機に、徳川家の臣下となることを迫ったが、豊臣家は武門の意地にこだわり、慶長19年、関ヶ原の戦いで没落した大名や浪人《ろうにん》、豊臣系の武士らとともに冬の陣を戦った。両者はいったん和睦《わぼく》するものの、

家康の生涯と天下取りの道 2

西暦	年齢	出来事
1605	64	●将軍職を秀忠に譲る わずか2年で将軍職を譲ったのは、政権が世襲制であることを示すため。
1607	66	●駿府に隠居
1614	73	●大坂冬の陣
1615	74	●大坂夏の陣で、豊臣家滅亡
1616	75	●死去 死後久能山《くのうざん》（静岡県）に葬られるが、その後東照大権《とうしょうだいごん》現《げん》の神号を贈られ、日光東照宮（栃木県）に改葬。

家康は、大御所として死去するまで実権を握る。

この戦いにより、戦国の世が、本当の意味で終結。

『大坂夏の陣図屏風』（部分）
大阪城天守閣蔵

元和元年4月に再び戦火を交えることとなり、ついに大坂城は落城した（夏の陣）。その後、秀頼とその母淀殿《よどどの》が自刃し、のちに息子の国松《くにまつ》も処刑され、これにより豊臣家の男系が絶え、滅亡した。大坂夏の陣の終結をもって応仁《おうにん》の乱（1467年）から続く戦争の時代に終止符が打たれた。世のなかは「平和」の時代へと歩み始めたのである。

＊豊臣秀頼が再興した方広寺の鐘に、家康を呪った文字が書かれていると、難癖をつけた事件。

徳川家・豊臣家関係略図

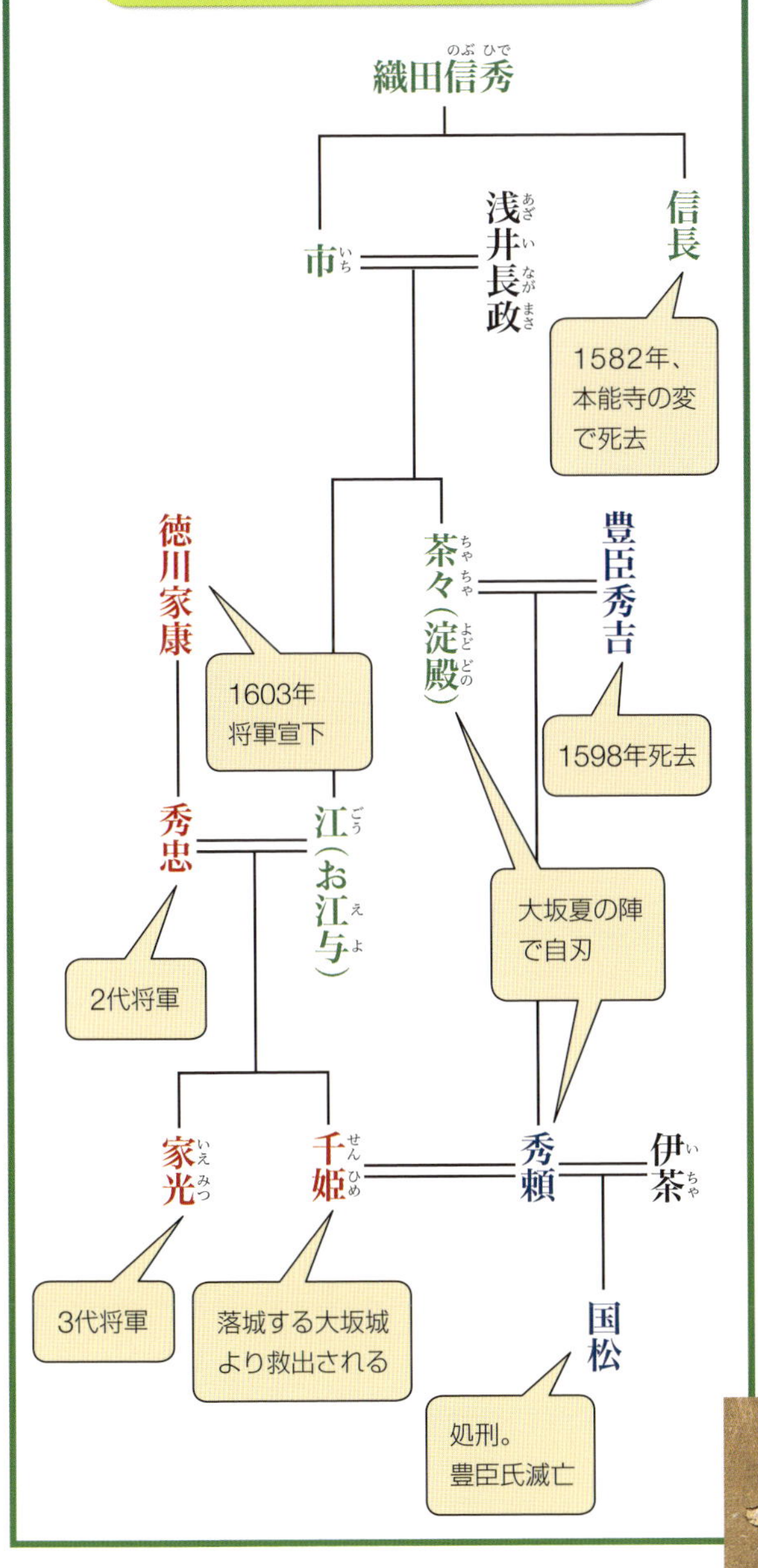

大坂夏の陣の家康

馬に乗り、意気揚々と叫んでいるのが家康。このとき74歳。

政治

江戸の町づくり

埋め立ての歴史は江戸時代から

天下普請

徳川家康が江戸に入府したのは、関ヶ原《せきがはら》の戦いからさかのぼること10年前の天正《てんしょう》18年（1590）。豊臣秀吉の関東進攻により、当時関東一円を支配していた後北条《ごほうじょう》氏が滅亡し、江戸を含めた後北条氏の旧領が、家康に与えられたのである。

入府以来少しずつ、江戸の町を整備していた家康は、慶長8年（1603）に征夷大将軍《せいいたいしょうぐん》となり幕府を開くと、本格的に江戸の城下町建設に乗り出す。幕府開府以前は徳川氏の費用を用い、自らの家臣を指揮していたが、将軍となった家康は全国の諸大名に命じて、費用および労働力を提供させた。これは、諸大名に大きな経済負担を負わせるものとなり、天下普請《てんかぶしん》、お手伝い普請などと呼ばれた。

埋め立てでできた町

当時の江戸の海岸線は今より内側にあり、江戸城の前面まで海が広がっていた。そこでまず神田山《かんだやま》（千代田区）を切り崩して日比谷入江（千代田区）を埋め立て、神田山跡の平坦地には旗本《はたもと》屋敷を設け、埋立地には大名屋敷を整備した。さらに東側の低湿地も埋め立て、市街地を造成。これが現在の銀座や京橋（いずれも中央区）あたりで、幕府はこれらの地に駿河《するが》（静岡県）や大坂（大阪府）、伊勢（三重県）などから商人や職人を移住させた。また同じく埋め立てでできた佃島《つくだじま》（中央区）には摂津国佃村《せっつのくにつくだ》（大阪市西淀川区佃）の漁民を呼び、漁業の特権を与えた。

のちに神田方面にも町地が広がり、現在でも地名として残る染物師の紺屋《こんや》町、鍛冶《かじ》師の鍛冶町（いずれも千代田区）など、幕府の御用達《ごようたし》となった職人町が形成された。そのほか埋め残された掘割《ほりわり》を利用して、日本橋川をはじめとした運河を縦横にめぐらすなど、水運の整備も行った。

徳川3代にわたる城下町づくり

江戸城の築城も大規模に行われ、城郭《じょうかく》の拡張工事とともに、周辺にあった町地は日本橋方面へ移転となる。移転した宝田《たからだ》村《むら》・千代田村の町人は、大伝馬町《おおでんまちょう》や小伝馬町《こでんまちょう》（いずれも中央区）などを開き、幕府の伝馬役《てんまやく》（➡p.30）を務めた。

こうして整備された町は、3代家光《いえみつ》の治世にほぼ完成する。しかし、明暦《めいれき》3年（1657）の大火（➡p.80）により市中の約6割が焼失し、江戸の町は、4代家綱《いえつな》の治世で再び大改造を余儀なくされるのである。

◎参考文献　牧野昇・会田雄次・大石新三郎監修『人づくり風土記 全国の伝承・江戸時代13・48大江戸万華鏡』（農山漁村文化協会、1991年）、大石学『首都江戸の誕生』（角川書店、2002年）

家康が入府したころの江戸

鈴木理生『江戸はこうして造られた―幻の百年を復原する』(筑摩書房)を参考に作成

東京さんぽ

「神田《かんだ》駿河台《するがだい》」

神田駿河台(千代田区)は、本郷や湯島の台地と地続きで神田山と呼ばれる高台だったが、江戸の整備のために切り崩された。「大御所家康について駿河に行った旗本が、家康没後に戻り、この地に住んだから」、あるいは「この地から駿河の富士山が見えたから」という理由で、駿河台と呼ばれるようになったといわれる。現在でもこのあたりには坂道が多く、「山」を切り崩した名残をとどめる。

JRお茶の水駅から明大通りを南に進むと、左側に杏雲堂病院、その近くにYWCA会館がある。杏雲堂病院は、徳川家康・秀忠・家光の3代に仕えた大久保彦左衛門の屋敷跡、YWCA会館は幕末期に活躍した小栗上野介の屋敷跡。それぞれ石碑、案内板が立っている。

交通

江戸の中心地、日本橋

交通、政治、経済、文化を担った

五街道の起点と通信の拠点

御江戸といへば日本橋を云《い》はざるがこと無く、日本橋と言へば御江戸を思はざること無し――。

これは小説家の幸田露伴《こうだろはん》が、明治44年（1911）に、現在の日本橋（中央区）が架橋された際に寄せた文章である。日本橋が江戸の象徴であることを述べたものだが、実際に江戸時代の日本橋は、政治・経済・交通など、さまざまな意味での中心地だった。

日本橋のにぎわい

朝から晩まで1日中、たくさんの往来があった日本橋。奥には富士山も描かれている。

歌川広重『東都名所 日本橋真景并ニ魚市全図』 国立国会図書館蔵

日本橋は、江戸幕府開府と同じ慶長8年（1603）に架橋されたといわれ、翌年に日本橋が五街道の基点に正式に定められて以来、全国の交通の中心地となる。

幕府役人や庶民の交通・運輸制度である伝馬《てんま》制を支えた大伝馬町《おおでんまちょう》・南伝馬《みなみてんま》町《ちょう》・小伝馬町《こでんまちょう》も日本橋近くに設置された。幕府の公文書を運送する継飛脚《つぎびきゃく》も伝馬町から差し立てられており、通信の中心でもあった。江戸から京都まで速達で2日と8時間かかったといわれる。

経済と政治の中心

日本橋周辺は、経済の町としては、今なお中心地である。現在日本銀行がある場所（中央区日本橋本石町）には、金貨の鋳造《ちゅうぞう》などを行っていた金座があり、日本橋から少し行った場所に、銀貨の鋳造などを行った銀座（中央区銀座2丁目）があった（→p.35）。

「現金掛け値なし」の新商法で繁盛した三井高利《たかとし》の越後屋《えちごや》や白木屋《しろきや》などの呉服店も日本橋に店を出している。呉服店は近代になって百貨店に変わり、越後屋は三越として現在まで続いている。ほかに蚊帳《かや》や畳表《たたみおもて》を販売した西川利右衛門《りえもん》（現在は布団で有名な西川産業）や、鰹節《かつおぶし》のにんべんなどは現在でも当時の場所で老舗として営業している。

また、江戸城にもほど近い日本橋は、政

◎参考文献　西山松之助『江戸の生活文化 西山松之助著作集第三巻』（吉川弘文館、1983年）、北原進『中央区の歴史』（名著出版、1979年）

三井越後屋

駿河町の通りの両側に店を構えていた呉服店の「越後屋」。この場所は、現在三越本店があるところ。越後屋は三越の前身である。
歌川広重『東都名所 駿河町之図』 山口県立萩美術館・浦上記念館蔵

日本橋の高札

幕府の法令が掲示される高札場は日本橋の南詰にあった。
『江戸図屏風』（部分） 国立歴史民俗博物館蔵

治の中心地でもあった。日本橋の南詰に、幕府の法令が掲示された高札場《こうさつば》があり、江戸の町方《まちかた》を支配した町奉行《まちぶぎょう》所も江戸城寄りの呉服橋門や数寄屋《すきや》橋門内にあった。

江戸の台所、日本橋の魚河岸

東京の魚河岸《うおがし》といえば現在は築地《つきじ》だが、江戸時代は日本橋だった。その始まりは、幕府へ納めた魚の余りを、本小田原町《ほんおだわらちょう》や本船《ほんふな》町《ちょう》の河岸《かし》（日本橋室町～日本橋本町）で庶民にも売るようになったこととされる。大正12年（1923）の関東大震災で焼失するまで、日本橋は、江戸の台所であり、東京の台所だった。

さて、江戸の盛り場といえば、歌舞伎を上演する芝居小屋（➡p.110）、そして遊郭・吉原《よしわら》（➡p.82）である。それぞれのちに浅草方面へ移転するが、いずれも当初は日本橋界隈にあった。「朝昼晩三千両の落ちどころ」という、日本橋を詠《よ》んだ川柳《せんりゅう》は、朝は先の魚市で千両、昼は芝居で千両、夜は吉原で千両の意味である。

◎参考文献　北原進「経済と交通のターミナル・日本橋」（東京都江戸東京博物館都市歴史研究室編『平成13年度シンポジウム報告 日本橋』東京都江戸東京博物館調査報告書第16集、東京都、財団法人東京都歴史文化財団、東京都江戸東京博物館、2003年）、竹内誠「世界への窓・日本橋」（同上）

東京国立博物館蔵

山東京伝の店

人気戯作者、山東京伝が営んでいた煙草屋は、
現在の銀座１丁目にあった。
Image:TNM Image Archives Source:http://TnmArchives.jp/

葛飾北斎『画本東都遊』より たばこと塩の博物館蔵

長崎屋

長崎のオランダ商館長が江戸参府の際に宿泊した長崎屋も日本橋界隈にあった。蘭学医の杉田玄白は、ここで『解体新書』のもととなる『ターヘルアナトミア』を手に入れている。また、長崎屋には、外国人を一目見ようと、多くの人が見物に訪れた。

文化人が集まる場所

日本橋界隈には文化人も多く、蘭学医の杉田玄白《げんぱく》は外科を開業し、戯作《げさく》者の式亭三馬《しきていさんば》や山東《さんとう》京伝《きょうでん》は、それぞれ作家業をしながら薬種小間《やくしゅこま》物《もの》商、煙草《たばこ》屋を営んでいた。オランダ商館長が江戸参府した際に宿泊した長崎屋も日本橋界隈にあった。

日本橋には書店も多く、『江戸名所図会《ずえ》』を出版した須原屋茂兵衛《すはらやもへえ》や、歌麿《うたまろ》・写楽《しゃらく》の錦絵を出版した蔦屋重三郎《つたやじゅうざぶろう》（→p.168）などの店もあった。

「江戸っ子」がいた町

天明《てんめい》年間（1781〜89）の文人大田南畝《おおたなんぽ》は「小田原町は所謂《いわゆる》江戸ッ子にして、江戸役者をほめ、市川団十郎を贔屓《ひいき》にするも此ゆゑなるべし。……日本橋辺江戸ッ子の気象みつべし」と、先の魚市の小田原町や日本橋あたりに、いきでいなせな江戸っ子気質の者たちがいたことを述べている。魚河岸の旦那《だんな》たちは、その財力により文化人のパトロンという役割も担っていた。日本橋は、先進的な文化を創造する場所でもあったのである。

歌川国安『日本橋魚市繁栄図』 国立国会図書館蔵

日本橋魚河岸

日本橋の北詰には魚河岸があった。関東大震災で全焼した日本橋魚河岸が、芝浦を経て、築地に移転し業務を開始したのは昭和10年（1935）のこと。現在、日本橋の魚河岸跡地には、「魚河岸発祥の地」の記念碑が建っている。

東京さんぽ

「日本橋」

江戸時代の道路の基点であった日本橋は現在高速道路に覆われてしまっている。しかし、現在でも日本橋の中央には「日本国道路元標」が埋め込まれており、橋の袂にレプリカがある。ちなみに日本橋の名前の由来は、日本国中の人が集まって架けたから、もとは2本の木を渡した橋であったから、など諸説ある。

日本橋の袂にある「日本国道路元標」のレプリカ。

現在の日本橋は、高速道路に覆われている。

江戸時代の貨幣

経済 現代より複雑

【銭貨】

銭緡（九六銭）40~65束

一文銭
4000~6500枚
（4貫~6貫500文）

銭貨

金貨と同じ計数貨幣。単位は貫と文。左図のように一文銭《いちもんせん》100文をまとめて使いやすくしたものを銭緡《ぜにさし》というが、実際には96文しかなく、「九六銭《くろくせん》」などと呼ばれた。不足の4文は、銭を数える手間賃としてはじめから引かれていたといわれる。

金貨、銀貨は庶民には遠い存在

時代劇で、巾着《きんちゃく》から小判がジャンジャン出てくるシーンはおなじみである。しかし庶民にとって小判は遠い存在。「石《こく》一両」というように、小判1枚（＝1両）で、およそ大人ひとりの1年分の米が買えた。庶民が普段使うお金は、金貨でも銀貨でもなく、もっぱら銭貨《せんか》だった。

全国的に通用する貨幣は、徳川家康がつくらせた慶長金銀が最初といわれる。また、3代家光の時代である寛永年間（1624~44）には日本独自の銅銭である寛永通宝《かんえいつうほう》がつくられ、それまで流通していた明《みん》からの輸入銭「永楽銭《えいらくせん》」に代わり、しだいに全国に浸透していった。

江戸の金づかい、上方の銀づかい

江戸時代の貨幣は大きく金・銀・銭の三貨に分かれていたが、上のとおり単位が異なっていたため、貨幣の交換は非常に面倒だった。しかも東日本ではおもに金貨、西日本ではおもに銀貨が使われ、物価の示し方も違った。たとえば江戸では「金1両につき米○石《こく》○斗《と》」と言い、大坂では「米1石につき銀○匁《もんめ》」と言った。

また、幕府が公定比率を定めたものの、実際には三貨の相場は絶えず変動していた。そのため江戸と大坂の取引においては、江戸では銀の安いときに注文すれば利益があり、大坂では金の

◎参考文献　速水融編『歴史のなかの江戸時代』（東洋経済新報社、1997年）、吉原健一郎『江戸の銭と庶民の暮らし』（同成社、2003年）、山本博文『鳶魚で江戸を読む 江戸学と近世史研究』（中央公論社、2005年）

安いときに売りさばくと利益があった。

三貨の換算

金貨

単位は両《りょう》・分《ぶ》・朱《しゅ》の3通りで、1両=4分、1分=4朱の4進法で数える計数貨幣。大判1枚=10両、小判1枚=1両。1両のほか、二分金《にぶきん》、一分金《いちぶきん》、二朱金、一朱金《いっしゅきん》の5種類の貨幣があった。

銀貨

単位は貫《かん》・匁《もんめ》・分《ぶ》・厘《りん》・毛《もう》で、一貫匁は1000匁、匁以下は十進法。銀には丁銀《ちょうぎん》・小玉銀《こだまぎん》などがあり、それらを組みあわせて目方（重量）で通用させる秤量《しょうりょう》貨幣だった（江戸時代中期には二朱銀など銀貨の計数貨幣も登場）。銀は、切遣《きりづか》いといって、小さく切って使うこともできた。

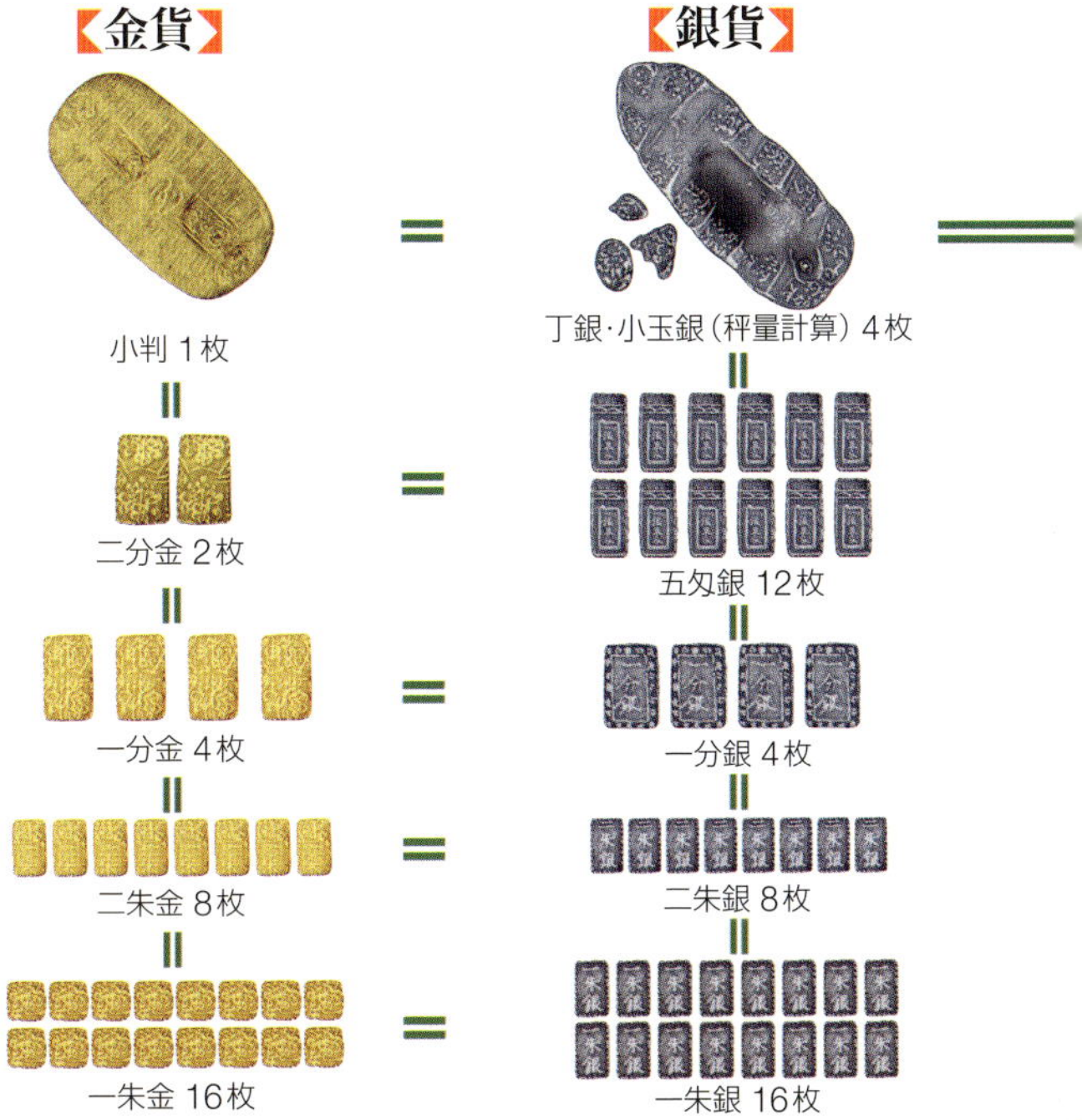

東京さんぽ

「金座跡・銀座跡」

金座は文禄《ぶんろく》4年（1595）に、駿河《するが》（静岡県）と江戸に設置されたのが始まりといわれる。また銀貨を鋳造する銀座は、当初は伏見《ふしみ》（京都府）と駿《すん》府《ぷ》（静岡県）につくられたが、その後伏見の銀座は慶長13年（1608）に京都に、駿府の銀座は慶長17年（1612）に江戸に移され、のちには銀座も金座も江戸に一本化されることとなった。

江戸の銀座は、現在の中央区銀座2丁目に設置され、金座は、現在の中央区日本橋本石町《ほんごくちょう》に設置された。なお、銀座は寛政12年（1800）に不正が発覚し、日本橋蛎殻《かきがら》町に移転している。

現在の銀座2丁目のあたりは、江戸時代は「新両替町」という地名で、銀座の鋳造が行われていた。現在、跡地には石碑が建っている。

現在、日本銀行が建つところが、金座の跡地。貨幣博物館を併設しており、江戸時代の貨幣についても学べる。

江戸の物価

江戸時代の物価はどれくらいだったのだろうか？時代によっても変わるが、ここでは庶民の暮らしを中心に、江戸の物価を見てみよう。

●江戸時代の通貨と現在の金額（目安）
金1両＝約10万円
金1分＝約2万5000円
銭1文＝約25円
銀1匁＝約1660円
＊元禄13年（1700）制定の公定相場金1両＝銀60匁＝銭4000文で換算

食料品・生活費

黒砂糖1斤（600グラム）
50文（1250円）

白米1升
50文（1250円）

酒1升
164文（4100円）

豆腐1丁
16文（400円）

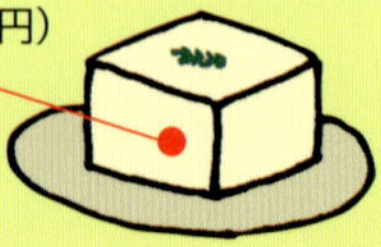

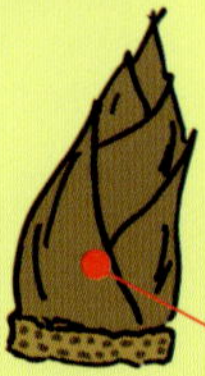

竹の子2本
32文（800円）

鰯10尾
22文（550円）

そば1杯
16文（400円）

髪結床
24文（600円）

その他生活費

長屋の店賃1か月
400文（1万円）

入浴料
8文（200円）

＊上記はおもに江戸中期以降の物価。なお、貨幣の価値は江戸時代でも時代によって変わるが、ここでは1両10万円とした。

娯楽費

浮世絵（大錦）
24文（600円）

草双紙
5文（125円）

相撲見物
72文（1800円）

歌舞伎（上桟敷）
銀25匁~35匁（4万1500円~5万8100円）

寄席（入場料）
16文~28文くらい（400円~700円）
＊入場料のほか座布団4文（100円）、煙草盆4文（100円）、中入りに売りに来るくじが16文（400円）など。値段のはらない寄席は大衆娯楽の殿堂であった。

吉原揚代（太夫）
銀76匁（12万6160円）

◎参考文献　小野武雄『江戸物価事典』（展望社、1979年）

政治

武家諸法度

武士の基本法

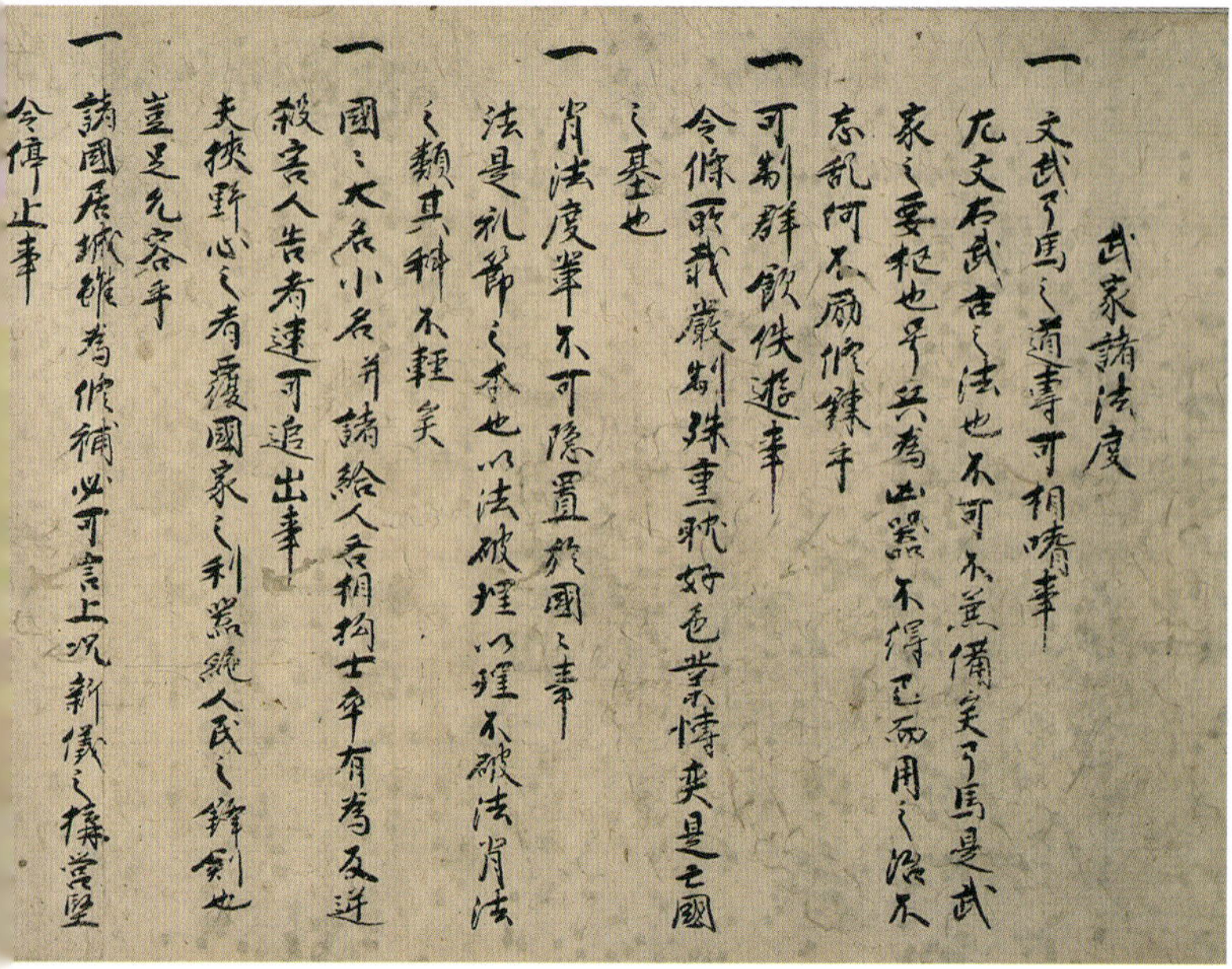

武家諸法度

一 文武弓馬之道専可相嗜事
左文右武古之法也不可不兼備矣弓馬是武家之要枢也号兵為凶器不得已而用之治不忘乱何不励修錬乎

一 可制群飲佚遊事
令條所載厳制殊重耽好色業博奕是亡国之基也

一 背法度輩不可隠置於国々事
法是礼節之本也以法破理以理不破法背法之類其科不軽矣

一 国々大名小名并諸給人各相抱士卒有為反逆殺害人告者速可追出事
夫挟野心之者為覆国家之利器絶人民之鋒剣也豈足允容乎

一 諸国居城雖為修補必可言上況新儀之搆営堅令停止事

武家諸法度（元和令） 金地院の崇伝が起草し、2代将軍秀忠の名で発布された、最初の武家諸法度。「文武」を奨励するほか、大名の勝手な婚姻の禁止、城郭の無断修築の禁止などの条項があった。

平和の訪れ

慶長19年（1614）の大坂冬の陣、翌年の大坂夏の陣で、豊《とよ》臣秀頼《とみひでより》が滅び、いよいよ徳川の平和の時代が訪れる。

平和を続けるため幕府は、諸勢力に法度を出して、その動きを規制していった。大名を対象に出された武家諸法度《ぶけしょはっと》はそのひとつで、元和《げんな》元年（1615）に家康が南禅寺金地院《こんちいん》（京都府）の崇伝《すうでん》に起草させ、2代将軍秀忠《ひでただ》の名で発布された（元和令という）。これ以降、武家諸法度は将軍の代替わりごとに出され、武士の基本的な法となった。

13条からなる元和令は「文武弓馬《ぶんぶきゅうば》の道、専《もっぱ》ら相嗜《あいたしな》むべきこと」という条文から始まり、まず第一に「文武」が奨励された。このうち「武」は戦のためではなく、大名を法によって規制することで、むやみな軍事力の発動をおさえたのである。下克上《げこくじょう》の終焉《しゅうえん》を告げ、むしろ武力を凍結させ、新たな国家体制の建設を目指すものだった。

寛永12年（1635）、3代将軍家光《いえみつ》の将軍就任時に出された武家諸法度は大改訂が行われ、内乱が起こっても、大名は幕府の命がなければ軍団を出兵させることができなくなった。また、江戸への参勤交代《さんきんこうたい》（→p.42）が制度化され、幕府による全国支配の機構が確立していった。

◎参考文献　朝尾直弘「「武断」から「文治」へ」（『週刊朝日百科 日本の歴史』朝日新聞社、2003年）、横田冬彦『日本の歴史16 天下泰平』（講談社、2002年）

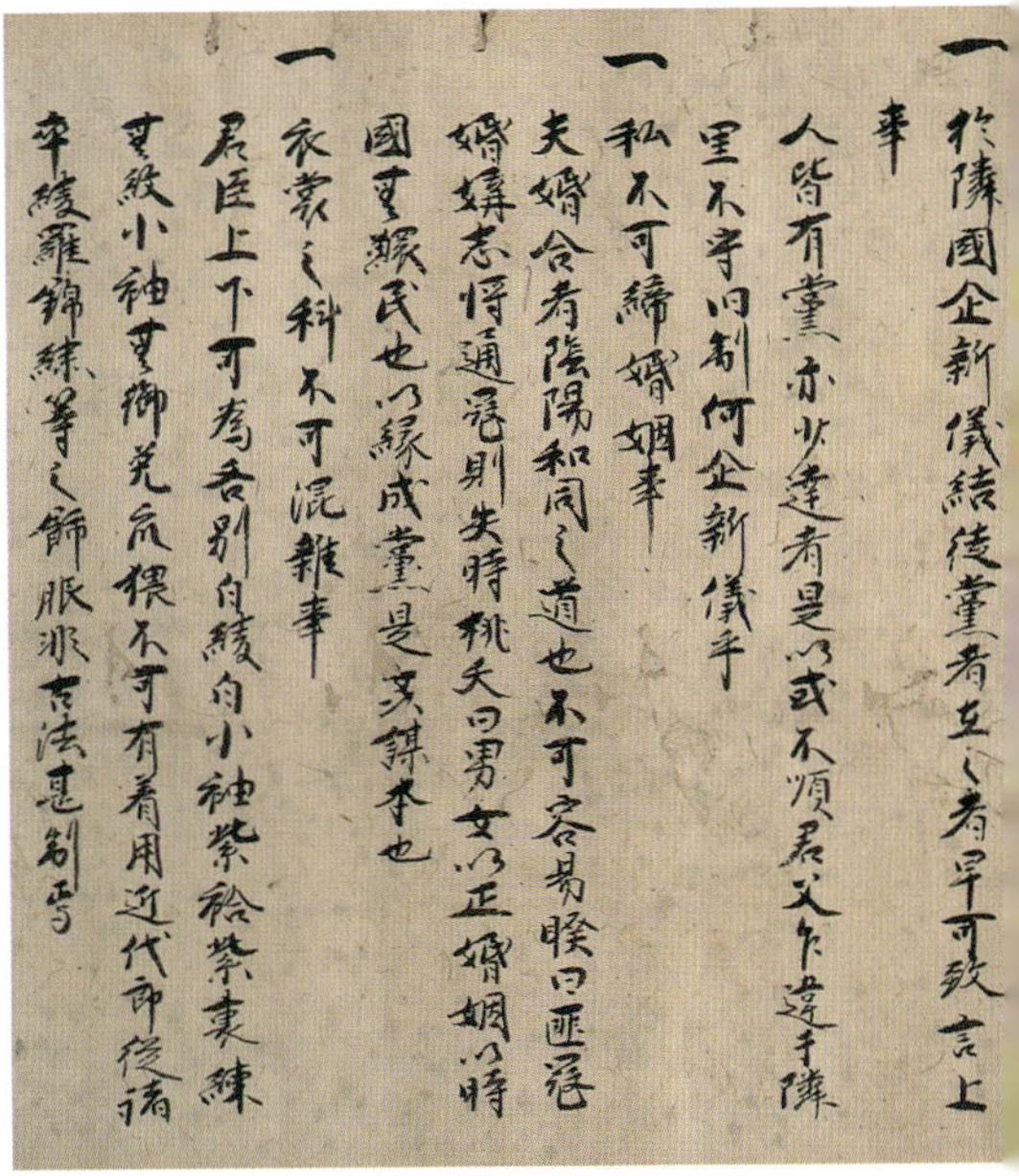
一　於隣國企新儀結徒黨者在之者早可致言上事
人皆有黨亦少達者是以或不順君父乍違于隣里不守旧制何企新儀乎
一　私不可締婚姻事
夫婚合者陰陽和同之道也不可容易睽曰匪寇婚媾志将通寇則失時桃夭曰男女以正婚姻以時國無鰥民也以縁成黨是姦謀本也
一　衣裳之科不可混雑事
君臣上下可為各別白綾白小袖紫袷紫裏練無紋小袖無御免衆猥不可有着用近代郎従諸卒綾羅錦繍等之飾服非古法甚制焉

『武家諸法度 以心崇伝草稿 元和二年十月日』
金地院所蔵、京都国立博物館提供

武士のあるべき姿

武士は学問や武芸を磨くことが第一だった。

5代綱吉の時代になると、武芸に加え、忠孝や礼儀を重んじるようになった。

武断から文治へ

4代将軍家綱《いえつな》の時代になり、寛文3年（1663）に発布された武家諸法度は、幕府の政治が武断《ぶだん》的な性格を帯びたものから、明らかに文治《ぶんち》的な政治へ変化している。これは幕府の権力がより安定し、全国の支配体制を整えたことが背景にあった。

さらに5代将軍綱吉《つなよし》が出した武家諸法度の第一条は、「文武《ぶんぶ》忠孝《ちゅうこう》を励まし、礼儀を正すべきこと」となり、忠孝や礼儀といった徳目《とくもく》が武士の規範として求められるようになった。

また綱吉の代から武家諸法度の適用が大名だけでなくすべての武士になった。以降、武士の社会では、儀礼の重要性が高まったのである。

生活

時の鐘

江戸市中に時刻を知らせた

鐘の音で時刻を把握

江戸時代の時刻の取り方は、現在と違って不定時法だった。日の出から日没までを6等分して一刻とするので、日没が遅い夏は昼間の一刻の時間が長く、逆に冬は昼間の一刻が短く、夜の一刻が長くなった（左図参照）。

そして、この時刻を知らせたのが、時の鐘《かね》である。江戸の時の鐘は、石垣の上に4本足の鐘楼《しょうろう》を建て、大型の鐘を吊るしたもので、当時の江戸の町並みでは突出した高さの象徴的な建造物だった。

江戸で最初に設置されたのは、寛永3年（1626）の設置といわれる本石《ほんごく》町（中央区）の時の鐘である。それ以前は、江戸城内で太鼓を鳴らして時刻を知らせていた。その後、江戸の拡大とともに時の鐘の数も増え、上野寛永寺《かんえいじ》（台東区）、芝切通し《しばきりとおし》（港区）、市ヶ谷八幡《いちがやはちまん》（新宿区）、目白不動《めじろふどう》（文京区）、浅草寺《せんそうじ》（台東区）など9ヶ所に設置されたといわれる。

鐘の音は、まず注意をひくために最初に3回鳴らし（捨て鐘という）、続いてその時刻の数だけ鐘を鳴らした。そして互いの捨て鐘の音を聞いたらすぐに時刻を告げるように定められており、バラバラに鐘を鳴らしていたわけではなかった。

武士も町人も時間の認識は不可欠

忙しい現代に比べ、のんびりしていた江戸時代だが、それでも正確な時刻の認識は、武士にとっても町民にとっても重要だった。武士は、出仕や登城の時刻はもちろんのこと、拝謁《はいえつ》・参《さん》詣《けい》などの際にも細かく時間が決められていた。寺社は、儀式などの際に時刻を知る必要があり、町人は、木戸の閉まる時刻や、市《いち》が立つ時刻を知る必要があった。日雇いの人々も、仕事終わりを知らせる時の鐘は重要だった。江戸の人々も時間・時刻とともに規則的な生活をしていたのである。

庶民にとっても時刻を知ることは不可欠。日雇い労働者は、鐘の音で時間を確認し、定時で仕事を終えたのである。

◎参考文献　大石学編『江戸時代への接近』（東京堂出版、2000年）、浦井祥子『江戸の時刻と時の鐘』（岩田書院、2002年）、大石学編『大江戸まるわかり事典』（時事通信社、2005年）、『国史大辞典』（吉川弘文館）

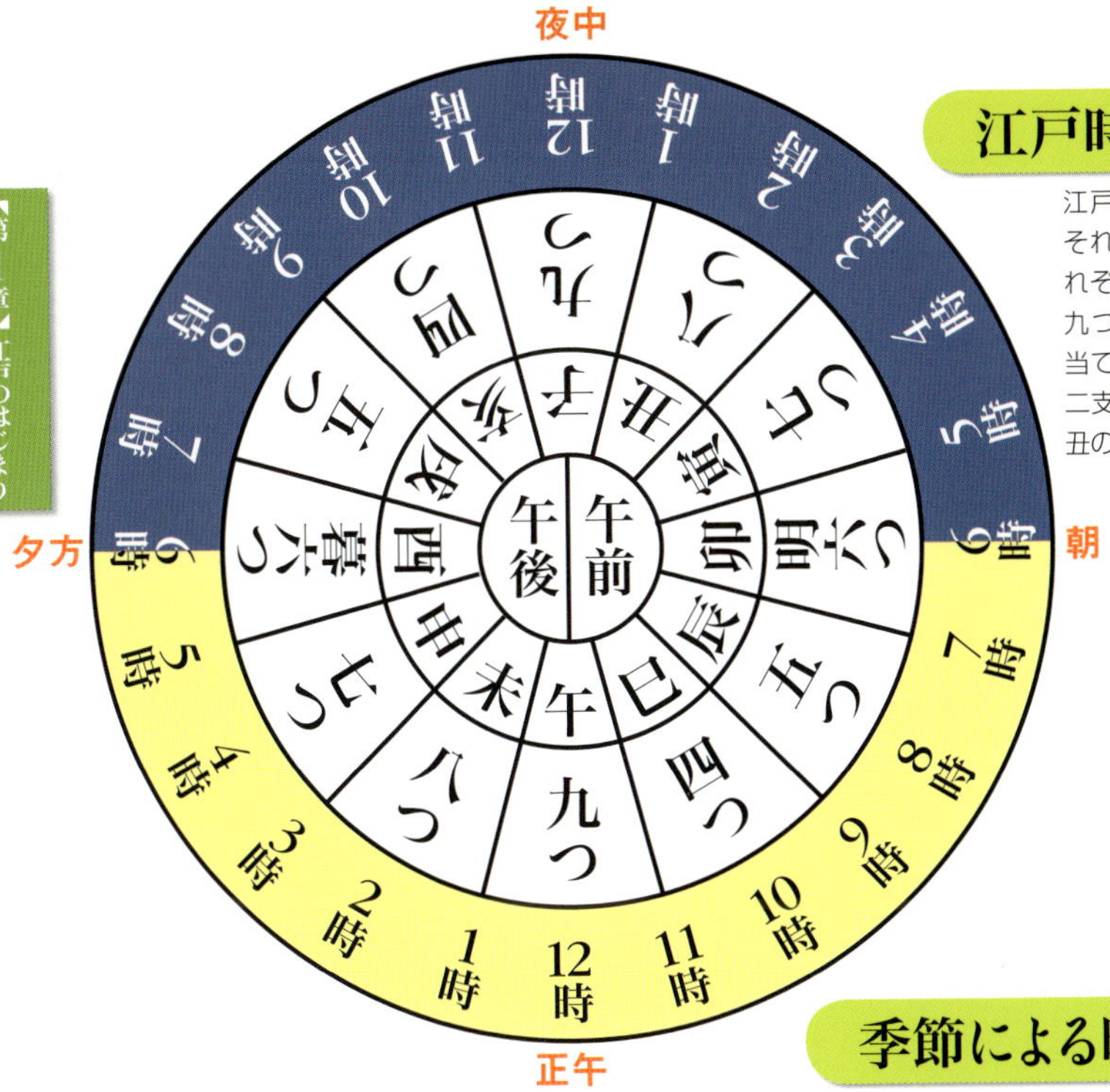

江戸時代の時刻

江戸時代の時刻は、昼・夜それぞれを6等分して、それぞれを九つ、八つなどと、九つから四つまでの数に当てはめて呼んだ。また十二支に当てはめて、子の刻、丑の刻などと言った。

季節による時刻の変化

江戸時代の時刻は日の出と日の入りを基準にしていたため、春分の日と秋分の日以外は、昼と夜の長さが異なった。たとえば夜四つは、春分・秋分の日なら22時、夏至なら22時20分、冬至なら21時40分である。

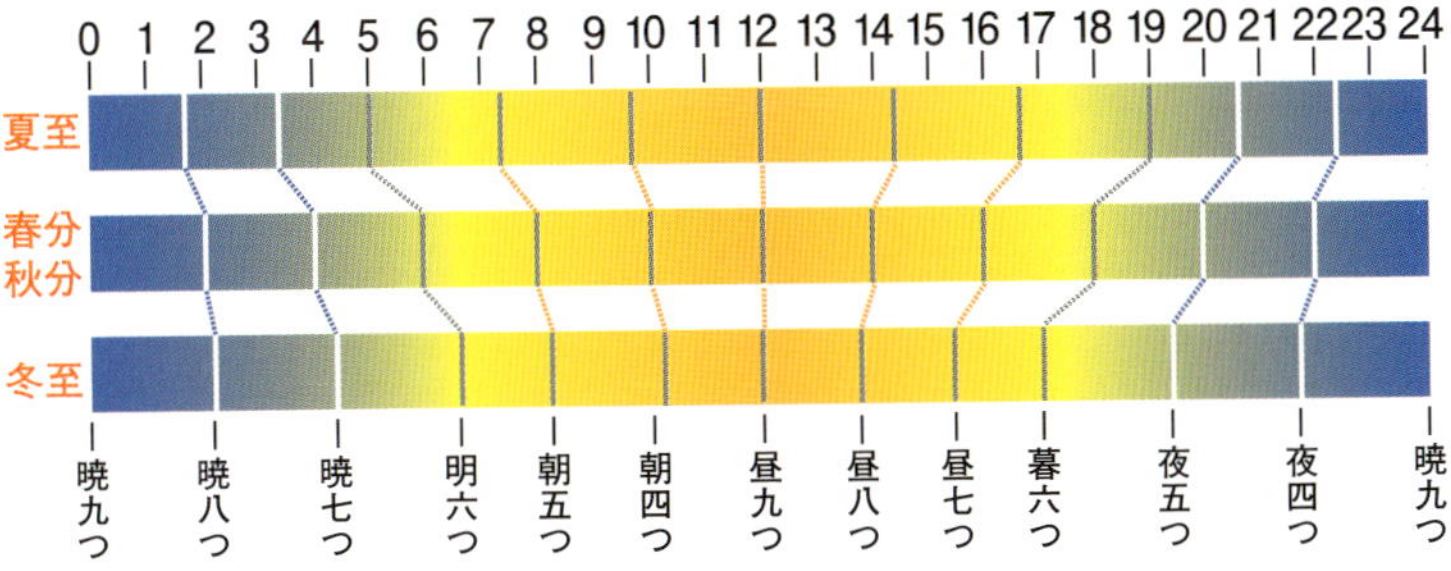

東京さんぽ

「上野寛永寺の時の鐘」

上野寛永寺には、現在も時の鐘が残っている。設置は寛文6年（1666）または同9年と伝えられるが、現存するのは天明7年（1787）のもの。今でも、朝夕6時と正午には往時そのままの鐘の音が鳴り響く。

レストラン精養軒近くの小高いところにたたずむ、時の鐘。

3代❖家光

政治

参勤交代

経済・文化交流の発展につながった

家光の時代の制度化

寛永12年（1635）に家光が発布した武家諸法度《ぶけしょはっと》により、参勤交代《さんきんこうたい》が制度化された。参勤交代とは全国の大名に対して1年おきに江戸に住むことを義務づけたもの。大名の参勤はこれまでもあったが、在府の期間や時期などは定まっていなかった。それが、原則として在府1年、交代時期は4月と定められたのである。また、大名の妻子は人質として、江戸に常住しなければならなくなった。

経費で藩の財政を圧迫

こうして全国約260の大名が定期的に江戸と国元を行き来することになったが、車も電車もない江戸時代、大勢の家臣を従えての道中は大変だった。遠く九州や四国から参勤する大名は、途中までは海路、大坂あたりから陸路で江戸へ入った。

移動も大変だが、何より大きな負担となったのは、経費である。東海道を通る際は、天竜川《てんりゅう》・富士《ふじ》川など途中に川渡しの必要なところがあり、この人足賃《にんそくちん》だけでも大きな出費になり、天候次第では川留《かわど》めになり、さらに藩財政を圧迫した。江戸の生活水準が上がるにつれて滞在経費も上がり、将軍への献上品の費用も、体面を保つために惜しむことができなかった。

また、参勤交代といえば大名行列がつきものだが、これも大きな出費となった。大名行列には本来、石高《こくだか》による定式があり、たとえば10万石以上の大名は、馬上の侍から人足に至るまで総勢200人前後、20万石以上は総勢400人前後と定められていた。ところが、大名たちは規定を破り、大げさな供揃《ともぞろ》えや飾り物などで見栄を張り合ったので、いっそう経費が膨

◎参考文献　深谷克己『大系日本の歴史９ 士農工商の世』（小学館、1988年）、東京都江戸東京博物館・東京新聞編『参勤交代』（東京都江戸東京博物館、1997年）

らんだのである。

このように参勤交代は藩の財政を圧迫したが、一方で江戸をはじめとする都市の文化や情報が地方へ伝わる機会となり、水陸交通や宿場の発展にも大いに貢献した。

大名行列 加賀藩（石川県）の大名行列の一部。白馬に乗っているのが藩主。諸藩が見栄を張り合ったので、大名行列は規模が大きくなり、また華美になっていった。

『加賀藩大名行列図屏風』石川県立歴史博物館蔵

加賀藩の参勤交代のルート図

加賀藩の参勤交代のルートは、上記のように3 種類あった。いずれのルートも、だいたい12 ~ 14 日で江戸に到着したので、1 日平均10 里（約40 km）ほどは移動していた。

忠田敏男『参勤交代道中記 加賀藩史料を読む』（平凡社）を参考に作成

江戸時代の武士像

江戸時代といえば、「士農工商」の世。しかも武士と町民や農民との間には大きな差があり、武士による独占的な支配が行われていた時代というのが、通説的な江戸時代の国家・社会像といえるだろう。しかし、こうした江戸時代の身分制社会に対する理解は変化しつつある。江戸時代の武士は一体どんな存在だったのだろうか。

デスクワークをする武士

武士の起源は、「弓馬《きゅうば》の芸」を専門とする特殊な職能集団とされる。江戸時代における武士の「家」も、軍制によって編成される側面があり、こうした面からは武士の権威（武威《ぶい》）による支配が想定される。しかし、「武威」だけで、江戸幕府を中心とした近世国家が、265年も続くだろうか。

左ページの図は、赴任先の役所で執務する代官《だいかん》（幕府の直轄地の行政や治安をつかさどった地方官）たちの様子である。ここに描かれているのは、デスクワークをする武士の姿である。部屋には、帳簿が積まれ、文書棚と思われる箪笥《たんす》も並んでいる。また百姓らが武士に文書を差し出している姿も描かれている。江戸時代の支配とは、こうした文書のやりとりによるものだった。

泰平の世の到来とともに、武芸は武士の教養・たしなみとなり、武士は、行政を担う「官僚」としての性格を強めていった。

江戸幕府は巨大な官僚組織

江戸幕府の各役所間でも文書のやりとりによる行政が発達した。たとえば年貢納入をはじめとする代官所の支配行政は、上級役所である勘定所《かんじょうしょ》（財政や民政を担当する役所）に対して、文書を上申し、決裁を受けることで完了したのである。

江戸幕府の勘定所は、勘定奉行《ぶぎょう》を頂点として、勘定組頭、勘定、支配勘定など約300人におよぶ職員が勤める組織で、勘定吟味役《ぎんみやく》といった勘定所の会計を検査する役職も設置されていた。また、支配勘定から勘定を経て、勘定奉行に就任するという昇進ルートも存在しており、能力次第では、それ以上の要職に就任する場合もあった。

江戸幕府とは、寺社奉行、町奉行、勘定奉行など、三奉行をはじめとする巨大な官僚組織だったのである。

◎参考文献　朝尾直弘「近世の身分とその変容」（同編『日本の近世７身分と格式』中央公論社、1992年）、深谷克己『大系日本の歴史９ 士農工商の世』（小学館、1988年）、平川新「武士と役人」（『歴史評論』第581号、1998年）

代官所の執務の様子。代官たちは刀を壁にかけ、デスクワークをしている。　『徳川幕府県治要略』より

百姓から幕臣への出世も

武士の「官僚」化は、彼らに農政や行財政能力を要請した。ただし武士は兵農分離制により都市に住んでいたため、とくに農政に関しては実務に携わっている百姓のなかに有能な人材が生まれた。本来なら武士がするべき仕事を、百姓が担うようになったのである。

こうして百姓が武士身分に上昇する現象が日本全国で生じ、幕臣にまで身分上昇する者も現れた。

たとえば武蔵国《むさしのくに》多摩郡押立村《おしたて》（東京都府中市）の名主《なぬし》川崎平右衛門《えもん》は、「手代格《てだい》」➡「支配勘定格」➡「代官」➡「勘定吟味役」と昇進し、れっきとした幕臣となった。同時期、川崎宿名主（神奈川県川崎市）から幕臣になった田中丘隅《きゅうぐ》などもいる。そのほか、行財政能力を評価されることで武士身分となった百姓は多かった。

江戸後期、京都の商家に奉公《ほうこう》していた石田梅岩《ばいがん》は、「士農工商」という身分制秩序は容認するものの、「農人」は「草莽ノ臣」、「商人」は「市井ノ臣」であるとし、「君」（将軍や大名）の「臣」として、「四民」を同質の価値を有するものとして考えた。意識の面においても民衆側から武士は相対化され始めていたのである。

徳川家康が開いた統一政権としての江戸幕府は、265年におよぶ平和な時代をもたらした。このような時代のなかで、「士＝武士」と「農工商＝庶民」との差違は確実に縮まっていったのである。

◎参考文献　藤井譲治『江戸時代の官僚制』（青木書店、1999年）、久留島浩『近世幕領の行政と組合村』（東京大学出版会、2002年）、深谷克己『江戸時代の身分願望―身上りと上下無し―』（吉川弘文館、2006年）、大石学編『近世公文書論』（岩田書院、2008年）

江戸幕府のおもな職制

原則として譜代大名が就任

側用人《そばようにん》
将軍の側近。老中と将軍の橋渡し役。1名。

老中《ろうじゅう》
政務を統括する常置の最高職。4~5名。

大老《たいろう》
幕府最高職。常置ではない。1名。

（老中の下）

側衆《そばしゅう》　将軍近侍で、将軍と幕閣の取り次ぎを行うが、元禄時代には側用人がその任にあたった。

- **小姓《こしょう》**　将軍に常時近侍して、さまざまな世話をする。
- **小納戸《こなんど》**　将軍の日常生活すべてに奉仕する。

高家《こうけ》　儀式・典礼をつかさどる。世襲制。勅使の接待にあたる大名らに礼法を指導。

大番頭《おおばんがしら》　将軍の直属軍である大番12組の隊長。

大目付《おおめつけ》　幕政監視。旗本より選任し、4~5名で大名を観察した。

町奉行《まちぶぎょう》　江戸府内の行政・司法・警察を管轄。与力・同心を従える。旗本より選任。2名で月番制。

勘定奉行　幕領の租税徴収を行い、幕府財政を管理。旗本より選任。4名。

- **郡代《ぐんだい》**　幕領の民政を行う代官のうち10万石以上の広域を担当。
- **代官《だいかん》**　幕領の農村支配を担当する地方官。
- **勘定組頭**　勘定衆を指揮し、勘定所事務全般を行う。12人前後。

勘定吟味役《ぎんみやく》　勘定奉行の仕事監査。4~6名。

作事奉行《さくじぶぎょう》　建物の築造や修繕を担当。

普請奉行《ふしんぶぎょう》　土木工事を担当。

道中奉行《どうちゅうぶぎょう》　街道や宿場の管理・取り締まり。

宗門改《しゅうもんあらため》　キリシタン取り締まり。

駿府城代《すんぷじょうだい》　駿府城を預かる職。

京都・大坂・駿府町奉行　京都・大坂・駿府に置かれた奉行。

遠国奉行　伏見・長崎・佐渡・日光など江戸から離れた直轄地に置かれた奉行。

甲府勤番支配《こうふきんばんしはい》　甲府城の警備と城下の政務を担当。

将軍

大坂城代《おおさかじょうだい》
大坂城守護と西国大名の監視。

京都所司代《きょうとしょしだい》
朝廷の監視、京都町奉行などの統括。西国大名の監視。

寺社奉行《じしゃぶぎょう》
4~5名。寺社領の管理、宗教統制、関八州以外の訴状受理。

奏者番《そうじゃばん》
20~30名。大名らが将軍に拝謁する際の諸事を取り次ぐ。

若年寄《わかどしより》
老中補佐。3~5名。月番制でおもに旗本・御家人の観察を行う。

書院番頭《しょいんばんがしら》
江戸城の警備・将軍の護衛を行う書院番組を統括。

小姓組番頭《こしょうぐみばんがしら》
将軍の外出の際に警備を行う小姓組を統括。

林大学頭《はやしだいがくのかみ》
幕府文教政策の最高責任者。林家が世襲。

目付《めつけ》
旗本・御家人の監視、江戸城内での秩序維持を担当。

同朋頭《どうぼうがしら》
幕閣と諸大名の取り次ぎをする職。2~3名。

数寄屋頭《すきやがしら》
数寄屋坊主を統括し、茶器・茶礼などをつかさどる。

天文方《てんもんかた》
編暦・改暦をつかさどるほか、測量の実施など。

武士の身分関係

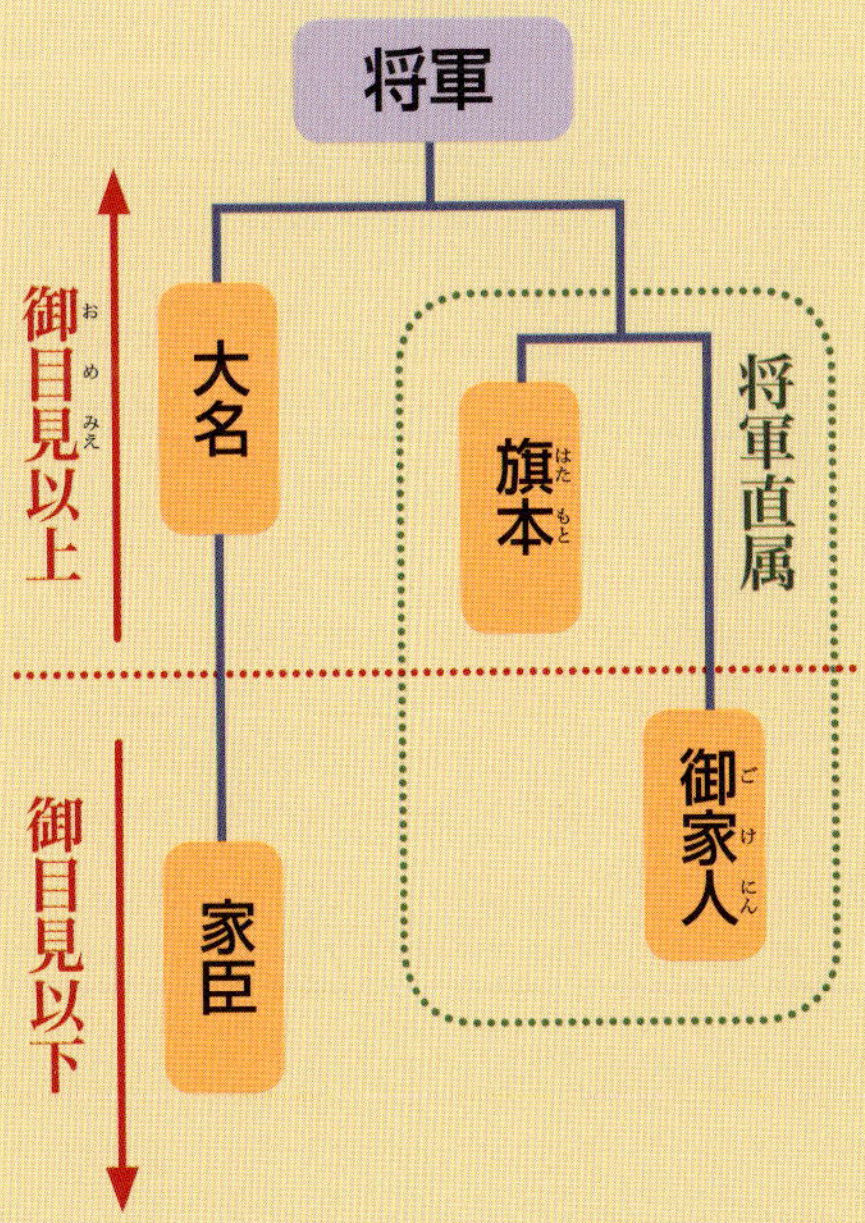

大名……1万石以上の領主（藩主）を指す。また大名の家臣は、たとえ1万石以上でも大名とはいわず、陪臣《ばいしん》と呼んだ。
旗本……1万石未満の幕臣で、将軍と謁見する資格のある者。
御家人……1万石未満の幕臣で、将軍と謁見する資格のない者。

大名らの江戸城登城の様子
大名や役職の高い旗本らの多くは、江戸城に通って仕事をしていた。
『江戸城登城風景図屏風』（部分）国立歴史民俗博物館蔵

江戸城

政治

天下の将軍の居城

徳川3代にわたる天下普請

江戸城の原型は、室町期の武将太田道灌《どうかん》によって、15世紀に築かれた。戦国大名の後北条《ごほうじょう》氏の支城を経て、天正《てんしょう》18年（1590）から徳川家康の居城となった。

家康は、慶長8年（1603）の江戸開府とともに、首都江戸の市街の大拡張工事を始め、慶長11年からは江戸城の大拡張工事を始める。本丸御殿・二の丸・三の丸・石垣などを築造し、翌12年（1607）には五層の天守閣《てんしゅかく》を建設した。こうして江戸城は大城郭としての形を整えたが、工事はさらに続き、本丸御殿の改築、西丸御殿の造営などを経て、寛永13年（1636）の大規模な外郭《がいかく》修築工事によって、ついに総構《そうがま》えの完成となった。

初代家康に始まり、2代秀忠、3代家光と、約30年にわたって完成した江戸城は、天下の将軍の居城にふさわしい日本最大の巨城となった。しかし、4代将軍家綱《いえつな》の初政に発生した明暦《めいれき》の大火により、天守閣をはじめ建築物の大半を失ってしまう。すぐに修築工事が始まったが、天守閣は再建されず、天守台だけが残ることとなった。

江戸城の構造

江戸城の内郭《ないかく》は、本丸御殿、西の丸、二の丸、三の丸、紅葉《もみじ》山《やま》、吹上《ふきあげ》からなる。本丸御殿が将軍の居城で、西の丸はおもに大御所《おおごしょ》や将軍世子《せいし》の居城だった（➡p.50）。隅田川《すみだがわ》などを利用した外濠《そとぼり》に囲まれた外郭には、武家屋敷・寺社地・町人地を計画的に配置した。外郭は、現在の千代田区ほぼ全域と、中央区・港区のそれぞれ半分以上の敷地、さらに新宿区、文京区の一部を含む広大な敷地になる。

江戸城の内郭・外郭にはたくさんの門があった。これらは俗に36見附《みつけ》と呼ばれるが、実際はもっと多く、幕末期の慶応3年（1867）には、大小合わせて92あったという。36という数は主要あるいは多数を意味する語である。

なお、見附とは、本来は見張所の意味で、通行人が多い外郭城門の警備からこの名称が始まり、のちに内郭・外郭問わず城門を指す呼称として用いられるようになったものである。

江戸城の天守閣

江戸図屏風に描かれた、江戸城の天守閣。3代将軍家光のころの天守閣だと思われる。

『江戸図屏風』（部分） 国立歴史民俗博物館蔵

◎参考文献　小松和博『江戸城-その歴史と構造-』（名著出版、1985年）、深井雅海『図解・江戸城をよむ』（原書房、1997年）、大石学『地名で読む江戸の町』（PHP研究所、2001年）、深井雅海『江戸城』（中央公論新社、2008年）、村井益男『江戸城 将軍家の生活』（講談社、2008年）、「見附」（『国史大辞典』吉川弘文館）

江戸城の外郭と門

大手門

江戸城本丸の正門。各大名や旗本たちが江戸城へ登城する際の通用門だったため、警備も厳重だった。きれいな枡形門の姿をとどめる。

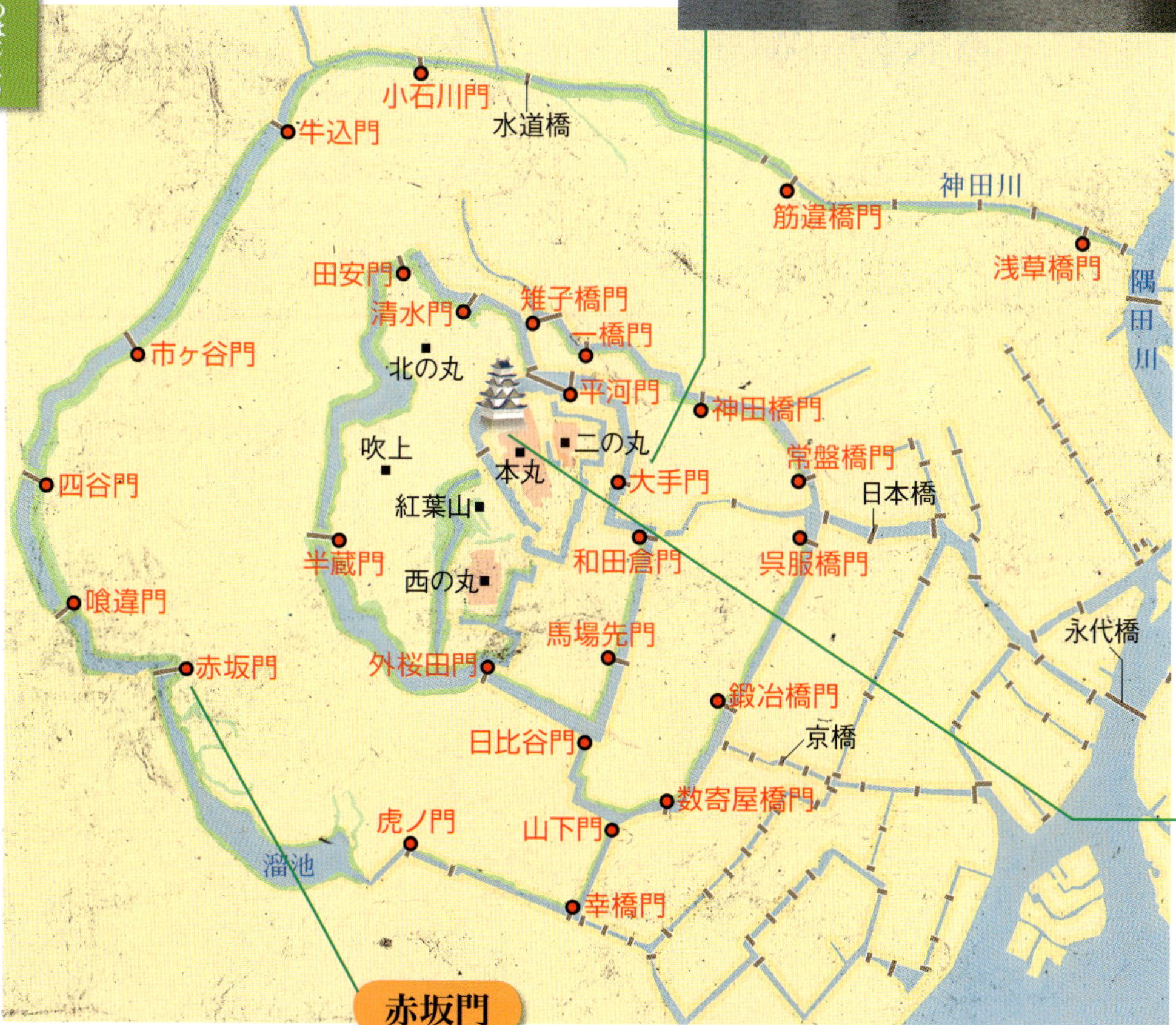

赤坂門

現在石垣の一部しか残っていないが、赤坂見附の名は駅名として残っている。

門の構造

江戸城の門の多くは枡形門《ますがたもん》と呼ばれる堅固なつくり。枡形門とは、ふたつの門を直角に建て、第一門（高《こ》麗《ま》門）と第二門（渡《わたり》櫓《やぐら》門）の間に四角い枡形の空き地を設け、その空地の周囲を石垣などで固めたもの。

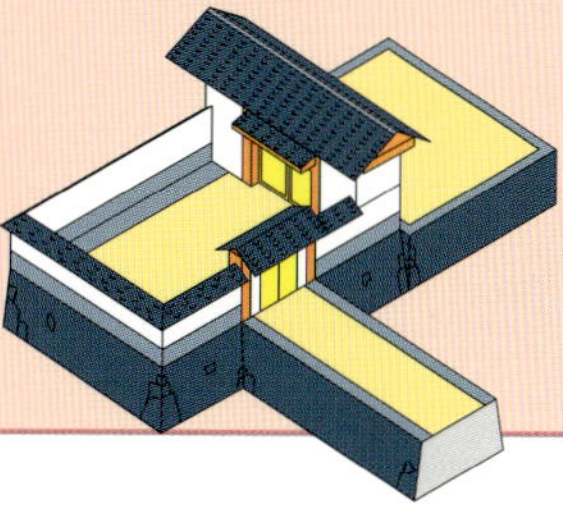

江戸城に天守が築かれていたのは、江戸初期の約50年間だけ。家光が建てた天守は、地上からの高さが約58mもあり、日本最大のものだった。

現在も天守台が残っている。

寛永20年(1643)に御殿の造営が始まり、幼少時の5代綱吉やその生母桂昌院《けいしょういん》が居住。しかし、次第に利用される機会がなくなっていった。

家光の時代に、遊興を目的に将軍の別邸としてつくられたが、完成からわずか7年後に、やはり家光の命で、嗣《し》子《し》竹千代(4代家綱)のための御殿に建て直された。以後、将軍嗣子の御殿として使用されたり、前将軍の正室が居住したりした。

二の丸庭園。中央に池が配された回遊式庭園。9代家重の時代に作成された庭園の絵図面を参考に、再現したもの。

将軍の生活の場であり、幕府の中央政庁でもあった場所。内部は、表·中奥·大奥に分かれる。表は、将軍の謁見など公的な儀式·行事を行う場であり、諸役人の執務の場。中奥は将軍の居住空間と政務の場、大奥は将軍の正室や側室、奥女中が生活する空間。

家康の関東入国時はほぼ日比谷入江だった場所。埋め立てが行われ、以後、譜代大名の屋敷地となる。とくに老中·若年寄など幕府要職者の屋敷が多数あった。

江戸城の内郭図

江戸城は、現在皇居のある場所にあった。現在は一部が公園として整備され、見学できるようになっている。当時の遺構もあり、往時の面影を残している。なお、西の丸、吹上、紅葉山《もみじやま》は立ち入り禁止区域となっている。

初期には将軍家の子の屋敷が建っていたが、明暦《めいれき》の大火以降、火除地《ひよけち》（空地）に。その後、8代吉宗のときに御三卿の田安家、9代家重のときに同じく御三卿の清水家の上屋敷が建てられた。田安家、清水家の名の由来となったそれぞれの城門が残る。

東京駅からまっすぐ皇居へ向かっていくと、木々の間からその姿をのぞかせるのが、富士見櫓《やぐら》。明暦の大火以降、再建されることのなかった天守閣に変わり、江戸城のシンボル的存在となった。

明暦の大火以前には、徳川御三家の大名屋敷があった場所。大火で全焼したのを機に屋敷は内郭の外に移転。この場所には、江戸城への類焼を防ぐための火除地（空地）として、日本庭園が整備された。

その名のとおり、小高い山で、秋になると見事な紅葉となったという。ここには歴代将軍の霊廟を祀った東照宮があった（➔p.52）。

初代家康の隠居所として建てたのが始まり。以後、隠居する将軍がいれば御居所となり、それ以外は次期将軍となる嗣子の居所として使用された。

西の丸大手門は、現在、皇居正門として使用されている。

『東京市史稿 皇城篇』、御江戸大絵図などを参考に作成

政治

江戸城にも東照宮があった 紅葉山東照宮

紅葉山東照宮

『江戸図屏風』に描かれた、江戸城内の紅葉山東照宮。明治新政府に破却を命じられ、残念ながら、現在は痕跡をとどめていない。

徳川家歴代将軍の霊廟が建立されていた。なお7代以降は合祀。

将軍の書物や具足、鉄砲などを収めたと思われる蔵が並ぶ。

『江戸図屏風』（部分）
国立歴史民俗博物館蔵

家康の神格化

元和《げんな》2年（1616）、初代将軍家康が死去すると、その遺骸《いがい》は家康の遺言により、駿府《すんぷ》（静岡県）の久能山《くのうざん》（現久能山東照宮）に葬られ、さらに1年後に日光（栃木県）の東《とう》照社《しょうしゃ》（3代家光のときに「社」から「宮」へ）に改葬された。家康は江戸幕府の始祖として「東照神君《とうしょうしんくん》」「権現様《ごんげんさま》」とも呼ばれ江戸時代を通して崇拝された。

家康の死後にその神格化（東照大権現）を画策したのは、家康に重用された天台宗の僧・天海《てんかい》である。天台宗の山《さん》王一実神道《のういちじつしんとう》に基づく家康の神格化は、子孫繁栄・徳川政権の永続を目指したものといえる。

3代将軍家光は、家康の顕彰《けんしょう》を大々的に行った。家督争いを経験した家光は、嫡子《ちゃくし》相続の原則と、徳川将軍家を中心とした体制を永続させるためにも、家康の権威を最大限に利用したと考えられる。現在の壮麗な日光東照宮の社殿を造営させたのも、家光である。

さまざまな行事で使われた紅葉山東照宮

ところで、東照宮は日光や久能山だけではなく、江戸城内の紅葉山《もみじやま》にもあった。紅葉山は江戸城西の丸北東部にある小山で、ここに元和4年（1618）、2代将軍秀忠の治世に、家康を祀《まつ》る東照社（のちに東照宮）が造営

◎参考文献　曽根原理『神君家康の誕生』（吉川弘文館、2008年）、『江戸学事典』（弘文堂、1984年）

徳川15代将軍の墓所

1	家康	日光東照宮	9	家重	増上寺
2	秀忠	増上寺	10	家治	寛永寺
3	家光	輪王寺	11	家斉	寛永寺
4	家綱	寛永寺	12	家慶	増上寺
5	綱吉	寛永寺	13	家定	寛永寺
6	家宣	増上寺	14	家茂	増上寺
7	家継	増上寺	15	慶喜	谷中霊園
8	吉宗	寛永寺			

ほとんどの将軍は、徳川家の菩提寺である寛永寺か増上寺に祀られている。家光は尊敬する祖父・家康のそばで仕えたいと、東照宮に近い日光山輪王寺に祀られた。15代慶喜は仏教から神道に改宗したため、寺院には葬られなかった。

東照宮での参拝を終えた家光一行。家光は駕籠の中にいる。

された。

家康の遺骸が納められる日光東照宮への参拝は、将軍によって回数に差があり、財政事情などから一度も参拝しない将軍もいた。しかし、紅葉山東照宮への参拝は家康の祥月命日《しょうつきめいにち》や年頭参拝に大名らも参加して行われたほか、代替わり・将軍宣下《せんげ》等の祝儀や子息の袴着《はかまぎ》・元服《げんぷく》などの際にも行われた。江戸城の東照宮は、一般的には知られていないが、徳川政権において重要な役割を果たしていたのである。

全国に広がる東照宮信仰

日光山、久能山、紅葉山以外にも、東照宮は全国に多数つくられた。御三家や血縁関係にあった大名などの城下町を中心に、確認されているものだけでも約550もの東照宮が創建されている。大名家による勧請《かんじん》は将軍家への忠誠という政治的側面を強く示すものであり、東照宮祭礼は城下町の重要な行事として位置づけられた。

江戸の町では、官営といえる芝の増上寺《ぞうじょうじ》（現芝東照宮）、上野の寛永寺《かんえいじ》（現上野東照宮）、浅草寺《せんそうじ》（寛永19年焼失、随身《ずいしん》門《もん》は浅草神社に現存）があり、ほかにも根津の昌泉院《しょうせんいん》（現根津神社）や小石川の伝通院《でんつういん》、浅草の西福寺《せいふくじ》など約30の東照宮が建立された。

政治

御城坊主

江戸城を陰で支えていた

『徳川盛世録』より

御城坊主と大名 図は、大名登城の様子を描いたもの。大名ひとりひとりに同朋と呼ばれる御城坊主がつき、城内を案内した。

御城坊主は僧侶？武士？

広大な江戸城では働く人の数も膨大で、常時数千人規模の人が働いていたとされる。それぞれ役割もさまざまである。ここでは、あまり知られていない御城坊主《おしろぼうず》という役職に注目してみたい。

よく時代劇の江戸城のシーンで、大名が僧侶風の人物に案内されている姿を目にする。その案内者が、御城坊主である。法体姿といっても寺院の僧侶とは異なる。彼らは苗字帯刀《みょうじたいとう》・切捨御免《きりすてごめん》を認められた武士身分*で、江戸中期の正徳年間（1711～16）には、本丸・西の丸を合わせて約700名も存在した。

また、ひと口に御城坊主といっても、さまざまな役職があった。大きくは若年寄《わかどしより》支配の坊主と、寺社奉行《じしゃぶぎょう》支配の坊主に分かれる（左上図参照）。

若年寄支配の坊主は、江戸城の奥向きでの将軍家の日常生活や、表向きでの幕府の行政機構を支え、寺社奉行支配の坊主は、江戸城内の紅葉山《もみじやま》にあった将軍廟所《びょうしょ》に関する役務を担当した。

*かつて紅葉山の坊主には浅草寺から付けられた者もいたが、その後は出家ではない者が担当している。

御城坊主は江戸城の潤滑油

御城坊主の多くを占めた若年寄支配の坊主のなかでも、幕府行政機構における同朋《どうぼう》や表坊主《おもてぼうず》の役割はとくに大きかった。

◎参考文献　松平太郎『校訂江戸時代制度の研究』（柏書房、1971年）、深井雅海『江戸城をよむ』（原書房、1997年）、大嶋陽一「茶壺道中と数寄屋坊主」（大石学編『近世公文書論』岩田書院、2008年）

御城坊主の種類と仕事

若年寄支配	数《す》奇《き》屋《や》頭《がしら》	江戸城の茶事や茶道具の管理。黒書院の清掃管理、宇治茶の茶壷道中への同行、用達職人の取り次ぎなど。
若年寄支配	数奇屋坊《ぼう》主《ず》組頭《くみがしら》	江戸城で数奇屋坊主の指揮。
若年寄支配	数奇屋坊主	将軍や江戸城の茶事の専門職。
若年寄支配	同朋頭《どうぼうがしら》	江戸城で表・奥坊主の指揮。御成への供奉《ぐぶ》、将軍の先立ち、老中・若年寄の先立ち、老中・若年寄間と表役人の取り次ぎ。
若年寄支配	同朋	将軍御成の供奉や儀礼の給仕。大老の登城・退出の世話、カピタン登城や御能の際の料理の給仕など。
若年寄支配	表坊《おもてぼう》主《ず》頭《がしら》	江戸城表向きで表坊主の指揮。
若年寄支配	表坊主	江戸城表向きで大名や諸役人の給仕。
若年寄支配	奥坊《おくぼう》主《ず》頭《がしら》	江戸城中奥で奥坊主の指揮。諸部屋の片付けや座敷飾りなどの雑掌。
若年寄支配	奥坊主	江戸城中奥の雑務。将軍の世話、老中・若年寄の御用部屋での諸務、表と中奥の境である口奥を取り締まる土圭間《とけいのま》坊主と側衆《そばしゅう》との取り次ぎ、江戸城の時計の管理など。
寺社奉行支配	紅葉山《もみじやま》御《お》宮付坊《みやつきぼう》主《ず》	紅葉山東照宮や庭園の掃除などの雑務。
寺社奉行支配	紅葉山御宮付御縁頬《ごえんずら》坊主	紅葉山東照宮の掃除などの雑務。
寺社奉行支配	紅葉山御《お》高盛《たかもり》坊主	将軍廟所へ高盛（神饌）を奉仕。
寺社奉行支配	紅葉山御霊《みたま》屋《や》付《つき》坊主	紅葉山の霊廟の掃除などの雑務。
寺社奉行支配	紅葉山御霊屋付御縁頬坊主	紅葉山の霊廟の掃除などの雑務。

同朋は、将軍や老中の先手を勤め、表向き役人の出入りが禁じられた老中・若年寄の御用部屋と役人との下達《かたつ》上申《じょうしん》の取り次ぎや、触《ふれ》の伝達などを行っていた。一方、表坊主は江戸城表向きの座敷を管理し、大名や諸役人の給仕を担当した。たとえば、幕臣の監察を任務とする目付《めつけ》には、日々の職務の手はずを整えたり、新任の目付に対する職務内容の説明などを行う表坊主（目付手附）がついた。表坊主はまた、大名家に出入りし、登城する大名の世話をするとともに、幕府の情報を提供していた。

何かと煩雑《はんざつ》な日々の幕府行政の運営や、幕府と大名家、大名家間の関係を円滑に保てた背景には、このような御城坊主の存在は大きかった。ちなみに、大名家に出入りしていた表坊主たちは、情報提供の見返りとして大名から金品を受け取ることも多く、身分以上に裕福な暮らし向きの者も多かったようである。

将軍の1日

江戸城に暮らし、江戸城で政務も行っていた歴代の将軍たち。将軍たちは日々同じようなスケジュールで過ごしていたといわれる。一体どのような生活だったのか、のぞいてみよう。

＊時間は目安です。

6:00（明け六つ）　起床、洗顔や歯磨き

大奥に泊まらない日は、中奥《なかおく》で起床。将軍が起床すると小姓《こしょう》が「もう」と触れ出し、小納戸《こなんど》らがうがいのたらいや手洗いの手水を用意。用意ができると、小姓らの介添えで洗顔や歯磨きをする。

8:00（五つ）　朝食、髪結い、健康診断

将軍といっても普段の食事は質素で、朝食はご飯に汁物、香の物にキスの塩焼きか漬焼きぐらい。朝食中に御髪番の小姓や小納戸に髪を結ってもらい、顔や月代《さかやき》を剃ってもらう。食後は6人ぐらいの医師が将軍の脈をとって診察する。

9:00（五つ半）　奥御成

大奥の仏間に行き、御台所《みだいどころ》とともに歴代将軍の位牌を拝む。その後、大奥の女中らに「朝の総触れ」と呼ばれる御目見《おめみえ》を行う。

10:00（四つ）　自由時間

昼食までは自由時間で、学問や剣術の稽古などをして過ごす。公務は午後だが、忙しいときは午前中から行うこともあった。

◎参考文献　永島今四郎・太田贇雄編『定本江戸城大奥』（新人物往来社、1995年）

12:00（九つ）　**昼食・公務**

正午頃に食事したあと公務を行う。おもな仕事は、老中からの伺いの決済をすることで、御側《おそば》御用取次《ごようとりつぎ》が、老中からの伺いを読み上げ、将軍が裁定した。量が多いときは夕方までかかった。

14:00（八つ）　**奥御成、自由時間**

着流しで再び大奥に行った後、公務がなければ再び自由時間。午後は、乗馬や剣術、学問、書画、謡曲など、趣味を楽しむことが多かった。

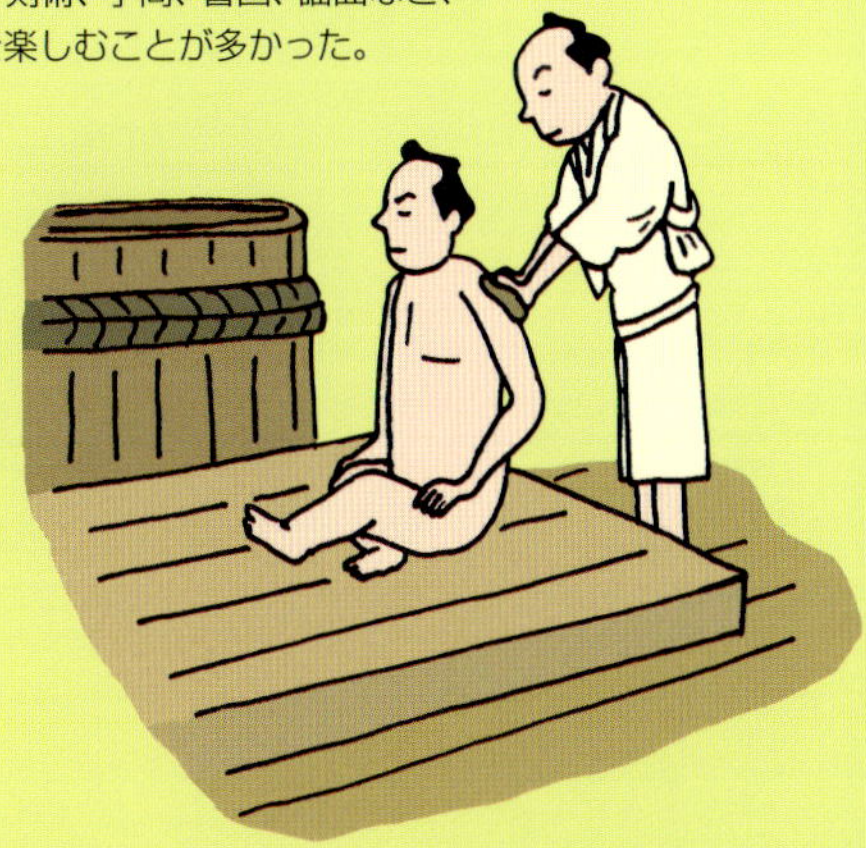

17:00（七つ半）　**入浴**

入浴はすべて小姓や小納戸が世話する。小姓に衣服を脱がせてもらい、小納戸に糠袋《ぬかぶくろ》で体を洗ってもらう。糠袋は顔、手、足、背でそれぞれ取り替えて使い、しかも一度しか使わなかった。

18:00（暮れ六つ）　**夕食、奥御成、自由時間**

朝食や昼食よりは品数が多いが、それでも普段は質素。なお、食事は毎食、膳奉行などが毒味をしてから出す。夕食後、再び大奥に行き、その後、中奥に戻って自由時間。夕食は大奥でとることもあった。

22:00（四つ）　**就寝**

普段は中奥「御休息之間《ごきゅうそくのま》」の上段で就寝。大奥に泊まる際は、事前に連絡する必要があった。

政治

町奉行と与力、同心

江戸の治安を守る役人たち

町奉行は、3000石級の旗本から任命されたが、江戸の行政･司法･警察･消防すべての長という大変な役職だった。時代劇でもおなじみの大岡越前守《えちぜんのかみ》忠《ただ》相《すけ》（➔p.124）や遠山左衛門尉《さえもんのじょう》景元《かげもと》（➔p.200）は、江戸の名奉行としてよく知られる。町奉行は、奉行所と江戸城を往復し、両方で仕事をこなした。なお、取り調べなどは与力が行うことが多く、多忙の町奉行は判決を申し渡すだけのことも多かった。

通常は与力と同じ継裃《つぎがみしも》だが、五節句には、図のような熨斗目《のしめ》に長裃姿で登城した。熨斗目とは、腰回りに縞《しま》や格子《こうし》、絣《かすり》などの模様のある小袖《こそで》（着物）のこと。

町奉行は超多忙！

町奉行《まちぶぎょう》という役職名は、開府当初からあったが、それが幕法のうえで町方を専門に行う役職として制度化されたのは、家光のころの寛永8年（1631）である。

江戸の町奉行は、現在の役職に置き換えると、東京都知事と、国務大臣・最高裁判所・東京地方裁判所それぞれの判事、さらには警視総監・消防総監まで兼務する立場。時代劇でおなじみの裁判シーンは町奉行の仕事のごく一部で、とにかく激務のため、在職中の死亡率も高かった。今でいう過労死である。

また町奉行のもとで実務を行うのが、与力《よりき》や同心《どうしん》である。同心の一部（隠密廻など）は、警察の仕事を担っていたが、その数は南北合わせても30人に満たず、巨大都市江戸の治安を守るには心もとなかった。そうした状況を補ったのが、いわゆる岡引《おかっぴ》き（目明《めあか》し、手先ともいう）である。岡引きは同心がポケットマネーで雇った私的使用人。元犯罪者が雇われることもあり捜査に有効な点も多かったが、その専横ぶりなど弊害も多かった。

町奉行所は1ヶ月交代制

町奉行所は、北町奉行所と南町奉行所のふたつあった*。江戸を二分して担当したのではなく、どちらも江戸全域を担当。1ヶ月交替の月番《つきばん》勤務で、それぞれ北と南に位置していたので、このように区別して呼んだ。

◎参考文献　石井良助編『増補新訂版 江戸町方の制度』（新人物往来社、1995年）、大石学『地名で読む江戸の町』（PHP研究所、2001年）、南和男『江戸の町奉行』（吉川弘文館、2005年）

与力

もともと騎馬で勤務する武士のことを与力と称しており、「寄騎《よりき》」とも書く。与力の多くは御目見《おめみえ》以下の御家人身分だが、馬に乗ることが許されていた（本来御家人は騎乗できない）。町奉行のもと、行政·司法の実務を中心に担当。武士としての身分は低いほうで、給料もそれほど多くなかったが、仕事がら付け届けが多く、生活は豊かだった。

出勤姿は、継裃に福草履《ふくぞうり》。十手《じって》を携帯していたが、与力は捕物《とりもの》に参加することは少ないので、武器というほど実践的なつくりではなく、通常はふくさに包んで懐中していた。

同心

通常、与力の部下として働くが、市中での偵察や、犯罪捜査·逮捕など町の治安維持にかかわる仕事を担う「隠密廻《おんみつまわり》」「定廻《じょうまわり》」「臨時廻」の3つは、同心だけで構成された。この3つは時代劇にもよく登場する役回りで、「必殺仕事人」の主人公である中村主水《もんど》の表向きの仕事は定廻同心である。同心も与力同様、付け届けが多かった。

小銀杏《こいちょう》と呼ばれる、町方風の細く小さい髷《まげ》が特徴。

普段は黒紋付羽織《くろもんつきはおり》の着流し。「御成先御免」といって、将軍が外出する際、将軍の前に出るようなことがあっても、袴を着用せず、着流しでよいとされた。

朱房付きの十手を携帯。同心の十手は、攻撃に使える実践的なものだった。

両奉行所は1ヶ月ずつ「月番」「非番」を繰り返すが、非番のときも休んではいられなかった。非番のときは新たな訴状は受け付けないが、月番のときに受理した訴状が山積みで、忙しいことに変わりはなかった。

＊元禄15年（1702）から享保4年（1719）まで中町奉行所が17年間置かれ、3ヶ所の時代もあった。

政治

町のしくみと町役人

町役人による自治運営

町の支配システム

町に住む町人を支配したのは、町奉行《まちぶぎょう》である。しかし、町奉行配下の役人数は、南北の奉行を筆頭に、与力《よりき》はわずか50人、同心《どうしん》も約２００人（幕末期は約２８０人）しかいなかった。のちに放火や盗賊などを取り締まる火付盗賊改《ひつけとうぞくあらため》などが新たに設置されたものの、享保《きょうほう》年間（１７１６〜３６）には、江戸の町人人口は約50万人に達しており、江戸の町政をすべて担うのは難しかった。

そこで、町政の実務は町年寄《まちどしより》や町名主《まちなぬし》、月行事《がちぎょうじ》といった町役人を活用した。町人たちは、町《ちょう》という共同体をつくり、町役人による統制のもと、町政を自治的に運営したのである。

町役人の筆頭は町年寄である。奈良屋《ならや》、樽屋《たるや》、喜多村《きたむら》の三家で代々世襲していたが、この三家は徳川家康に仕えていたという由緒を持っており、町人のなかでも格別な位置にいた。町年寄は、町奉行からの町触《まちぶれ》（町方に対して出される法令）の伝達、土地の管理者の移動に関する事務手続き、商人などの統制、各種の問題に関する答申や諮問《しもん》などの業務を行った。

町年寄の下に置かれたのは町名主である。町名主はひとりで複数の町を担当し、町年寄から伝えられた町触《まちぶれ》を各町の月行事に伝達するほか、町人の訴願の取り次ぎ、人別《にんべつ》の調査報告などの業務を行った。

各町に置かれた月行事は屋敷を持っている家持《いえもち》、または不在地主の屋敷を管理する家守《やもり》から毎月ひとりずつ交代で出て、町名主の職務を補助した。ときにはけんかの仲裁に入るなど町人たちと密接にかかわり、町触を裏長屋の住人に読み聞かせるのも、月行事の役目だった。

将軍に会う町役人たち

江戸の町役人たちは、正月や将軍の代替わりの御礼の際には、江戸城に登り将軍に会うことができた。武士のなかでも将軍に会えない「御目見以下」の者が多いなかで、町人である町役人が将軍に会えるというのは、幕府も町役人の重要性を認識していたからといえる。

正月には江戸城の白書院《しろしょいん》という広間で将軍への年始の挨拶が行われ、江戸からは町年寄や町名主が参加した。この席には、ほかにも京都・大坂・甲府など各地の幕府直轄《ちょっかつ》都市の町役人たちなどが顔をそろえた。町役人たちは、町人の代表として、将軍に年始の挨拶をしていたのである。なお、年始の挨拶時に献上された扇子や酒の費用は、町方《まちかた》から出した。

◎参考文献　吉原健一郎『江戸の町役人』（吉川弘文館、1980年）、望月良親「甲府町年寄の由緒と将軍年始参上」（大石学編『近世公文書論』岩田書院、2008年）

町政の運営システム

町奉行

町役人

町年寄
奈良屋、樽屋、喜多村の三家が月番で担当。

町名主
200～250人くらい。1人の町名主が平均7~8町を担当。

町名主は、町年寄から受けた町触を各町の月行事に伝える。

月行事
町ごとに家持（居付地主）または家守（不在地主の屋敷を管理する者）のなかから選ばれ、月番で担当。

店《たな》子《こ》
土地だけ借りて建物は自分で建てている地借《じがり》と、土地も建物も持たない店借《たながり》の人々。表通りで商売する者のなかには地借もいたが、裏長屋で生活するものの多くは店借だった。

武士

与力
町奉行の補佐。町行政上のさまざまな実務を行う。

同心
与力の補佐および市中見回り、捕物など警察の仕事。

月番の町年寄は奉行所に出頭して町触を受け、その後自分の役所に町名主を呼んで、町触を知らせる。

月行事は、町名主から伝達された町触を自身番屋に掲示するとともに、店子たちを集めて読み聞かせ、周知徹底を図る。

定廻《じょうまわり》同心は、毎日自身番屋を巡回して、町内の犯罪の有無などをチェック。犯罪者をとらえた場合は、自身番屋の奥で取り調べを行った。

生活

江戸の住まい

武家屋敷VS長屋

江戸の町割りMAP

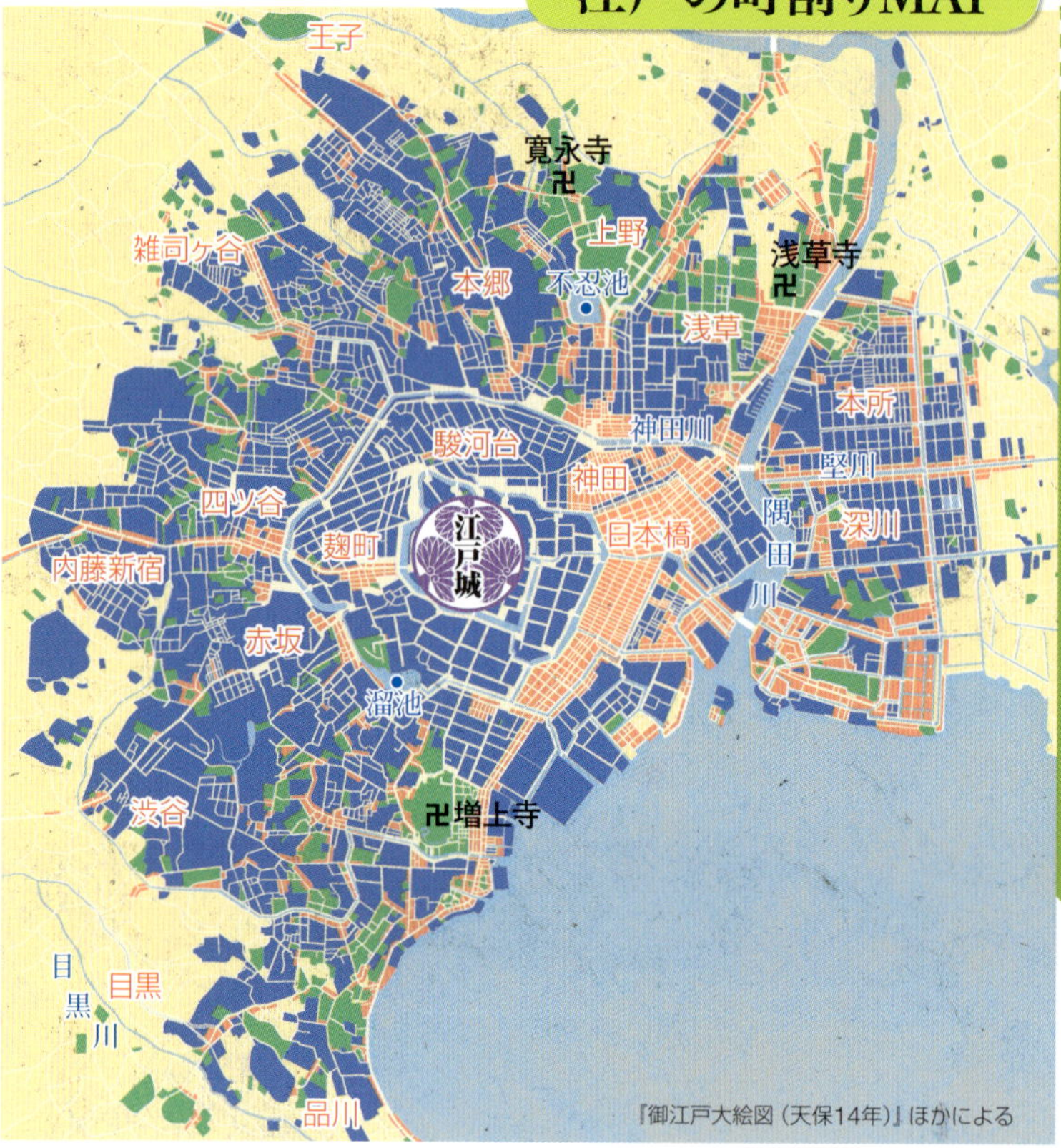

『御江戸大絵図（天保14年）』ほかによる

格差が大きかった江戸の住まい

寛永12年（1635）に参勤交代《さんきんこうたい》が制度化されると、江戸には諸藩の屋敷などが立ち並んだ。また、将軍直属の旗本《はたもと》・御家人《ごけにん》などの屋敷も整備され、さらにはこれらの武士の日常生活を支える商人や職人が多く住むようになり、町人地も整備されていく。俗に「大江戸八百八町」といわれるが、18世紀半ば以降の江戸には、約2倍の1600もの町が存在した。

これらの住まいは、無秩序に建てられたわけではなく計画的に配備されている。江戸城を中心にして、大名屋敷や旗本・御家人の屋敷は山の手と呼ばれる台地に建てられ、商人・職人の居住地である町地は、下町と呼ばれる埋立地に集められた。また、寺社地は江戸の北東と南西にあり、江戸城の防御の要所に配置された。

江戸に住む武士と町民の割合はほぼ半々だったが、その敷地は、圧倒的に武士のほうが広かった。武家地が江戸の約70％を占め、町人地と寺社地がそれぞれ15％である。住まいにおける、武士と町民の格差は非常に大きかった。

◎参考文献　吉田伸之編『日本の近世９ 都市の時代』（中央公論社、1992年）、金行信輔「大名屋敷と江戸の都市景観」（鈴木博之他編『シリーズ都市・建築・歴史５ 近世都市の成立』東京大学出版会、2005年）、玉井哲雄『江戸 失われた都市空間を読む』（平凡社、1986年）

町の構成

江戸中心部の町人地は、京間60間《けん》（約120m）四方の正方形の町割がされ、その正方形ブロックを四方の道路から奥行20間（約40m）、間口5~10間で一区画とし、これを町屋敷と呼んだ。ひとつの町は通りを挟んで向かい合う複数の町屋敷で構成された。真ん中の空き地（会所地《かいしょち》）は、当初はゴミ溜めや排水地として使用され、江戸の人口増加とともに、会所地に続く新道が通り、内部も開発されるようになった。

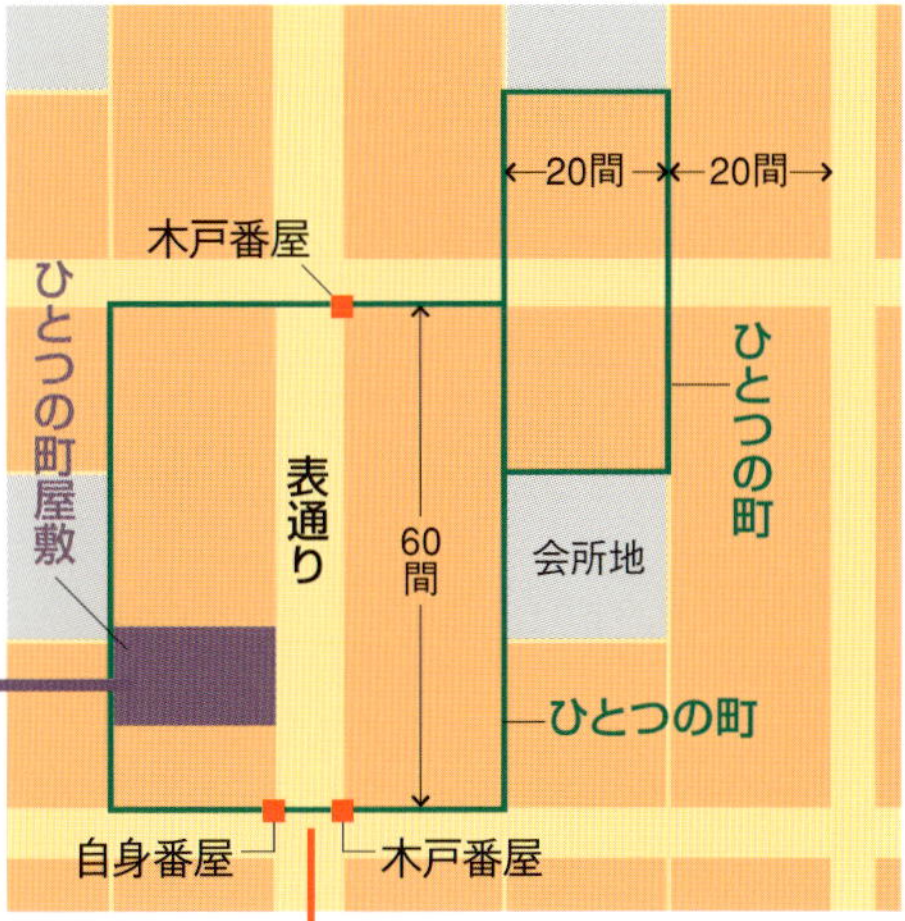

各町には木戸が設けられ、その脇に木戸番屋《きどばんや》と自身番屋《じしんばんや》があった。木戸は、木戸番屋住み込みの番人によって、明け六つ（午前6時頃）に開かれ、夜四つ（午後10時頃）に閉じられた。自身番屋は、月行事（➔p.60）が事務作業や集会などのために詰めていた場所。自身番屋の脇には、町全体が見渡せる火の見櫓や火の見梯子も設けられていた。

町屋敷の構成

文政（1818~30）のころの根津神社門前町（文京区根津）の町屋敷。

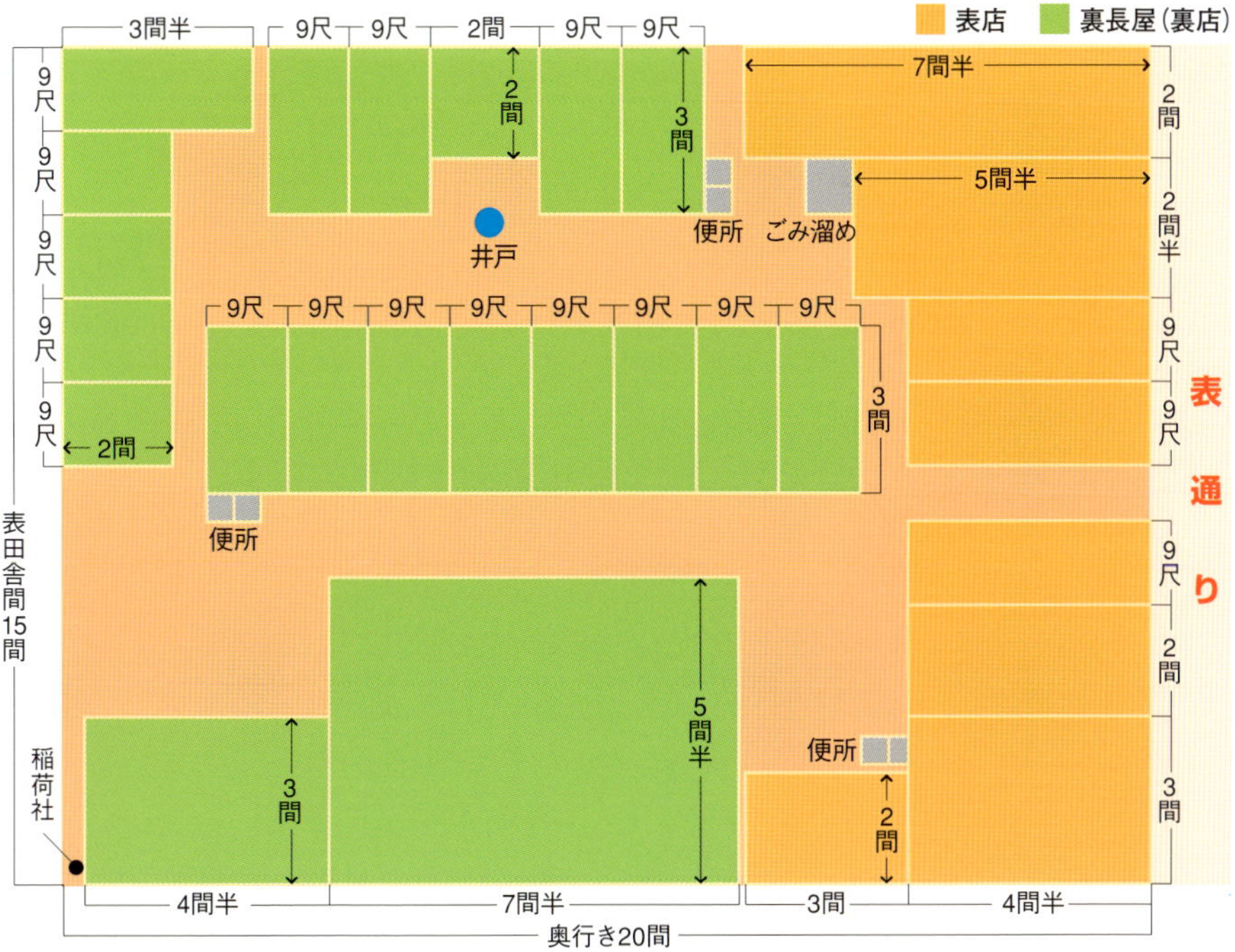

竹内誠『大系日本の歴史10 江戸と大坂』（小学館）による

表店 表通りに2階建ての家が並ぶ。だいたいの家は1階が店舗で2階が住居スペースになっていた。

裏店（裏長屋） 表店の裏側にある住まい。路地を入ると長屋が建ち、庶民の多くがここに住んでいた（➔p.64）。

裏長屋の風景

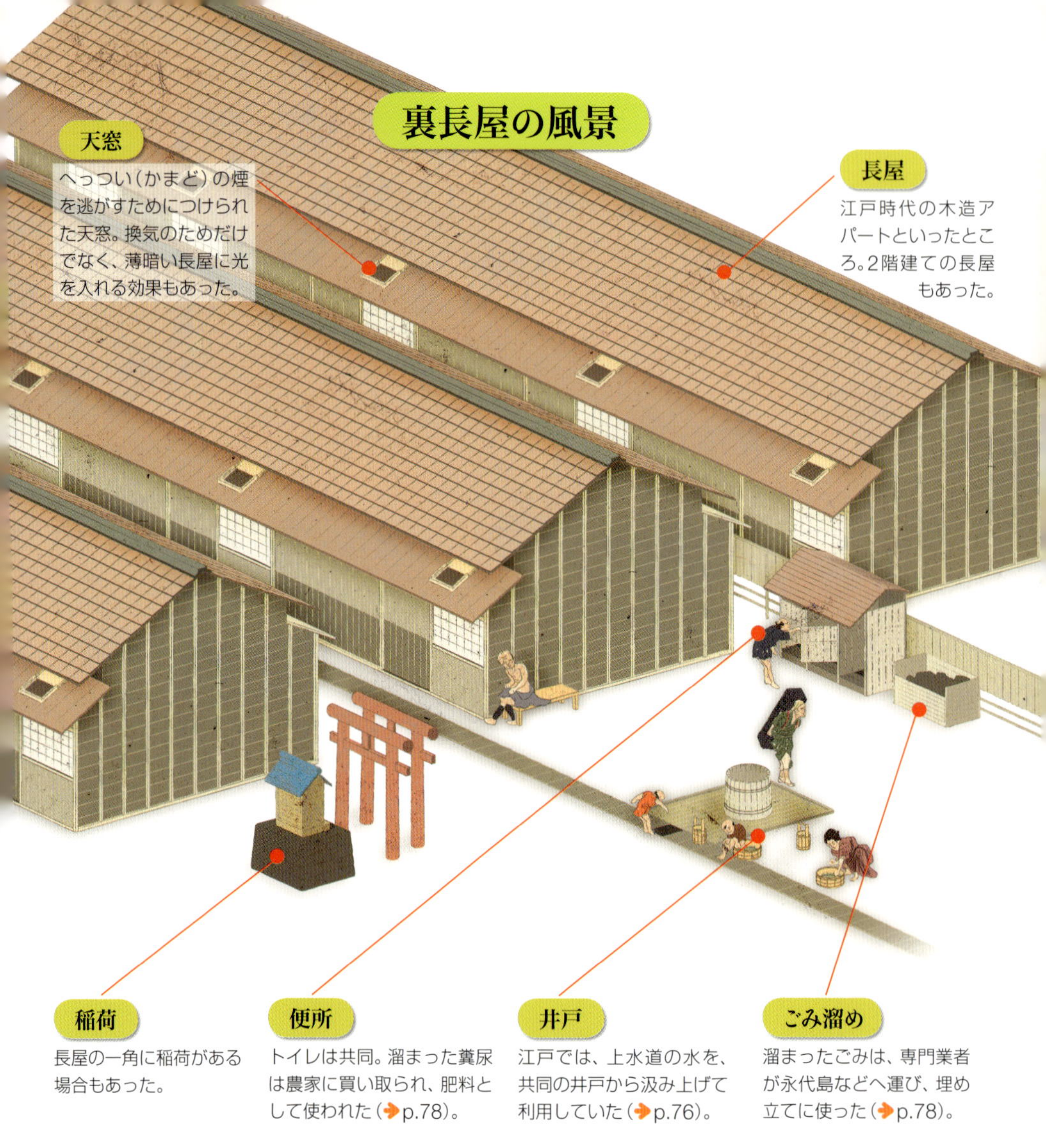

天窓
へっつい（かまど）の煙を逃がすためにつけられた天窓。換気のためだけでなく、薄暗い長屋に光を入れる効果もあった。
長屋
江戸時代の木造アパートといったところ。2階建ての長屋もあった。
稲荷
長屋の一角に稲荷がある場合もあった。
便所
トイレは共同。溜まった糞尿は農家に買い取られ、肥料として使われた（➔p.78）。
井戸
江戸では、上水道の水を、共同の井戸から汲み上げて利用していた（➔p.76）。
ごみ溜め
溜まったごみは、専門業者が永代島などへ運び、埋め立てに使った（➔p.78）。

町人の住まい

庶民の代表的な住まいは、長屋である。なかには表通りに立派な屋敷を構えていた者もいたが、多くは長屋住まいで、江戸後期には、町人の7割程度が、長屋住まいだった。

長屋は、間口9尺《しゃく》（約2・7m）、奥行2間《けん》（約3・6m）の3坪（約10㎡）ほどの大きさが一般的。内部にはかまどなどがある程度で、台所兼土間が1畳半、部屋が4畳半の計6畳といったところ。ここにだいたい家族3〜5人で暮らしていた。隣とは薄い壁で仕切られているだけなのでプライバシーは守られなかった。井戸や便所は共同だった。

長屋の内部

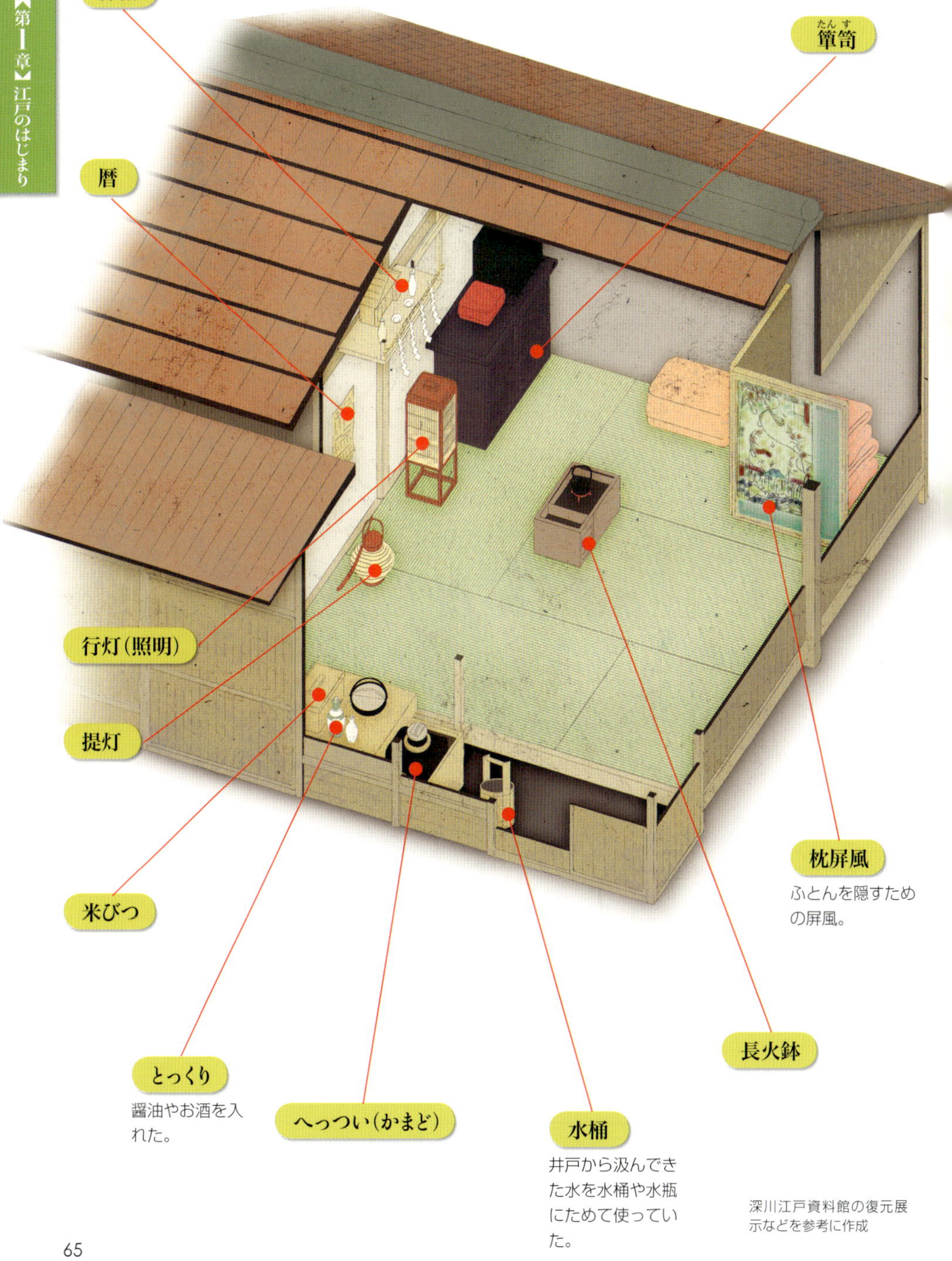

深川江戸資料館の復元展示などを参考に作成

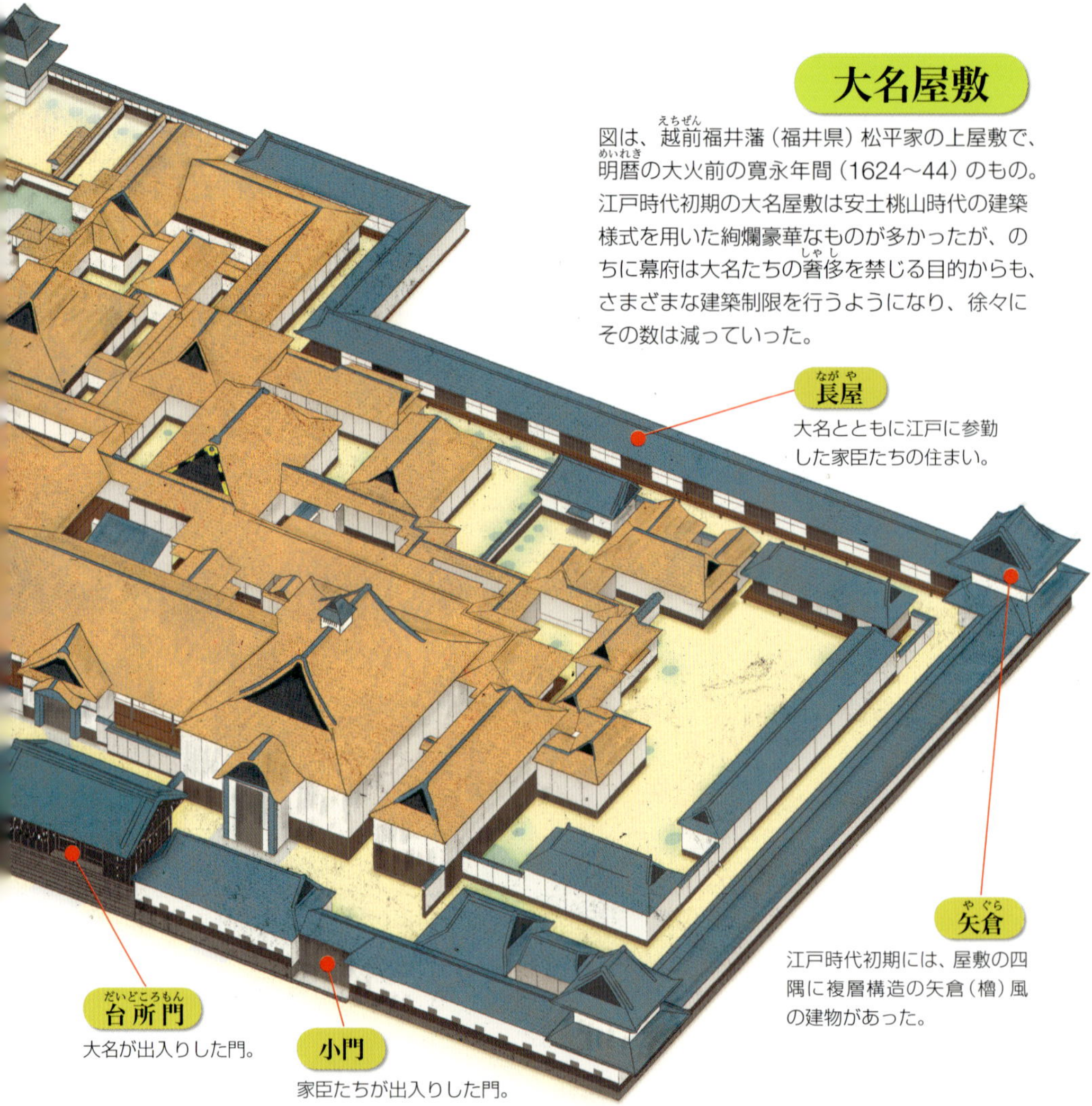

長屋《ながや》
大名とともに江戸に参勤した家臣たちの住まい。
矢倉《やぐら》
江戸時代初期には、屋敷の四隅に複層構造の矢倉（櫓）風の建物があった。
台所門《だいどころもん》
大名が出入りした門。
小門
家臣たちが出入りした門。

大名屋敷

図は、越前《えちぜん》福井藩（福井県）松平家の上屋敷で、明暦《めいれき》の大火前の寛永年間（1624〜44）のもの。江戸時代初期の大名屋敷は安土桃山時代の建築様式を用いた絢爛豪華なものが多かったが、のちに幕府は大名たちの奢侈《しゃし》を禁じる目的からも、さまざまな建築制限を行うようになり、徐々にその数は減っていった。

武士の住まい

大名や旗本、御家人《ごけにん》は、幕府から屋敷地を与えられていた（拝領地《はいりょうち》という）。その広さには一定の基準があり、１万石の大名で２５００坪（８２５０㎡）、５万石で４５００坪（１万４８５０㎡）、10万石以上で７０００坪（２万３１００㎡）。３０００石クラスの旗本が約１５００坪（４９５０㎡）で、１００石以下の御家人でも２００坪（６６０㎡）くらいの敷地はあったようだ。ただ実際には石高だけで決められていたのではなく、なかには20万坪（66万㎡）の敷地を持つ大名屋敷もあった。敷地のなかには家来や使用人も住んでいたので、それなりの広さは必要だったが、それにしても6畳程度の長屋に家族で住んでいた庶民とは雲泥の差である。

また、多くの大名は、上屋敷《かみやしき》、

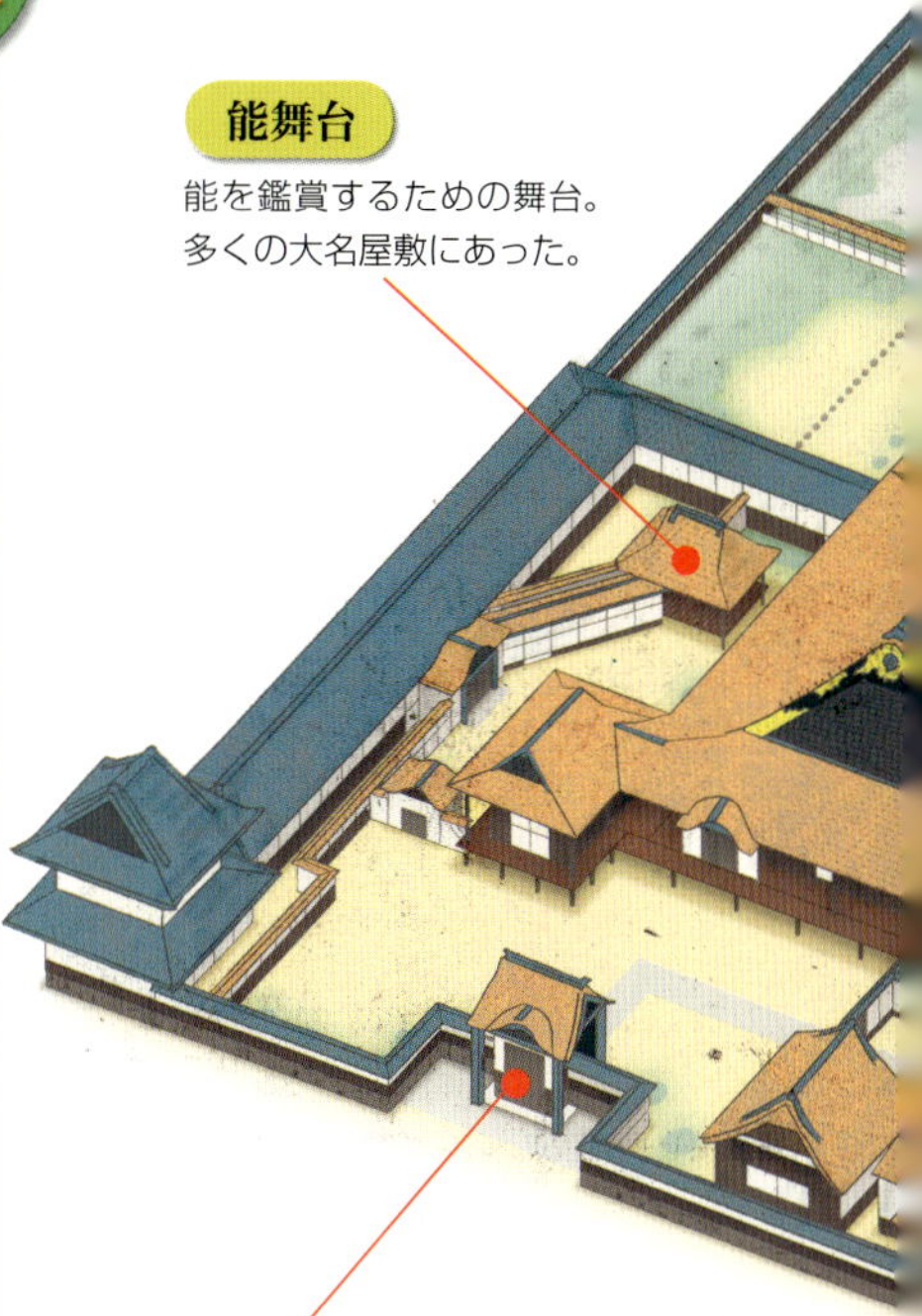
御成門《おなりもん》
将軍を迎えるときに使用する
特別な門。江戸時代初期には、
この門の豪華さを競い合った。

『伊与殿屋敷図』（岡山大学附属図書館池田文庫蔵）、
江戸東京博物館の復元模型などを参考に作成

中屋敷《なかやしき》、下屋敷《しもやしき》の３つの屋敷を持っていた。上屋敷は藩主や正妻の住む公邸とされ、登城しやすいように江戸城に近い場所に配された。中屋敷は隠居した藩主やその家族、藩主の嗣子《しし》の居所、下屋敷は遊園や火事の際の避難所として用いられた。

東京さんぽ

「大名屋敷跡」

大名屋敷のスケール感は現代の東京でも感じることができる。屋敷自体はほとんど残っていないが、その敷地は庭園として整備されているところも多い。たとえば、小石川後楽園（文京区）、新宿御苑《ぎょえん》（新宿区）、明治神宮（渋谷区）、有栖川《ありすがわ》記念公園（港区）、浜離宮《はまりきゅう》恩賜庭園（中央区）、旧芝離宮恩賜庭園（港区）などである。

また現存する大名屋敷の建築物としては、東京大学（文京区）の赤門や、上野公園（台東区）の東京国立博物館構内にある、通称「黒門」がある。黒門は、鳥取藩（鳥取県）池田家の表門で、こちらは昭和28年（1953）に移築保存され、現在に至っている。

小石川後楽園は、水戸徳川家の大名屋敷跡。

浜離宮恩賜庭園は、4代将軍家綱の弟で甲府宰相の松平綱重が屋敷を建て、のちに将軍家の別邸となったところ。以来、歴代将軍により改修工事が行なわれ、11代将軍家斉のときにほぼ現在の姿の庭園が完成した。

東京大学（文京区）の敷地は、加賀藩（石川県）前田家上屋敷跡。東大のシンボル赤門は、もともとは御守殿門といい、文政10年（1827）に11代将軍家斉の娘が前田家に嫁入りしたとき前田家が造ったものである。

政治

江戸図屏風の世界

江戸初期を伝える貴重な資料

紅葉山《もみじやま》東照宮の参拝から帰る家光。茶色の駕籠の中にいる。

徳川家の菩提寺のひとつ増上寺へ参拝に向かう家光。黒塗りの駕籠の中にいる。

明暦の大火以前の江戸を伝える

江戸時代の町の景観や風俗を描いた絵画はたくさんあるが、多くは江戸中・後期を描いたものであり、初期のものは、それほど多くない。その数少ない江戸初期の町の様子を描いたものに、本書の図版でもたびたび登場する「江戸図屏風《えどずびょうぶ》」がある。

江戸図屏風は、左隻《させき》と右隻《うせき》からなり、高さが162・5㎝、幅は左右合わせて732㎝。左隻部分には、江戸城を中心に、大名屋敷や、日本橋をはじめとする江戸の町、さらに品川・江戸湾などの海沿い、遠くには富士山が描かれ、右隻には、神田・本郷・上野・浅草・隅田川、江戸北方の川越周辺まで描かれている。

江戸は、4代将軍家綱《いえつな》の治世のときの明《めい》暦《れき》の大火（➜p.80）により、大部分が焼失した。その結果、防火のために大名屋敷が移転するなど、江戸の町の様子は一変する。「江戸図屏風」は、明暦の大火以前の江戸の町の様子を伝えるもので、初期江戸を考える際の貴重な史料である。

◎参考文献　水藤真・加藤貴編『江戸図屏風を読む』（東京堂出版、2000年）、水本邦彦『徳川の国家デザイン』（小学館、2008年）

江戸図屏風の中の家光

図は江戸図屏風の左隻部分。この左隻と右隻合わせて、13人の家光が描かれている。なお、江戸図屏風の実物は、国立歴史民俗博物館（千葉県佐倉市）にあり、江戸東京博物館（東京都墨田区）には原寸大の復元が展示されている。

目黒でのキジ狩りの様子。朱傘をさしかけられる人物が家光。

『江戸図屏風』（左隻）
国立歴史民俗博物館蔵

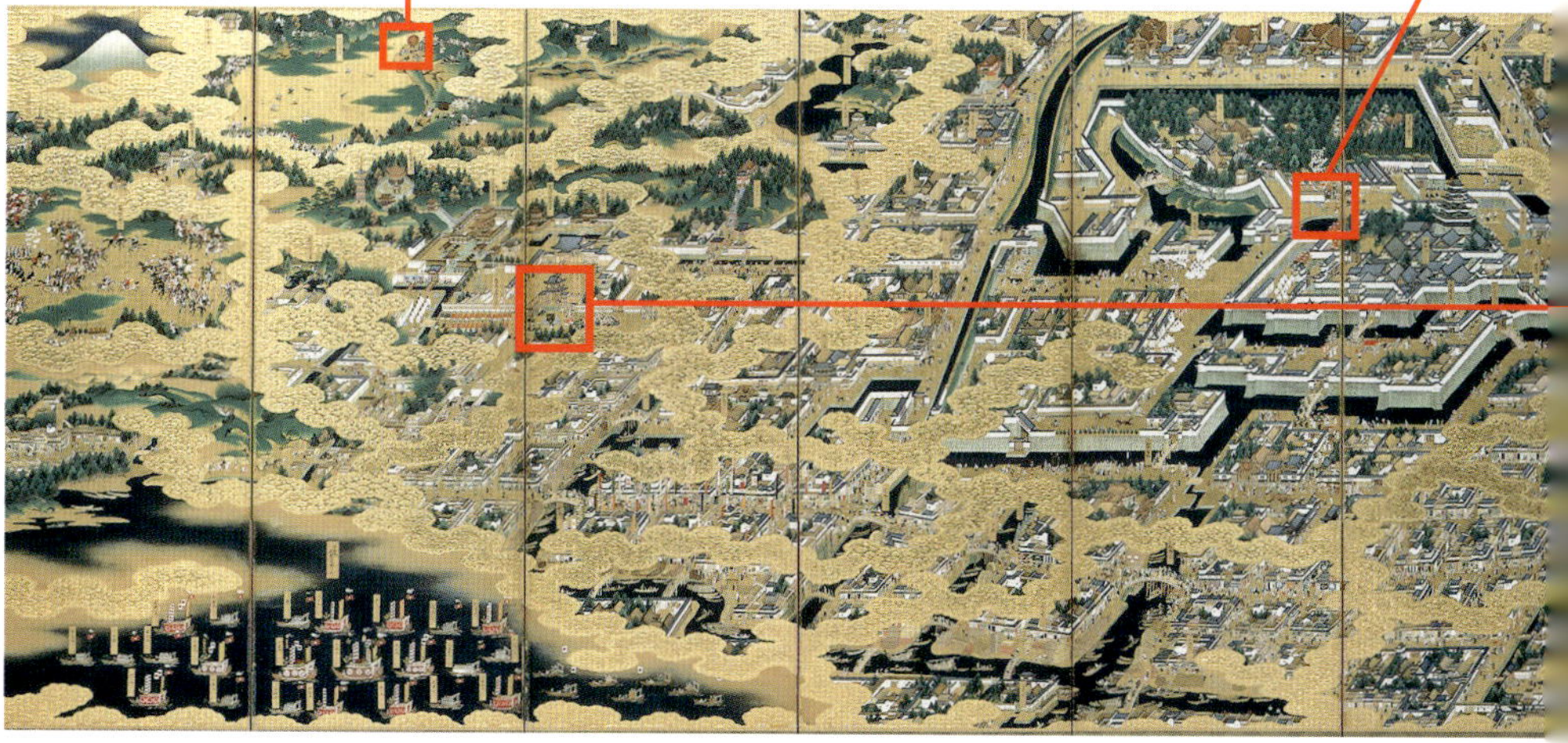

13人いる家光

江戸図屏風には、多くの場面で、3代将軍家光が描かれている。狩猟の場面で6ヶ所、馬上・駕籠《かご》による行列の場面で3ヶ所、騎馬戦の演習の場面で2ヶ所、江戸城の紅葉山《もみじやま》東照宮および徳川家の菩提寺である増上寺《ぞうじょうじ》への参詣の場面で1ヶ所ずつ。計13人の家光が描かれているのである。ただし、身分の高い人であることから顔は描かれておらず、駕籠の中にいたり、傘に隠れていたりする。

家光が13人も描かれているのは、家光の事蹟を顕彰するためにつくられたものだからである。家光は、鹿狩などの狩猟を好み、先祖をよく崇拝した。その様子が屏風にも描かれている。

「江戸図屏風」が作成された年代は諸説あるが、現在では寛永11〜12年（1634〜35）に、家光の時代に活躍した、知恵伊豆《ちえいず》こと老中松平伊豆守信綱《いずのかみのぶつな》の依頼によって作成されたという説が有力である。

「水戸黄門」こと 水戸光圀

日本諸国を漫遊する姿は嘘?

天下の副将軍、水戸黄門の名で知られる水戸光圀《みとみつくに》(1628~1700)。助《すけ》さん、格《かく》さんを引き連れ、日本各地を漫遊し、葵《あおい》の紋所《もんどころ》が描かれた印籠《いんろう》を出して、悪代官の不正をただす――、これが時代劇でもおなじみの水戸光圀像である。

しかし、実際の光圀は、日本各地を漫遊するどころか、江戸や水戸藩の領内を出ることもほとんどなかった。水戸藩の藩主は江戸に定府《じょうふ》しているので、江戸から出るのは、将軍の日光東照宮参詣の際に、お供として出かける程度。隠居後も、領地の常陸《ひたち》(茨城県)の巡見に出る程度だった。

ルーツは『東海道中膝栗毛』!?

水戸黄門こと光圀の諸国漫遊の話は、彼を主人公にした物語のなかでつくられたもの。宝暦《ほうれき》年間(1751~64)前後にできたとされる『水戸黄門仁徳録《じんとくろく》』に始まり、幕末期の講釈師桃林亭東玉《とうりんていとうぎょく》が、十返舎一九《じっぺんしゃいっく》の『東海道中膝栗毛《とうかいどうちゅうひざくりげ》』を参考に『水戸黄門記』として完成させたという。それが『諸国漫遊水戸黄門』、『水戸黄門実記《じっき》』などの講談本へと引き継がれ、一気に黄門人気が広がった。

水戸黄門がひとりの俳人をお供に諸国を漫遊する物語から、助さん、格さんを連れて旅をする現在の姿ができたのは明治20、30年代のことである。

こうした光景は実際にはなかった。ただ助さん、格さんのモデルは、光圀の業績として知られる『大日本史』の編纂の調査を命じられた安積《あさか》覚兵衛《かくべえ》と佐々介三郎《さっさすけさぶろう》で、調査のためにふたりが全国各地を歩いたことが、諸国漫遊の話につながったともいわれる。

◎参考文献　鈴木瑛一『徳川光圀』(吉川弘文館、2006年)、吉田俊純『水戸光圀の時代』(校倉書房、2000年)

第2章

文化の開花

【4代〜7代】将軍とその時代

【4代】徳川家《いえ》綱《つな》

●生没1641〜1680年
●在職1651〜1680年
●享年40歳

3代将軍家光《いえみつ》の長男。11歳で就任したため、酒井忠清《ただきよ》など譜代《ふだい》老臣らの合議による集団指導体制がとられた。将軍就任直前に、浪人《ろうにん》らによる幕府転覆計画、慶安《けいあん》事件が起こる。これをきっかけに、しばしば大名取り潰しの原因となってきた末期養子《まつごようし》を許可するなど、大名たちへの武断《ぶだん》的統制はゆるめられ、文治《ぶんち》政治への傾向が強まった。

【5代】徳川綱《つな》吉《よし》

●生没1646〜1709年
●在職1680〜1709年
●享年63歳

3代将軍家光の四男。上野《こうずけ》（群馬県）館林《たてばやし》藩主から兄家綱の養子となり将軍職を継ぐ。綱吉の初政は、代官《だいかん》らの綱紀《こうき》粛正《しゅくせい》を行うなど幕政の刷新《さっしん》をはかり、「天和《てんな》の治《ち》」と呼ばれた。治世の後期は、柳沢吉保《やなぎさわよしやす》らを重用して「側用人《そばようにん》政治」を展開。将軍の決断で政治を行う傾向を強めた。生類憐《しょうるいあわれ》みの令や貨幣改鋳《かいちゅう》などは、庶民の生活を混乱させた。

【6代】徳川家《いえ》宣《のぶ》

●生没1662〜1712年
●在職1709〜1712年
●享年51歳

甲府（山梨県）藩主徳川綱重《つなしげ》（綱吉の兄）の長男。43歳で世《せい》嗣《し》のなかった綱吉の養子となり、48歳のとき将軍に就任。就任直後に生類憐みの令を廃止するなど、元禄《げんろく》政治の修正を行った。側用人の間部詮房《まなべあきふさ》と、侍講《じこう》の新井白石《あらいはくせき》が幕政の中心となり、いわゆる「正徳《しょうとく》の治」を展開した。

【7代】徳川家《いえ》継《つぐ》

●生没1709〜1716年
●在職1713〜1716年
●享年8歳

6代将軍家宣の四男。家宣の急死により、わずか4歳で将軍職を継いだため、幕政は前代の体制が引き継がれた。政策的にも引き続き元禄政治の修正が行われたが、詮房・白石らへの周囲の反感も高まり、幕政は停滞しがちだった。8歳で亡くなり、その治世はわずか4年だった。

おもな出来事

将軍	西暦	元号	出来事
家綱	1651	慶安4	3代将軍家光死去。家綱が4代将軍に就任
	1651	慶安4	慶安事件が起こる。末期養子を認める
	1654	承応3	玉川上水が完成
	1657	明暦3	明暦《めいれき》の大火。江戸城本丸など焼失
	1657	明暦3	遊郭・吉原《よしわら》が浅草に移転。新吉原の誕生
	1673	延宝元	日本橋に越後屋《えちごや》が開店
綱吉	1680	延宝8	家綱死去。綱吉が5代将軍に就任
	1682	天和2	井原西鶴《さいかく》、『好色一代男《こうしょくいちだいおとこ》』刊行
	1685	貞享2	生類憐みの令発令
	1688	元禄元	柳沢吉保、側用人となる
	1689	元禄2	松尾芭蕉《ばしょう》、『奥の細道』の旅に出る（刊行は1702年）
	1695	元禄8	元禄貨幣改鋳
	1698	元禄11	内藤新宿開設
	1702	元禄15	赤穂浪士《あこうろうし》討ち入り
	1703	元禄16	近松門左衛門『曾根崎心中《そねざきしんじゅう》』発表
家宣	1709	宝永6	綱吉死去。家宣が6代将軍に就任
	1709	宝永6	幕府、新井白石を登用（正徳の治）
	1709	宝永6	生類憐みの令廃止
	1712	正徳2	家宣死去
家継	1713	正徳3	家継が7代将軍に就任
	1714	正徳4	絵島生島《えじまいくしま》事件
	1714	正徳4	正徳金銀の鋳造

こんな時代

3代将軍家光までの武断政治から文治政治へと転換した時期である。「平和」の確立とともに、それまでの将軍の権威を武力に求める政策から、法や儀礼・学問を重んじ、人民を教化することによって幕府権威を保ち、社会秩序の安定をはかる政策へと移行していった。その契機となったのが、4代家綱の将軍就任直前に起こった由井正雪《ゆいしょうせつ》ら浪人たちによる慶安事件だった。

社会もまた「平和」を前提に、大きく発展した。新田開発や人口の増加、交通・流通網の整備などにより、農業生産力が上昇。やがて富が生まれ、江戸・京都・大坂の三都などで、三井、住友、鴻池《こうのいけ》など大商人が出現した。また、商品経済・貨幣経済の浸透は衣食住などの生活水準を向上させ、生活文化の多様化を生んだ。元禄文化と呼ばれる町人中心の文化も発展した。この時代は「徳川の平和」によるゆるやかな転換期であった。

◎参考文献　藤井讓治「家綱政権論」（『講座日本近世史2』有斐閣、1980年）、塚本学『徳川綱吉』（吉川弘文館、1998年）、ケイト･W･ナカイ『新井白石の政治戦略』（東京大学出版会、2001年）、深井雅海『徳川将軍政治権力の研究』（吉川弘文館、1991年）

御用事件

慶安事件

浪人救済を掲げた未遂のクーデター

噴出した浪人問題

3代将軍家光《いえみつ》が死去した慶安《けいあん》4年（1651）、幕政の方針を転換させることとなる事件が起きた。当時、軍学者として名をはせていた由井正雪《ゆいしょうせつ》による幕府転覆計画、いわゆる慶安事件である。

家康から家光までの時代、関ヶ原《せきがはら》の戦い（1600年）やその後の大名改易《かいえき》により多くの浪人《ろうにん》が生まれたが、大坂夏の陣（1615年）以後、戦争がなくなったため、なかなか再仕官できず、浪人のまま市中にあふれていた。その不満の矛先が、自分たちを浪人の身に追い込んだ幕府政治へと向かうのも当然の成り行きだった。正雪は、こうした浪人の救済を掲げて支持を集め、幕府転覆計画へと突き進んでいったのである。

家光の跡を継ぐのは、幼齢の家綱《いえつな》である。正雪は、将軍代替わりという不安定な時期を狙い、計画を実行しようとした。その計画とは、

①駿府《すんぷ》（静岡県）の久能山《くのうざん》に収められた家康の遺金を奪う

②江戸では江戸城の焔硝蔵《えんしょうぐら》に火をかけ、さらに水源へ毒を流し

慶安事件を題材にした芝居絵

歌舞伎の人気演目のひとつ『樟紀流花見幕張《くすのきりゅうはなみのまくばり》』（通称『慶安太平記《たいへいき》』）は、慶安事件を題材にしたもの。芝居では、計画に参加した浪人の丸橋忠弥《まるばしちゅうや》が主役として描かれている。

『樟紀流花見幕張』東京都立中央図書館貴重資料画像データベースより

◎参考文献　進士慶幹『由井正雪』（吉川弘文館、1986年）、藤井讓治「家綱政権論」（『講座日本近世史第4巻』有斐閣、1980年）

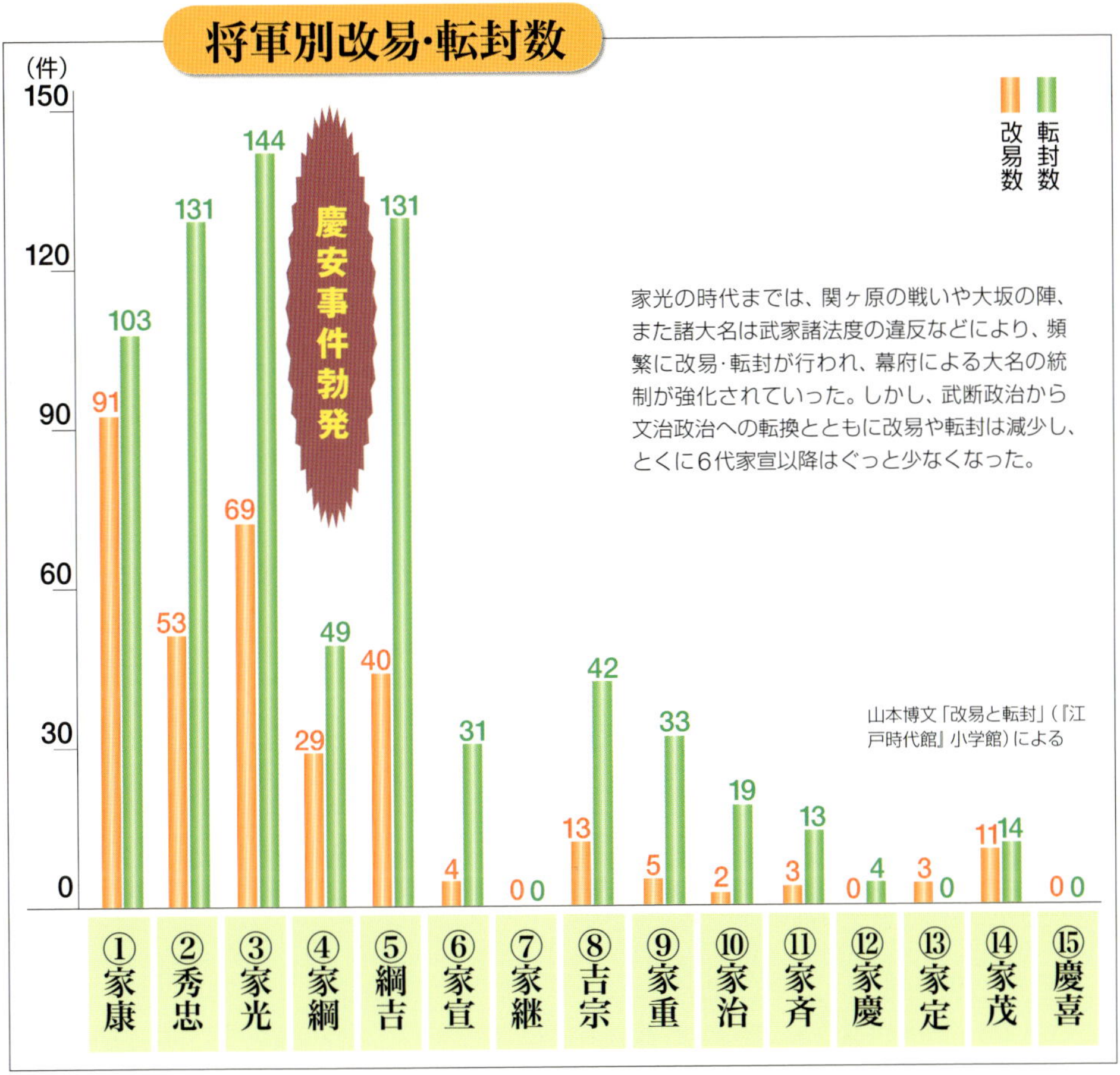

家光の時代までは、関ヶ原の戦いや大坂の陣、また諸大名は武家諸法度の違反などにより、頻繁に改易・転封が行われ、幕府による大名の統制が強化されていった。しかし、武断政治から文治政治への転換とともに改易や転封は減少し、とくに6代家宣以降はぐっと少なくなった。
山本博文「改易と転封」（『江戸時代館』小学館）による

て市中を混乱に陥れる③京・大坂でも同時に騒動を引き起こすというものだった。ところが、この計画は、密告により幕府に露顕してしまう。正雪は自害し、計画に参加した仲間たちは磔《はりつけ》や斬罪《ざんざい》となった。なお、密告者はのちに加増を受けたり、御家人《ごけにん》に取り立てられたりした。

「平和の時代」の到来

その後、浪人問題の重要性を認識した幕府は、改易を減らすため末期《まつご》養子の禁（当主が危篤《きとく》になって急に出願した養子を認めないこと）を緩和し、50歳未満の大名には末期養子が認められるようになった。また、各藩に浪人の採用を奨励。幕府の政治はそれまでの武断《ぶだん》政治（武力による秩序維持）から文治《ぶんち》政治（教化による秩序維持）へと移行していったのである。それは皮肉なことに、正雪が目指した理想の社会ともいえた。

この事件は実録物『油井根元記《ゆいこんげんき》』によって人々に読み継がれるが、こうした幕府にかかわる書物は禁書として当初は取り締まりの対象となる。しかし後年、『慶安太平記』などの文芸や芝居によって広く知られることになった。

玉川上水

生活

大規模な自然改造で水不足を解消

都市化とともに水不足が深刻に

徳川家康の関東入国以降、参勤交代《さんきんこうたい》や都市化の進展により、世界最大の都市に成長しつつあった江戸では、急激な人口増加に伴う飲料水の確保が急務だった。すでに武蔵国《むさしのくに》多摩郡の井の頭池（東京都三鷹市、武蔵野市）を水源とする神田《かんだ》上水があったものの、それだけでは増大する江戸の水需要に応えきれなかったのだ。

そこで幕府は、多摩川を水源とする新たな上水道の開削《かいさく》を計画。庄右衛門《しょうえもん》、清右衛門《せいえもん》兄弟*に命じて、承応《じょうおう》2～3年（1653～54）に羽村《はむら》から四谷大木戸《よつやおおきど》間（羽村市～新宿区）に上水道を開削し、江戸市民の飲料水を確保した。今日もその姿をとどめる玉川《たまがわ》上水である。

また、上水の開削により、これまで、水が無いため人が住めなかった上水流域の武蔵野地域に新田が成立して人が住み始めるなど、流域の地域にも大きな恩恵をもたらした。

*のちの玉川兄弟。玉川上水開削の功績により、褒美として苗字帯刀を許された。もともとは江戸の町人とも玉川付近の百姓ともいわれるが詳しいことは不明。

玉川上水は高度な測量技術の賜物

総距離およそ50キロメートルにおよぶ玉川上水は、羽村の堰《せき》で多摩川の流れを留めてダムのようなものを造り、水の勢いを強くしたうえで、玉川上水を通じて江戸城内まで流れるようになっていた。羽村より先、自然な傾斜のみが上水を江戸城まで流す動力なので、その流路設計は、高度な測量技術を前提としている。

人間が自然を改造するのは近代の特徴といわれるが、江戸時代の多摩ですでに自然の改造は始まっていたのである。

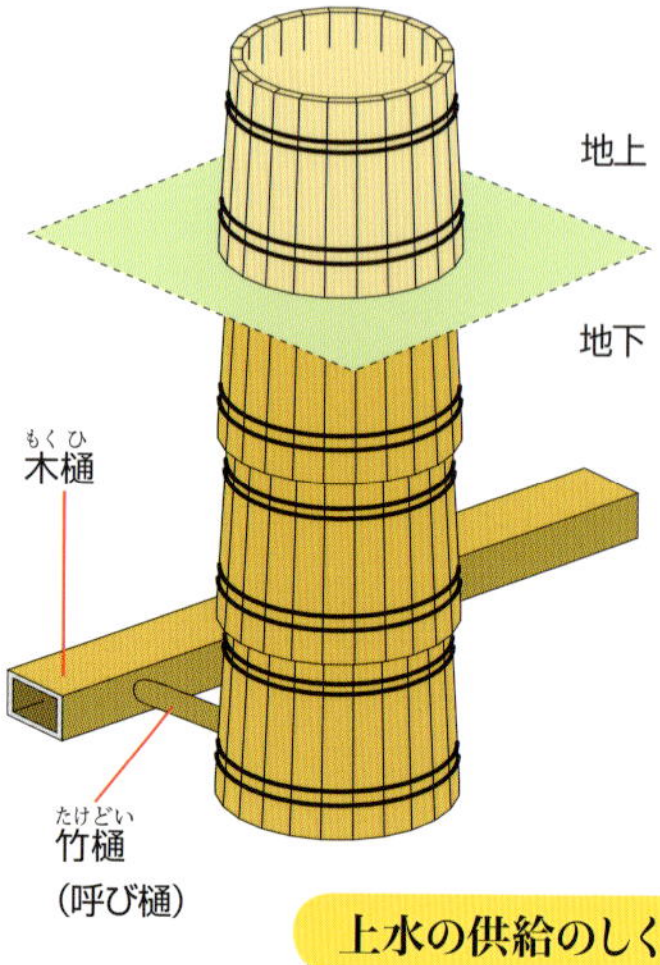

上水の供給のしくみ

上水は江戸に入ると、地中に埋められた木樋や竹樋を通って江戸のすみずみに配水された。武家屋敷は直接樋を引き入れて水を使用し、町方では、樋筋の所々に設けられた溜枡《ためます》や、共同の井戸から水を汲み上げて利用していた。

◎参考文献　伊藤好一『江戸上水道の歴史』（吉川弘文館、1996年）、羽村市郷土資料館編『玉川上水 三五〇年の軌跡』（2003年）、大石学監修『江戸の科学力』（学習研究社、2009年）

江戸の上水

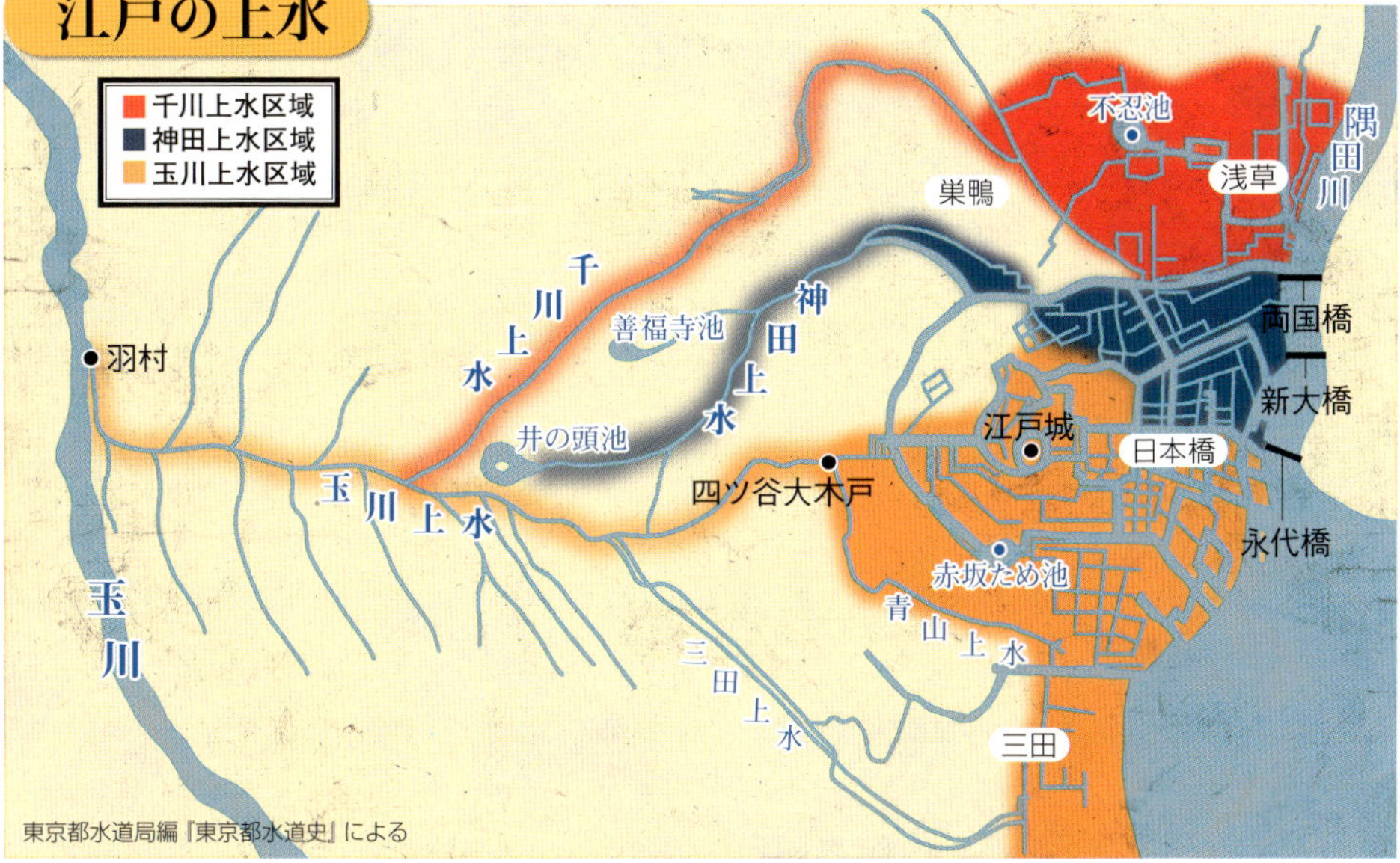

東京都水道局編『東京都水道史』による

江戸の水利用は、その大部分を、周辺地域から上水を開削することによって成り立っていた。玉川上水からはさらに千川《せんかわ》上水・青山上水・三田上水がそれぞれ分水され、その他、井の頭池から神田上水が、また隅田川の東側では、中川から亀有《かめあり》上水がそれぞれ開削されている。

東京さんぽ

「玉川上水」

玉川上水は、多摩川流域の羽村から、現在の福生市、立川市、小平市と武蔵野を横断。西東京市と武蔵野市の境付近で千川上水と分岐する。そののち三鷹市から杉並区へと南東へ延び、代田橋《だいたばし》（世田谷区）、内藤新宿を経て、江戸への入口となる四谷大木戸（新宿区）へと至っていた。当時は四谷まで開渠《かいきょ》だったが、現在は、杉並区久我山《くがやま》の浅間橋《せんげんばし》までが開渠で、その先はほとんどが暗渠《あんきょ》となっている。羽村から浅間橋までは往時の姿を偲ぶことができ、散策スポットとして親しまれている。また、上水の両岸は花見の名所としても人気で、小金井《こがねい》（小金井市、小平市）の桜並木は江戸時代からの桜の名所として知られていた。

玉川上水のスタート地点の羽村堰。

羽村橋付近の玉川上水の両岸には、ソメイヨシノが植えられ（植栽は1921年）、シーズンには大勢の花見客で賑わう。

生活

ゴミ問題は都市の宿命

江戸のゴミ事情とリサイクル

江戸のゴミ処理システム

町場の拡大や人口増加によって大消費都市江戸が確立すると、飲料水不足に加えゴミの増加と不法投棄が問題となった。そこで幕府は、明暦《めいれき》元年（1655）に、川や堀にゴミを捨てることを禁じ、永代島《えいたいじま》（江東区）をゴミの埋立地に指定した。寛文年間（1661〜73）には、幕府指定のゴミ処理請負人による運搬をスタートさせるなど、ゴミ処理のシステムを整備していった。

ゴミ処理請負人は町ごとに契約し、町内のゴミを集めて、永代島まで船で運んだ。実際の作業は、ゴミ処理請負人が下請人などを雇って運営していた。なお、永代島の埋め立てはやがて限界となり、享保《きょうほう》15年（1730）には、越中島《えっちゅうじま》（江東区）へ変更されている。

また江戸が生み出す糞尿《ふんにょう》は、近郊の農民らが肥料として用いていた。農民らは大家と契約して、お金を払ってくみ取りに来ていたのである。

一方、武家屋敷では、屋敷内にゴミ捨て場が設けられ、屋敷と契約して糞尿処理を請け負っていた近郊の農民らが、ゴミ処理も一緒に請け負っていた。

ただし江戸の町のすべてでこのようなシステムになっていたわけではなく、山の手地域では、土地造成にゴミを利用するため、空き地にゴミが投棄されたりもした。山の手地域には「ゴミ（芥）坂」と名づけられた坂が複数残っており、ゴミ捨て場が近くに存在していたことを示している。

江戸のリサイクル

先の糞尿処理もそうだが、江戸ではさまざまなものがリサイクルされていた。紙くずもそのひとつで、その回収は零細な下層民が担い、回収した紙くずは江戸界隈、とくに浅草から三ノ輪《みのわ》（台東区）にかけて分布する紙漉屋《かみすきや》に流通して、浅《あさ》草紙《くさがみ》として漉き直され、江戸市中で「下々の者ども遣紙」として販売された。ほかにも、古着屋や陶磁器を修理する焼《や》き接《つ》ぎなど、江戸にはリサイクルに関する商売がたくさんあった。

江戸の「リサイクル」は、あくまで商品化可能なもののみである。環境への関心からではなく、あくまでも物資の乏しい時代がゆえの生活の知恵だった。しかし、理由はどうあれ、こうした限りある資源を有効活用しようという江戸の精神は大いに見習いたいところである。

◎参考文献　伊藤好一『江戸の夢の島』（吉川弘文館、1982年）、岩淵令治「江戸のゴミ処理再考―〝リサイクル都市〟・〝清潔都市〟像を越えて―」（『国立歴史民俗博物館研究報告 第118集』、2004年）、吉田伸之『日本史リブレット53 21世紀の「江戸」』（山川出版社、2004年）

江戸のおもなリサイクル商売

紙くず買い	紙くずを集めて、再生紙をつくる問屋に売っていた。
傘の古骨買い	集めた古傘を問屋に売り、油紙をはがして再利用した。
古着屋	庶民の多くは古着を着ていた。江戸には1000軒以上古着屋があったといわれる。
焼き接ぎ	欠けた茶碗などを白玉粉で接着し、焼き直して使えるようにした。
雪駄《せった》直し	切れた鼻尾を直したり、すり減った下駄の歯を直すなど、履物の修理をした。
そろばん直し	壊れたそろばんを補修して、使えるようにした。
磨師《とぎし》	刀やのこぎり、包丁などを研ぐ。
ほうき売り	ほうきの行商のかたわら、古いほうきを下取りし、たわしなどに再生利用。
羅宇屋《らうや》	煙管《きせる》の竹の部分を掃除したり、ヤニで詰まった煙管を修理したりした。
ろうそくの流れ買い	ろうそくが燃えたあとに残ったしずくを秤で目方を計って買い取り、ろうそくとして再利用した。
灰買い	かまどや炉に余った灰を買い集め、肥料にした。
肥取り（人糞買い）	江戸近郊の農民などが町屋や武家屋敷に出入りして、糞を買い取ったり、野菜と交換したりしていた。

清水晴風画『街の姿 江戸の物売り物買い図譜』より

事件

江戸の町並みを変えた 明暦の大火

江戸の6割を焼失！

江戸時代は現代ほど防火施設が整備されていなかったため、頻繁に火事が発生していた。とくに木造住宅が密集する江戸では、ひとたび火事が起きれば瞬く間に燃え広がった。なかでも大きな被害を出したのが、明暦《めいれき》3年（1657）の明暦の大火である。

本郷丸山（文京区）の本妙寺《ほんみょうじ》での出火を皮切りに、翌日も小石川新鷹匠町《しんたかじょうまち》（文京区）、麹町《こうじまち》（千代田区）と、次々に火災が発生。2日間にわたる大火事は、江戸城の天守閣や本丸、二の丸を焼いたほか、大名藩邸160余、旗本屋敷770余、寺社350余、民家4万8000戸などを焼き尽くした。その消失範囲は、江戸市中の約6割にのぼり、死者は数万人とも10万人とも伝えられる。

火事の原因ははっきりしないが、当時、慶安《けいあん》事件で処罰された由井正雪《ゆいしょうせつ》の残党による放火説や、都市改造を狙った幕府による放火説まで流れた。のちには、大施《おおせ》餓鬼《がき》の火に投じた振袖《ふりそで》が燃え上がり、そこから大火になったとの伝説が生まれ、振袖火事とも呼ばれるようになった。

江戸の都市改造

この明暦の大火を契機に、武家地や寺社地の移転、火除地《ひよけち》の設置など、江戸の町は大きな都市改造を行った（左図参照）。この復興計画により江戸の範囲が拡大し、町並みも様変わりしたのである。権力の象徴としてそびえていた天守閣は「泰平《たいへい》」の時代を反映して再建されず、天守台が残されるのみになった。

東京さんぽ

「上野広小路」

地下鉄の駅名にもなっている上野広小路《ひろこうじ》（台東区）は、明暦の大火を機につくられた広小路のひとつ。

江戸では上野のほか、両国、江戸橋、外神田、浅草、本郷などに設けられ、このあたりには、やはり古くからの道幅の広い道路が残っている。広小路は建造物を建ててはいけない決まりだったが、移動可能な仮設の小屋で芝居や講釈など各種見世物の興行や大道芸などが行われ、次第に文化・娯楽の中心地になっていった。

上野広小路は、上野公園入口からデパートの松坂屋に至る道を指す。

◎参考文献　黒木喬『明暦の大火』（講談社現代新書、1977年）

明暦の大火の焼失区域とその後の変化

❶天守閣がなくなった

「泰平の世」ということもあり、権力の象徴である天守閣は再建されなかった。

❷両国橋の架橋と回向院《えこういん》の建立

大火の際、向島（墨田区）方面に逃げようとした人たちが隅田川で数多く死んだため、隅田川に大橋（のちの両国橋）が架けられた。また、橋の対岸に、大火で亡くなった身元不明の遺体を埋葬し弔《とむら》うため、回向院を建立した。

焼失区域地図は『増補版 江戸東京年表』（小学館、※原図は小鯖英一、玉井哲雄の両氏）より作成

❸武家屋敷が郊外に広がる

場内に延焼防止用の空き地をつくるため、城内にあった尾張《おわり》・紀伊《きい》・水戸《みと》の御三家をはじめ諸大名の屋敷は城外へ。それに押し出される形で、江戸城に近接していたほかの武家屋敷も移転。

❹外郭内の寺院も郊外へ移転

外郭内にあった寺院は外濠《そとぼり》の外側や新開地《しんかいち》に移転。このとき浅草・下谷、赤坂・三田・芝などに新たに寺町がつくられた。

❺本所《ほんじょ》・深川《ふかがわ》の発展

武家屋敷・寺社・町屋の移転にともない、各地で造成工事が行われた。とくに江戸東郊の本所・深川は地域開発によって大きく発展した。

そのほか延焼防止のための防火帯として火除地が各所に設けられた。また火除地のひとつとして、幅の広い道路（広小路）も各所につくられた。

文化

流行の発信地でもあった
江戸の遊郭、吉原

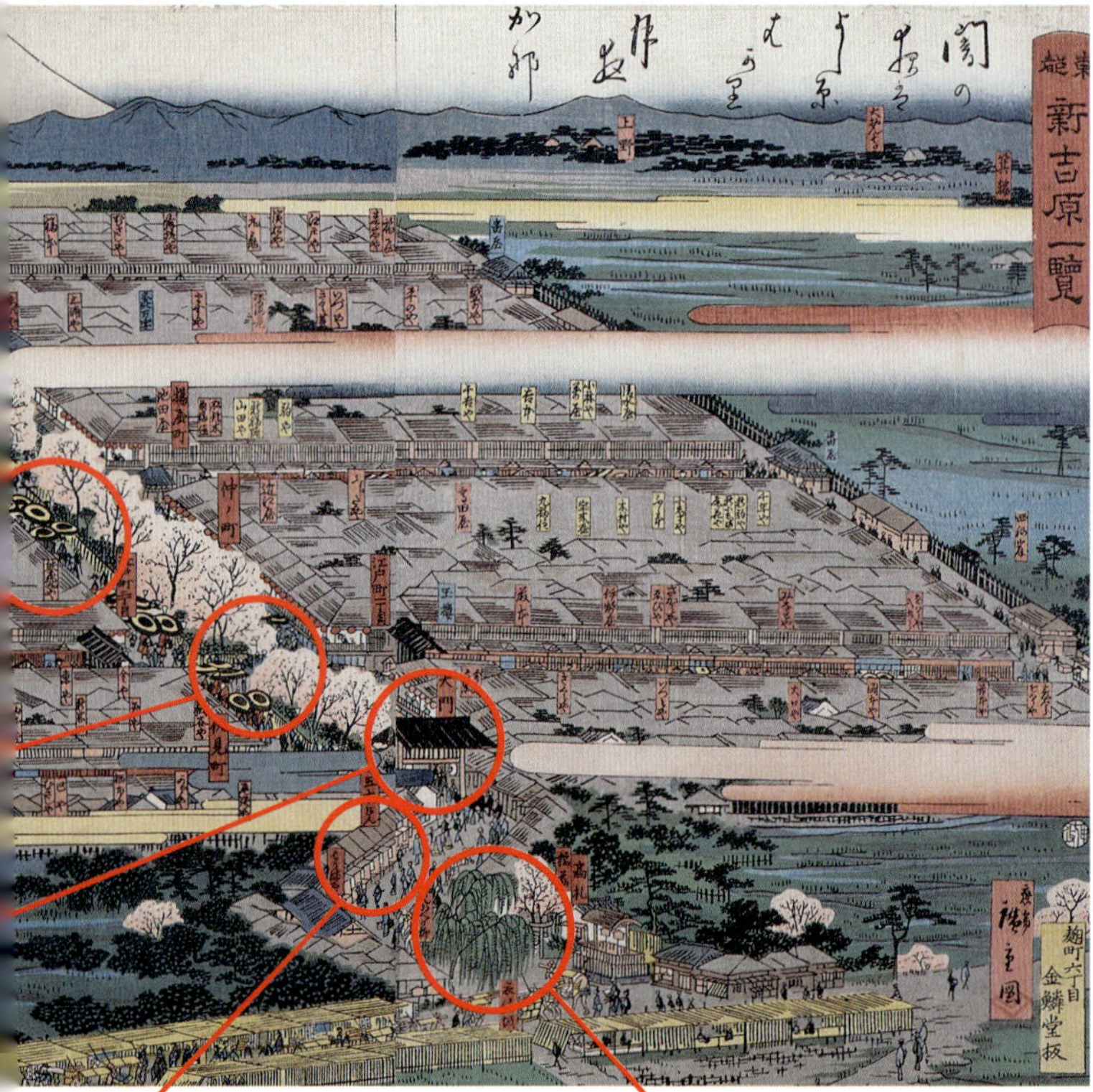

五十間道《ごじっけんみち》

見返り柳から吉原大門へ続くS字の道。この道の両脇には、吉原のガイドブックともいえる『吉原細見《さいけん》』を売る店などが軒を連ねていた。

見返り柳

遊び帰りの吉原の客が、この柳の木のあたりで後ろ髪を引かれる思いを抱きつつ振り返ったことから名づけられた。

吉原の成り立ち

吉原《よしわら》といえば、江戸で唯一の幕府公許の遊郭《ゆうかく》である。もともとは、元和《げんな》3年（1617）に、それまで江戸の町に散在していた遊女屋を、日本橋葺屋町《ふきやちょう》（中央区）の東の地に集めて建設したのが始まり。葭《よし》の生い茂る土地を造成して建設したので、「葭原《よしわら》（吉原）」と呼ばれるようになったとされる。

それから約40年後の明暦《めいれき》3年（1657）8月、同年1月の明暦の大火の復興が進むなか、吉原もまた浅草日本堤《にほんづつみ》（台東区）へ移転する。といってもこれは大火の前から決まっていたことで、市街拡張により江戸の中心部に遊郭が存在するようになり、治安・風紀上の問題から、幕府は吉原を郊外へ移転

吉原の遊女

香蝶楼国貞『新吉原江戸町壱丁目玉屋内濃紫』 国立国会図書館蔵

新吉原全景

敷地は約2万坪。そのなかで約2000人の遊女が働いていたといわれる。新吉原のまわりは、一面田んぼだった。歌川広重『東都新吉原一覧』東京都立中央図書館加賀文庫蔵

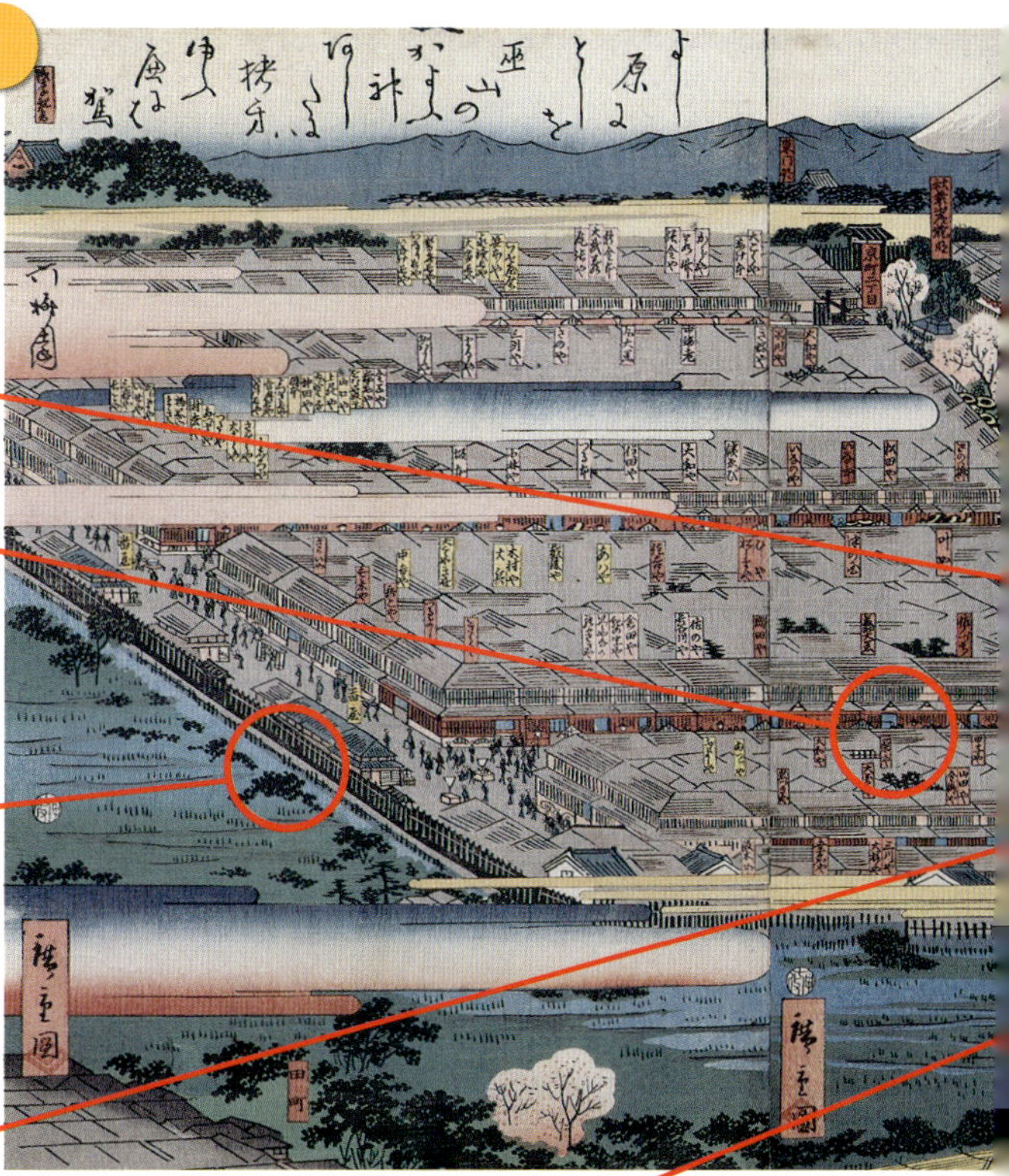

引手茶屋《ひきてちゃや》

表通りの仲の町の両側には、客と高級遊女の仲介をする引手茶屋が軒を連ねていた。

遊女屋

引手茶屋が並ぶ横丁を入って行くと遊女屋が立ち並んでいた。遊女屋の店先には張見世《はりみせ》と呼ばれるスペースがあり、位の低い遊女はそのなかにいて、指名を待った。

おはぐろどぶ

吉原の塀の外には、「おはぐろどぶ」と呼ばれる幅の広いどぶがあった。遊女がお歯黒を捨て水が黒く濁ったので、この名がついた。

仲の町

大門から吉原のメインストリート。桜の名所でもあり、花見のシーズンは男性ばかりでなく、一般の女性や子どもも訪れた。

吉原大門《よしわらおおもん》

遊郭の出入り口は、この門ただひとつ。門の脇には常に見張り番がいて、怪しい者の侵入を防ぐと同時に、遊女の脱走も見張っていた。

する決定を下していた。こうしてできた浅草の「新吉原」に対し、移転前の地は「元吉《もとよし》原《わら》」と呼ばれるようになった。

移転先の日本堤は、田んぼを造成してつくった辺鄙《へんぴ》な場所だったため、吉原は、代償として旧地の5割増しの土地を与えられ、従来の昼のみの営業から夜間営業も認められるようになった。移転後の吉原は大いに繁栄する。吉原は一大社交場となり、流行や文化を生み出す最先端の場になった。

遊女の種類と品格

遊女には太夫《たゆう》、格子《こうし》、端《はし》の3ランクがあり、太夫と呼ばれるには、才色兼備でなくてはならなかった。和歌・俳諧《はいかい》・漢詩などの高い教養と、書道・華道・茶道・琴・三味線などの芸事に通じており、大名や富豪の前に出ても恥ずかしくないだけの品性や才知を持ち合わせてこそ最高ランクの遊女になれたのである。

ちなみに遊女を指すときによく使われる花魁《おいらん》は、太夫などの上級遊女を指すときに用いられた呼称である。

◎参考文献　石井良助『吉原』(中公新書、1967年)、山城由紀子「吉原細見の研究」(『駒沢史学』第24号、1976年)、長井義男『図説吉原入門』(学習研究社、2008年)

遊女屋の内部

遊女の部屋
遊女として一人前になると、個室を持つようになる。

遣手《やりて》の部屋
2階に上がってすぐに遣手の部屋がある。遣手とは楼主に代わって遊女を管理したり、しつけをする者で、いわば遊女のお目付け役。

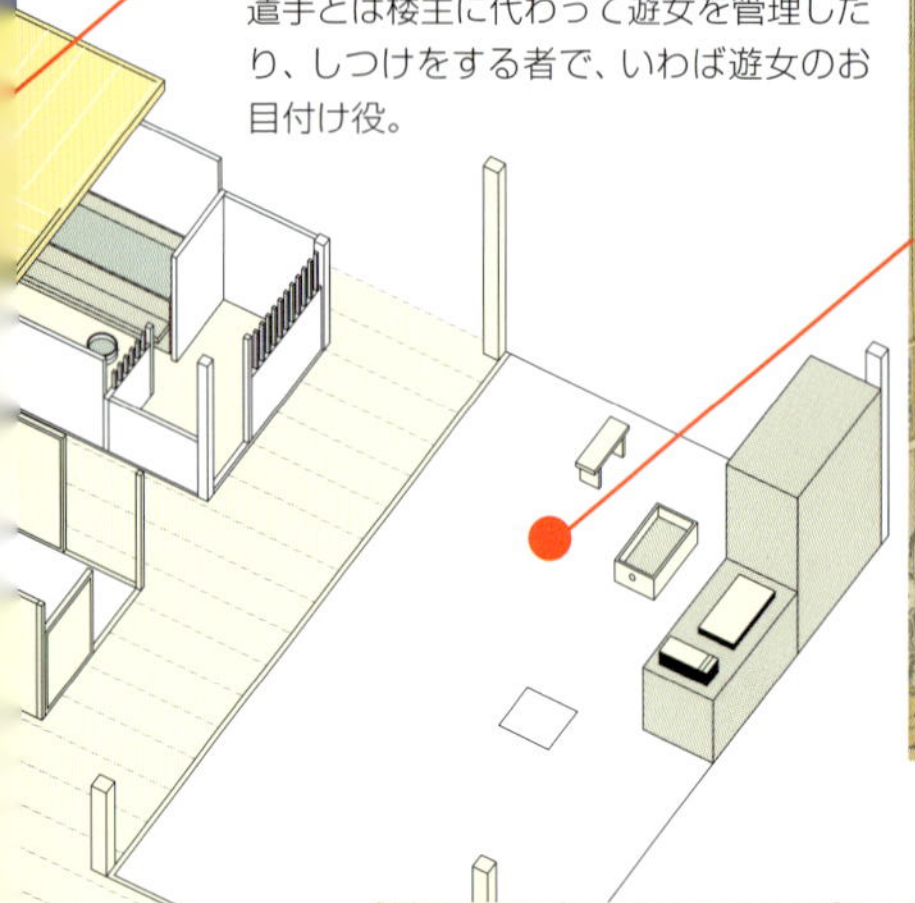

葛飾北斎『吉原妓楼の図』山口県立萩美術館・浦上記念館蔵

大部屋
1階は自分の部屋を持たない格の低い遊女や下働きの者などが暮らす場。左端に座っている男性は楼主。

張見世《はりみせ》
高級遊女は引手茶屋の仲介で客の元へ行くが、格の低い遊女は、店先の張見世と呼ばれるところに並び、直接指名を待った。

喜多川歌麿『青楼絵抄年中行事』より
国立国会図書館蔵

三会目で晴れて……

吉原で遊ぶとき、吉原の決まり事を理解していないと「ふり」の客として蔑《さげす》まれてしまう。とくに高級遊女と遊ぶ場合には、ルールがあった。

まず客は、客と遊女を仲介する引手茶屋《ひきてちゃや》へ行く。そして好みの遊女を指名して茶屋で待つ。すると指名のあった遊女が、花魁《おいらん》道中をして客を迎えに来るのである。こうして遊女の部屋に行くわけだが、上級遊女となると、その日に枕をともにすることはできない。初会、二会目、三会目と段階を踏み、晴れて結ばれるのである。

吉原で遊ぶことは、疑似夫婦関係を結ぶことなのである。だから見合いをし、結納をして、やっと結婚にたどりつく。いったんひとりの遊女となじんだら、別の遊女の元へ通うのは浮気扱い。破れば折檻《せっかん》された。

吉原のガイドブック『吉原細見』

吉原で遊ぶにはお金がかかった。遊女のランクにもよるが、揚げ代（料金）以上に高

引付座敷《ひきつけざしき》

接待の場は2階。初会は引付座敷と呼ばれる大広間に通されるが、この日は遊女が上座、客が下座。この日はほとんど会話はなく、よそよそしいまま終わる。そして二会目を「裏」と呼び、いくらか会話を交わすようになるが、やはり打ち解けるには至らない。三会目でようやく「なじみ」と認められ、床入りが叶った。

初会の様子。客は部屋の隅で遊女が来るのを待っている。

喜多川歌麿『青楼絵抄年中行事』より 国立国会図書館蔵

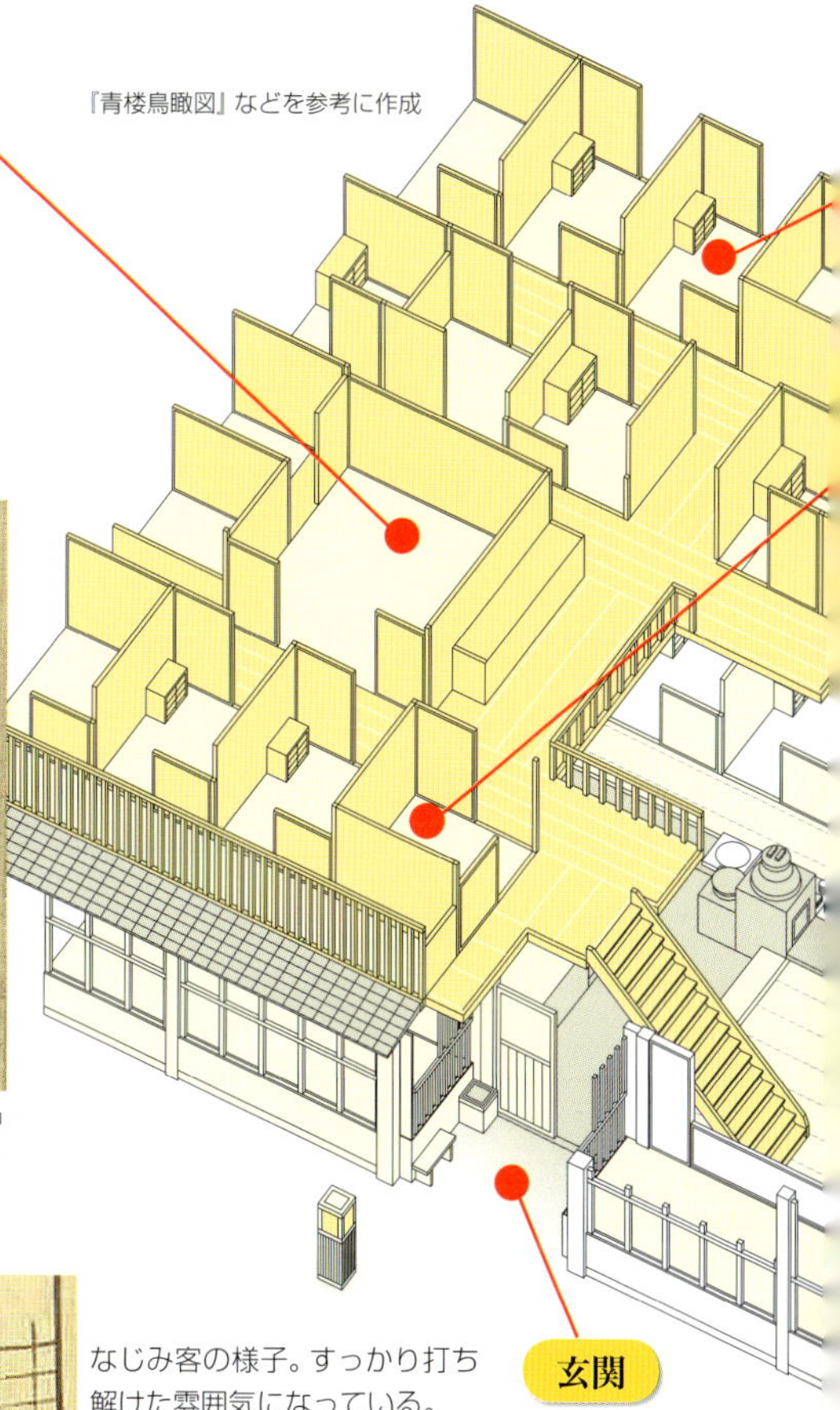

『青楼鳥瞰図』などを参考に作成

なじみ客の様子。すっかり打ち解けた雰囲気になっている。

喜多川歌麿『青楼絵抄年中行事』より 国立国会図書館蔵

くついたのが、茶屋への手数料、郭《くるわ》芸者への祝儀、飲食代、紙纏頭《かみばな》（チップ）などである。諸経費だけでも、揚げ代の数倍の費用がかかったという。

江戸中・後期になると、吉原で遊ぶためのガイドブック『吉原細見《さいけん》』も登場し、人気を得た。遊女の名や位、揚げ代などが記されており、刻々と変わる情報を春秋に更新し、定期的に販売されていた。

経済

三井越後屋

新しいビジネス商法で大繁盛

「現金（銀）掛け値なし」で新風を起こす

東京日本橋（中央区）に本店を構える三越百貨店は、日本初の百貨店として知られる。三越の歴史は江戸時代に呉服屋として栄えた越後屋《えちごや》に始まる。越後屋を開いたのは、伊勢松坂《いせまつさか》（三重県）出身の三井高利《みついたかとし》である。

延宝《えんぽう》元年（1673）、日本橋に越後屋を開いた高利は、「店《たな》先《さき》売り」（店頭販売）や「現金《げんきん》（銀《ぎん》）掛《か》け値《ね》なし」（現金売りで値引きしないかわりに価格を安く設定）などの新商法で、瞬く間に人気を博した。いずれも現代では当たり前の商法だが、当時は、得意先に商品を持って行く「屋敷売り」が一般的で、しかも支払いは7月と12月の二季にまとめて回収するのが普通。そのため値段はあらかじめ高めに設定されていた（掛け値）。

これに対して越後屋は、店先売りにして店員の手間をカットし、その場ですぐに現金回収する代わりに値段を安くしたのである。このシステムは客にとっては商品を安く購入でき、店にとっては資金回収が確実にできることになる。越後屋の新商法は、買い手と売り手の双方にメリットがある、非常に画期的なものだった。

井原西鶴も絶賛

越後屋が成功すると、他の有力呉服屋も、次々と三井の商法を導入していった。

越後屋の商才を認めたのは商売人だけではなかった。浮世草《うきよぞう》子《し》作家、井原西鶴《さいかく》（➡p.104）は元禄《げんろく》元年（1688）に刊行した『日本永代蔵《にっぽんえいたいぐら》』のなかで、三井越後屋のさまざまな商法を「大商人の手本なるべし」と絶賛している。

ほかにも越後屋では呉服の切り売りを開始したり、「引札《ひきふだ》」と呼ばれる宣伝広告（チラシ）を配ったり、商品ごとに専門知識のある店員を配置したりするなど、新商法をいち早く取り入れ、サービス向上に努めた。このような客のニーズを捉えた商法が人々の評判を呼び、長く繁栄を続けたのである。

従来の商法

従来の大店は、商品を得意客の家に持ち込んで販売する「屋敷売り」が一般的で、価格も高めに設定されていた。

◎参考文献　『三越のあゆみ』（株式会社三越本部総務部、1954年）、中田易直『三井高利』（吉川弘文館、1959年）、林玲子編『日本の近世5 商人の活動』（中央公論社、1992年）

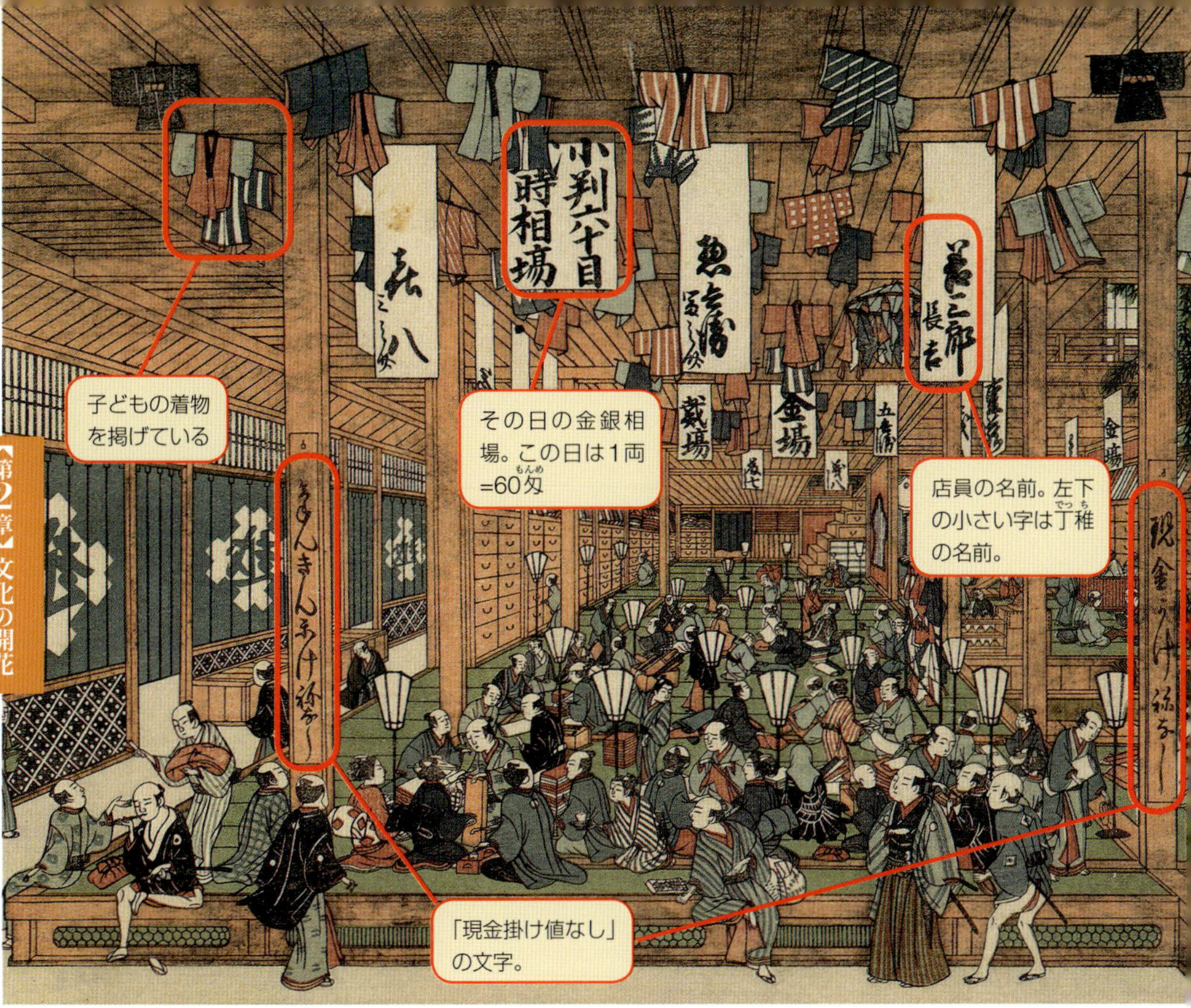

越後屋の店内 商品ごとに担当を決め、店員の名前を天井から張り出していた。柱には「現金掛け値なし」の文字も見える。

歌川豊春『浮絵駿河町呉服屋図』 三井文庫蔵

東京さんぽ

「三越百貨店本店」

越後屋は、当初日本橋本町（中央区）にあったが、天和《てんな》3年（1683）に駿河町（中央区）に移転し、新装開店している。この移転後の地は、現在、三越百貨店の本店が立つ場所。三越の名称は、「三井越後屋」の略である。また越後屋は、駿河町移転の際に、両替商にも進出。現在の三井住友銀行のルーツである。

日本橋にある三越本店。

政治

生類憐みの令

天下の悪法の本来の意義とは？

子どもも老人も保護の対象だった

生類憐《しょうるいあわれ》みの令といえば、犬公坊《いぬくぼう》とあだ名された5代将軍綱吉《つなよし》を象徴する政策のひとつである。この法は、極端な犬愛護の面ばかりが強調され、長らく民衆を苦しめた悪法だといわれてきた。しかし実際には犬だけでなく、捨て牛馬の禁止、鳥殺生《せっしょう》をする鷹狩《たかがり》の禁止、さらには捨て子や捨て老人の禁止も含んでおり、その保護の対象は生類全体におよんでいた。

なお、生類憐みの令は、ひとつの法令として発布されたものではなく、複数の関連の触《ふれ》を総称して呼んでいる。

儒学思想から生まれた生類憐みの令

俗に、生類憐みの令は、僧侶の隆光《りゅうこう》の進言により発布されたといわれる。すなわち「世継ぎに恵まれないのは前世で殺生《せっしょう》をした報いであるから、生物を慈《いつく》しみ、殺生しないこと。将軍様は戌《いぬ》年生まれなので、犬を慈しむことが最善である」というものである。しかし、この説は信ぴょう性に乏しい。

むしろ綱吉は学問好きで、とくに儒学の勉強には熱心な将軍だった。生類憐みの令は、こうした儒学から得た、人を生類の一位に置くという思想に基づいて行われたもの。生類の殺生も全面的に禁止したわけではなく、猟師・漁師の営みなどは公認された。

つまり綱吉は、儒学的な慈悲と憐みの志を人々に求めたのである。本来、人は仁心《じんしん》を持ち得るものであり、すべての人をそのように導くのが君主の任務であると、綱吉は考えていた。

中野の犬小屋

しかしながら、生類憐みの令が、庶民にとって迷惑千万な法であったことも確かである。江戸の人々は、何かの拍子にどんな処罰を受けるかわからないと、飼っていた犬を手放すようになった。その結果、市中に野犬があふれたので、幕府は野犬を収容するための犬小屋を建設する。中野村（中野区）に建設された犬小屋は、収容犬の増加により30万坪（99万㎡）にまで拡大し、犬の1日の食糧も膨大なものとなった。その負担は江戸および多摩などの周辺町村に求められたのだった。

生類憐みの令は、「百年ののちもずっと実施してほしい」という綱吉本人の願いもむなしく、綱吉の死後、ただちに撤回された。ただし、捨て子・捨て牛馬の禁止など、いくつかの法令はその後も生き、綱吉の願いは受け継がれたのだった。

◎参考文献　塚本学『生類をめぐる政治』（平凡社、1993年）、塚本学『徳川綱吉』（吉川弘文館、1998年）、山室恭子『黄門さまと犬公方』（文春新書、1998年）、根崎光男『生類憐みの世界』（同成社、2006年）、大石学『元禄時代と赤穂事件』（角川学芸出版、2007年）、大石学編『高家前田家の総合的研究』（東京堂出版、2008年）

生類憐みの令のおもな内容

生類憐み関連の触は、貞享《じょうきょう》2年（1685）の最初の触以来、24年間にわたり100回以上出された。当初は慈愛に満ちていたお触も次第にエスカレートしていき、処罰も厳しくなっていった。

＊下記は口語訳のうえ、要約したもの

- 将軍御成《おな》りの道中でも犬猫は自由でよい
- 捨て子や捨て老人・捨て牛馬を禁ず
- 鷹狩《たかが》りを禁ず
- 野良犬にも餌《えさ》を与えよ
- 車で犬をひくべからず
- 犬の殺生を禁ず
- 生類を売買してはならぬ
- きりぎりすや松虫も飼ってはならぬ
- 犬のけんかに出会ったら、水をかけて仲裁せよ
- 傷ついた犬は犬医師へ連れて行くこと

生類憐み政策の処罰の例

（『御仕置裁許帳』より）

- 鶏を殺して商売した町人が品川にて獄門
- 子犬を捨てた辻番《つじばん》が江戸引き回しのうえ、浅草にて斬罪《ざんざい》・獄門
- 主人の屋敷で鳩を射殺した武家召使いが死罪

東京さんぽ

「湯島聖堂」

文京区湯島にある湯島聖堂《ゆしませいどう》は、綱吉が建立したものである。湯島聖堂のルーツは、徳川家に召し抱えられていた儒者林羅山《はやしらざん》が、3代将軍家光の援助を受けて、上野忍岡《しのぶがおか》（台東区）に家塾として設立した弘文館《こうぶんかん》である。弘文館には孔子廟《びょう》があったが、明暦の大火で弘文館は消失。綱吉が現在の地に、大成殿《たいせいでん》を建立して孔子像を移させ、湯島聖堂とした。この湯島聖堂は、のちには林家塾と切り離され、幕府直轄の昌平坂学問所《しょうへいざかがくもんじょ》となる（➜p.162）。

現在、敷地内には「日本の学校教育発祥の地」の掲示があり、近くの湯島天満宮《ゆしまてんまんぐう》（文京区）とともに、受験シーズンには、多くの学生が合格祈願に訪れる。

この門をくぐると、孔子を祀っている大成殿。

政治

策謀家か誠実な幕臣か?
側用人・柳沢吉保

530石の下級武士から15万石の大名へ

5代将軍綱吉《つなよし》の側近として幕政を担った人物といえば、時代劇などでは悪役として描かれることの多い柳沢吉保《やなぎさわよしやす》である。

吉保は、綱吉が将軍に就任する以前から仕えていた下級役人のひとりで、当時の禄高《ろくだか》は、わずかに530石。それが、綱吉の将軍就任にともない幕府役人の小納戸《こなんど》となった吉保は、綱吉の寵愛《ちょうあい》を受け、昇進と加増を繰り返す。元禄《げんろく》元年（1688）には将軍の側近である側用人《そばようにん》に抜擢され、1万2000石の大名となった。

側用人という職は、常置の職ではない。天和《てんな》元年（1681）に、綱吉が牧野成貞《なりさだ》を登用したのがその始まりで、おもな職務は、将軍と老中《ろうじゅう》の間に立ち、将軍の命令、あるいは老中の上申をそれぞれに伝達すること。将軍個人の判断を政治に強く反映させるために側用人はなくてはならない存在で、吉保のように老中並み、または老中をしのぐ待遇を与えられる者もあった。

その後も吉保は出世と加増を続け、6年後には7万2000石の川越藩主（埼玉県）となり老中格に、その4年後には老中上格（大老格）になる。そして宝永《ほうえい》元年（1704）には、それまで将軍家一門のみが領主となっていた甲斐《かい》（山梨県）へ領知替えとなり、15万石の大名に。吉保は、30年で300倍近くの加増を受けたのだった。

流布する奸臣《かんしん》説

ところで吉保が時代劇で悪人として描かれるのはなぜだろうか。これは実録物『日光邯鄲夢枕《にっこうかんたんゆめまくら》』や『護国女太平記《ごこくおんなたいへいき》』などの影響が大きいようだ。

実録物は、天下取りの野望を抱く吉保が、綱吉に女色をすすめて籠絡《ろうらく》。吉保は諸大名と婚姻関係を結んで権力を拡大し、嫡男吉里《よしさと》を綱吉の御落胤《ごらくいん》と称して100万石の御墨付きを手に入れ、さらには次代将軍となる徳川綱豊《つなとよ》（家宣《いえのぶ》）を呪い殺そうと画策した、と伝える。この物語が広まり、「吉保＝奸臣説」が生まれたのである。

『柳沢吉保寿像』個人蔵

吉保の一代記『源公実録《げんこうじつろく》』には、吉保が家中の者によそでは行儀よくするよう命じる姿が記されていたり、御用部屋の記録などには老中合議を重視する様子が描かれるなど、誠実な人柄がうかがえる。川越藩主時代も耕地の開発で業績を残すなどしており、大出世を果たすだけの実力は兼ね備えていたようである。

◎参考文献　森田義一『柳沢吉保』（新人物往来社、1975年）　野澤公次郎『柳沢吉保の実像』（三芳町教育委員会、1996年）、大石学編『高家前田家の総合的研究』（東京堂出版、2008年）

柳沢吉保出世年表

1658年	上野国《こうずけのくに》（群馬県）館林《たてばやし》藩士・柳沢安忠の長男として生まれる。はじめは吉保ではなく、保明《やすあきら》という名だった。	
1675年	18歳で家督を継ぎ、禄高も受け継ぐ。当時、館林藩主だった徳川綱吉に小姓として仕える。	530石
1680年	綱吉の将軍就任にともない、幕臣の小納戸役となる。	
1688年	側用人に抜擢され、大名になる。	1万2000石
1694年	川越藩主に。さらに老中格となる。	7万2000石
1698年	老中上格（大老格）となる。	
1701年	綱吉の諱《いみな》の一字を与えられ、以後、吉保と名乗る。	
1704年	それまで将軍家一門のみが治めていた甲斐（山梨県）へ領知替えとなる。	15万石
1709年	将軍綱吉の死去にともない、吉保も役職を辞任。長男の吉里に家督を譲り、隠居する。	
1714年	死去。享年57歳。	

東京さんぽ

「六《りく》義《ぎ》園《えん》」

六義園は、造園当時から、小石川後楽園（➔p.67）とともに、江戸の二大庭園に数えられていた。

元禄8年（1695）、綱吉より下屋敷として与えられた駒込《こまごめ》（文京区本駒込）の地に、柳沢吉保自ら設計・指揮し、7年の歳月をかけて造営。平坦な武蔵野の一隅だった地に、千川上水から水を引いて池を掘り、山を築いて、見事な回遊式築山泉水《かいゆうしきつきやませんすい》庭園をつくった。紀州和歌《わか》の浦《うら》の景勝や、和歌に詠まれた名勝の景観が八十八境として映し出されている。のちに岩崎家別邸となり、昭和13年（1938）東京市へ寄贈。現在は東京都立公園として公開されている。

天下祭

文化

当時も今も祭の熱狂は同じ

『東都歳時記』より

山王祭の様子

山車行列は年々豪華になり、巨大な象のつくりものが登場した年もあった。この巨大象は、4人の男がそれぞれ象の足にひとりずつ入って動かしていた。

将軍も見た江戸の天下祭

江戸にはさまざまな祭があったが、なかでも大いに賑わい、人々を熱狂させたのが、現代も行われている山王《さんのう》権現《ごんげん》（現日枝《ひえ》神社、千代田区永田町）の山王祭《さんのうまつり》と、神田明神《かんだみょうじん》（千代田区外神田）の神田祭《かんだまつり》である。山王祭は当時も今も6月、神田祭は江戸時代は9月に行われていたが現在は5月に行われている。

山王権現は将軍の産土神《うぶすながみ》として、一方の神田明神は江戸の総鎮守《そうちんじゅ》として、いずれも将軍家より尊崇《そんすう》され、これらの祭礼は幕府の庇護《ひご》のもとに行われた。祭祀や調度の諸費用や、補修の経費などは幕府が助成し、さらに江戸城内に祭礼行列が入ることを許され将軍も上覧したことから、山王祭と神田祭は天下祭《てんかまつり》と呼ばれた。山王祭の山《だ》車《し》がはじめて江戸城内に入ったのは、2代秀忠《ひでただ》の時代の元和《げんな》元年（1615）、神田祭は5代綱吉《つなよし》の時代で元禄《げんろく》元年（1688）とされている。

祭礼行列の江戸城入城に関しては、事前にその山車の内容、順番、人数を記した絵入りの番付の提出が義務づけられており、幕府の承認を得なければならなかった。番付と実際が異なる場合、その町の山車および氏子《うじこ》は江戸城に入ることができなかった。祭というハレの場においても、秩序が求められたのである。

◎参考文献　作美陽一『大江戸の天下祭』（河出書房新社、1996年）、都市と祭礼研究会編『天下祭読本』（雄山閣、2007年）

神田祭の様子

天下祭の山車のなかでもとくに人気を博したのが、神田祭の大江山凱陣《おおえやまがいじん》。これは、大江山にすむ鬼、酒呑童子《しゅてんどうじ》を、源 頼光《みなもとのよりみつ》と、その家臣らが退治する話にちなんだもの。その人気ぶりは、『江戸名所図会《ずえ》』にも描かれた。

『江戸名所図会』より

平成19年（2007）の神田祭では、176年ぶりに「大江山凱陣」の山車が蘇り、話題となった。
神尾麻純提供

山王祭も神田祭も当初は毎年行われていたが、天和元《てんな》年（1681）より、隔年で交互に行われることとなった。現在も祭礼自体は毎年あるものの、盛大に行われる本祭は、2年に1度。神田祭は西暦奇数年、山王祭は西暦偶数年が、それぞれ本祭の年となっている。

名物は趣向を凝らした豪華な山車

祭は前々日から盛り上がりを見せる。祭礼行列の通り道になる武家町屋は、桟敷《さじき》を構えて幕を張り、花筵《はなむしろ》、毛《もう》氈《せん》を敷き、金の屏風《びょうぶ》を立て、軒には提灯《ちょうちん》などをきらびやかに飾った。前日は宵宮《よいのみや》と呼ばれ、祝詞《のりと》や神楽《かぐら》などが催された。きらびやかに調えられた屋敷では、客を招き、珍酒・嘉肴《かこう》を饗《きょう》して、夜が明けるのを待った。

そして当日、人々は桟敷で市中をめぐる山車や練り物、神輿《みこし》などを見物するのである。町ごとに出される山車は、年々豪華になり、趣向を凝らしたものになっていった。現代の神田祭、山王祭は神輿が中心だが、当時は山車が祭の主役で、明治初期までは山車が東京の街を練り歩いていた。

経済

貨幣改鋳

財政難の切り札？

元禄の貨幣改鋳

江戸時代、幕府の財政を支えていたものは、幕領400万石余りの年貢収入や、独占した長崎貿易の利益、全国の金銀鉱山収入である。しかし江戸初期には豊かだった財政も、3代家《いえ》光《みつ》の晩年のころから傾き始め、5代綱吉《つなよし》の治世の17世紀末には、いよいよ窮乏《きゅうぼう》が深刻化してきた。将軍綱吉の奢侈《しゃし》や、災害による幕府財政の悪化、金銀の海外流出にともなう貨幣用地金の不足、金銀鉱山収入の低下などが、その理由である。

そこで幕府は、財政難を乗り切るため貨幣改鋳《かいちゅう》を行う。最初の改鋳は、元禄《げんろく》8年（1695）。それまで流通していた慶長《けいちょう》金貨の金の含有量約87％に対し、新たに発行した元禄金貨の金の含有量は約57％。その差約30％の改鋳益金（出目《でめ》）が幕府の懐に入るのである。この政策は、一時的に大きな効果を上げ、改鋳による利益（出目）は500万両に達したといわれる。当時の幕府の経常収入は年間約100万両だったので、実にその5年分に相当する収入となった。

当時、幕府の財政当局者としてこの改鋳を推し進めた荻原重秀《おぎわらしげひで》は、当初は蔵米《くらまい》150俵《ぴょう》の勘定方《かんじょうかた》の下級役人だったが、元禄9年（1696）に2000石の勘定奉行《ぶぎょう》に栄進。その後も、たびたび加増を受け宝永《ほうえい》7年（1710）までに3700石の上級旗本に成り上がった。

日本銀行金融研究所貨幣博物館蔵

インフレの発生

ところが、貨幣量の膨張から米価をはじめ諸物価が高騰《インフレーション》し、幕府の財政事情とうらはらに、庶民の生活は困窮した。

綱吉亡き後、6代家宣《いえのぶ》・7代家継《いえつぐ》のもとで幕政を主導した新《あら》井《い》白石《はくせき》（→p.114）は、正徳《しょうとく》2年（1712）に荻原重秀を罷免《ひめん》。白石は、貨幣の品質を慶長金銀と同じレベルに戻した。しかし、それはそれで今度はデフレを引き起こすこととなり、やはり経済は混乱した。つまり、貨幣の質を低くする→貨幣量が増加する→物価高騰になる→貨幣の質を高くする→貨幣量が減少する→経済活動は停滞して物価が下落する、のである。

その後も幕府はたびたび貨幣改鋳を行うが、そのたびにデフレやインフレが起こり、経済政策に頭を悩ますのであった。

◎参考文献　大石学『元禄時代と赤穂事件』角川選書、2007年)、滝沢武雄『日本の貨幣の歴史』(吉川弘文館、1996年)、速水融『近世社会の経済社会』(麗澤大学出版会、2003年)、吉原健一郎『江戸の銭と庶民の暮らし』(同成社、2003)、日本銀行金融研究所編『新版貨幣博物館』(ときわ総合サービス株式会社営業部、2007年)

江戸時代の小判

左から慶長小判、元禄小判、宝永小判、万延《まんえん》小判（ほぼ原寸サイズ）。慶長小判と元禄小判はほとんど同じ大きさだが、金の含有率は元禄小判のほうが低い。また小判のサイズも時代によって変わった。とくに江戸期最後の万延小判は極端に小さく、金の含有量は慶長小判の約1/8しかなかった。

小判の重さと金含有率の変化

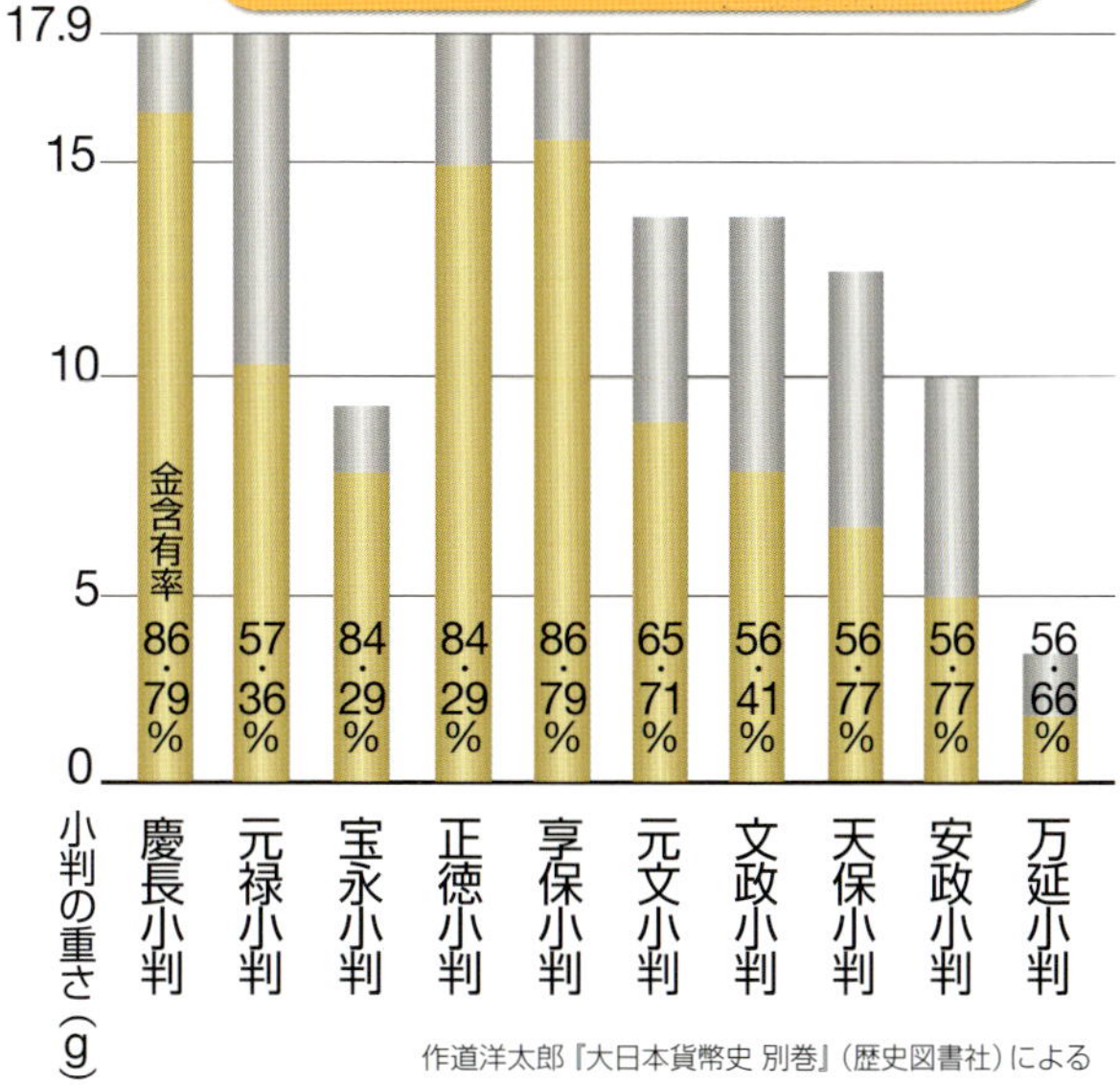

作道洋太郎『大日本貨幣史 別巻』（歴史図書社）による

日本銀行金融研究所
貨幣博物館蔵

元禄大判

ほぼ原寸の元禄大判。大判はこのようにとても大きく、儀礼用、贈答用に使われ、日常で使われることはほとんどなかった。なお、小判同様、元禄大判もそれまでの慶長大判に比べ、2割ほど金の含有量が減った。

経済

豪商・紀伊国屋文左衛門

元禄バブルの繁栄と崩壊を体現

公共工事で巨利を築く

5代将軍綱吉《つなよし》の元禄《げんろく》時代は、商業・経済が急速に発達し、新興商人が数多く出現した時期である。そのひとりが、紀文《きぶん》の名で知られる紀伊国屋文左衛門《きのくにやぶんざえもん》である。

元禄年間（1688〜1704）、幕府は不況対策もあって、寺社造営や土木普請《ふしん》など、さまざまな公共事業を展開した。この波に乗ったのが材木商で、紀文も幕府用材の調達を請け負う御用《ごよう》商人として活躍した。元禄10年（1697）の上野寛永寺《かんえいじ》（台東区）の根本中堂《こんぽんちゅうどう》の普請の際には、駿府《すんぷ》（静岡県）の豪商松木新左衛門と組んで一挙に金50万両の巨利を得ている。頻発した江戸の火事も、紀文ら材木商にとっては利潤獲得の絶好の機会だった。

また、幕府の御用を請け負うには、幕閣の実力者とのつながりが必要だった。紀文には、当時の老中阿部正武《あべまさたけ》のバックアップがあったようである。紀文は、阿部家の領地である忍《おし》藩（埼玉県）への資金調達（大名貸《だいみょうがし》）を引き受けていた。

新興商人の繁栄と没落

巨利を築いた紀文は、その放蕩《ほうとう》ぶりでも有名になる。江戸中の初鰹《はつがつお》を買い占めた、吉原を3回貸切にしたなど、さまざまなうわさが流れた。また、「紀伊国屋 蜜柑《みかん》のように金をまき」という川柳《せんりゅう》も詠まれている。

一代で財を築き、贅を尽くした紀文だったが、そんな豪奢《ごうしゃ》な生活は一代限りで終わりを迎える。公共事業を盛んに行った積極財政の元禄政治が終わりを告げると、材木商たちは金儲けの機会を失い、転・廃業を余儀なくされた。紀文も例外ではなく、やがて材木問屋を廃業するに至った。

ところで紀文には、先の吉原伝説以外にも、何かと逸話が多い。たとえば暴風雨のなか決死の覚悟で地元紀州から江戸に蜜柑を運んだとか、木曽《きそ》山の木材を買い占めたとか……。しかし、それは史実と異なる。江戸で巨額の財をなしたことは事実だが、先の蜜柑船の話などは、あくまで紀文をモデルにした小説のなかの話である。

◎参考文献　竹内誠『元禄人間模様』（角川学芸出版、2000年）、大石学『元禄時代と赤穂事件』（角川学芸出版、2007年）、土屋喬雄『日本資本主義の経営史的研究』（みすず書房、1954年）

国周『紀文大尽』(100-9370～72)早稲田大学演劇博物館蔵

吉原での豪遊ぶり

紀文の吉原での豪遊ぶりはとくに有名だった。絵は節分の日に、豆の代わりに小判をまく紀文。しかし、紀文はただお金をばらまいているわけではなかったようである。自身の無尽蔵の財力を世間に誇示するための戦略のひとつだったともいわれる。

木曽の木材買い占めの様子

左は為永春水《ためながしゅんすい》の小説『黄《おう》金水《ごんすい》大尽《だいじん》盃《さかずき》』の挿絵。紀文は、その儲けぶりゆえ、さまざまな伝説を残すが、その多くは、この小説の話と事実が混同されたものである。

『黄金水大尽盃 九編 木曾山一式買入』東京都立中央図書館特別買上文庫蔵

江戸のさまざまな商売

江戸時代は経済が発達し、さまざまな商売が花開いた時代である。三井越後屋（➔p.86）のような大店《おおだな》から、小さな店までたくさんあり、大消費地・江戸を支えていた。江戸時代のさまざまな商売の様子が描かれている『守貞謾稿《もりさだまんこう》』*から見てみよう。

江戸の生活を支えた
棒手振り《ぼてふり》

江戸時代の商売の特徴として、店を構えずに、商品を売り歩く行商人が多かったことが挙げられる。とくに人口の多い江戸には、多くの行商人が行き交っていた。

行商人のなかでも、商品を天秤棒でかついで売り歩く棒手振り（棒売り、振《ふ》り売《う》りともいう）は、日々の生活に欠かせない存在である。冷蔵庫のない江戸時代、野菜や魚、豆腐、漬物、鰻蒲焼《うなぎかばやき》など食品は、毎日やってくる棒手振りから、その日食べる分だけを購入。そのほか針、糊、油などの日用品、あるいは錠前《じょうまえ》直しや鏡磨きといったサービスまで、さまざまな棒手振りがいた。

変わったところでは、赤蛙《あかがえる》売りという生きた蛙を売る棒手振りもいた。これは、当時、生きた蛙を薬用として利用していたためである。また、夏には冷水売りが人気だった。

冷水売り

井戸から汲み出した冷たい水に、白砂糖と白玉団子を入れたものを、「ひゃっこい、ひゃっこい」と売り歩いた。

日本橋の棒手振り

日本橋を描いた有名な浮世絵にも、棒手振りの姿が描かれている。

歌川広重『東海道五十三次之内 日本橋 朝之景』山口県立萩美術館・浦上記念館蔵

＊1830~50年代の江戸・上方の風俗を描いた図入りの随筆で、『近世風俗志』ともいう。喜田川守貞によって、幕末に書かれた。

ブランドリサイクルショップの先駆け？
献残《けんざん》屋

都市江戸では、大名から幕府への献上品はなくてはならないものであり、また大名間でも頻繁に贈答が行われた。しかし、もらった献上品は実用的ではなく、たとえば木製の太刀《たち》など装飾品も多かった。

そこで登場したのが、献残屋である。献残屋は、不要の献上品を買い取り、献上品として利用したい人に売るのである。店には、熨斗鮑《のしあわび》や干貝、昆布といった保存食品のほか、前述の太刀、食物や菓子などを盛るのに使用した折《おり》櫃《びつ》などがよく持ち込まれた。献残屋は、武家の人口が圧倒的に多い江戸で、とくに栄えた商売だった。

火事の多い江戸で繁盛した
穴蔵《あなぐら》屋

火事の多い江戸で繁盛した商売のひとつに、穴蔵屋（窖《あなぐら》工ともいう）がある。穴蔵とは、家の床下などに穴を掘り、財産を収納できるようにしたもので、いわゆる地下収納庫である。商店などでは土蔵《どぞう》を持つ家も多かったが、土蔵よりも穴蔵のほうが耐火性が高いと、火事の多い江戸で、とくに普及したという。穴蔵は普段は中を空にし、ふたをしておく。そしていざ火事の知らせを聞くと、ふたを開けて穴蔵に財産を投げ込み、再びふたをして逃げ、財産を守った。

『守貞謾稿』によれば、この穴蔵を最初につくったのは、江戸で呉服屋を営んでいた和泉屋九左衛門で、明暦《めいれき》2年（1656）のことだという。この翌年に、江戸最大の被害をもたらした明暦の大火（➡p.80）が起こり、和泉屋の家宅は類焼したものの穴蔵は焼けず財産が無事だったことが評判となって、江戸で穴蔵が普及したと伝えている。

江戸と上方で違う
湯出《ゆで》莢《まめ》売り

江戸・京都・大坂の三都の夏の夜には、茹でた豆を商う行商人が現れた。

湯出莢売りといえば、京都や大坂では男性が多く、豆の入った籠を肩にかついで売り歩くスタイルが多かったのに対し、江戸では女性が多く、籠を抱きかかえて売り歩く姿がよく見られたという。

また、その口上にも違いがあり、豆を枝から取った状態で販売していた京都や大坂では「湯出さや、湯出さや」と言い、江戸では枝をつけたまま売っていたので、「枝豆や、枝豆や」と言っていた。

同じ商売でも、ところ変われば、売り方も変わったのである。

京都や大坂の湯出莢売り　　江戸の湯出莢売り

◎参考文献　喜田川守貞『近世風俗志（守貞謾稿）』（岩波書店、1996年）

交通

江戸四宿

一大繁華街に発展

江戸四宿の誕生

江戸時代の交通制度は、慶長9年（1604）、日本橋を街道の起点として一里塚《いちりづか》を設置したことに始まる。主要街道である五街道は東海道《とうかいどう》・中山道《なかせんどう》・日光道中《にっこうどうちゅう》・奥州道中《おうしゅうどうちゅう》・甲州道中《こうしゅうどうちゅう》で、すべての起点は日本橋だった。その日本橋から、最初の宿場となったのが、東海道は品川宿《しながわしゅく》、中山道は板橋宿《いたばししゅく》、日光道中と奥州道中は千住宿《せんじゅしゅく》、甲州道中は内藤新宿《ないとうしんじゅく》。いずれも日本橋から2里〜2里半程度、約8〜10㎞のところにある。これらは「江戸四《し》宿《しゅく》」と呼ばれ、大いに賑わった。

宿場には、大名や幕府役人などが宿泊する本陣《ほんじん》・脇本陣《わきほんじん》、庶民が泊まる旅籠《はたご》のほか、茶屋、煮売屋、質屋など、さまざまな店が立ち並んだ。旅籠では飯盛女《めしもりおんな》と呼ばれる遊女を置く場合もあり、それが目当てで訪れる客もいた。また、宿場は伝馬役《てんまやく》という人馬負担を課せられ、一定数の人馬を常備し幕府の公用旅行者やその荷物を次の宿まで継ぎ送らなければならなかった。

それぞれに発展した宿場

品川宿は、江戸四宿のなかでもっとも繁栄した宿場である。明和《めいわ》元年（1764）には飯盛女が500人まで認められ（板橋・千住は各150人）、吉原《よしわら》に次ぐ盛り場となり、吉原とトラブルを起こすことも多々あった。

板橋宿は、参勤交代《さんきんこうたい》制度を機に大きく発展。中山道を利用する大名は、40〜50家ほどあった。千住宿は、参勤交代と日光東照宮《にっこうとうしょうぐう》への参詣《さんけい》の道中の宿泊地として大名らに利用された。

内藤新宿は、元禄11年（1698）、江戸四宿の最後にできた宿場で、当初は通行量が少なかったが、旅籠屋にいた女がみだりに旅人を引き入れたことなどから、享保《きょうほう》3年（1718）に一度廃止される。しかし、安永元年（1772）に再開すると、大名の通行こそ少なかったが、農村から江戸へ野菜が運ばれ、江戸からは農村へ下肥《しもごえ》が運ばれるなど、産業道路の起点として発展していった。また飯盛女の増加も認められ、一層賑やかになった。

江戸四宿は旅行客、江戸市民、近郊の農民などを相手とする歓楽街、また、江戸と周辺農村を結ぶターミナルとして重要な存在になったのである。

◎参考文献　児玉幸多監修『特別展「江戸四宿」』（特別展江戸四宿実行委員会、1994年）、新宿区立新宿歴史博物館編『内藤新宿-歴史と文化の新視点』（新宿区教育委員会、1999年）、安宅峯子『江戸の宿場町新宿』（同成社、2004年）

五街道と江戸四宿

昇亭北寿『武州千住大橋之景』神奈川県立歴史博物館蔵

千住宿

荒川を挟んで形成され、千住宿内には千住大橋がある。江戸の北の玄関口として、また宿場内に野菜市場などもあり、賑わった。

板橋宿

板橋宿は、石神井《しゃくじい》川に渡された板橋を中心に発展。和宮《かずのみや》下向《げこう》（➜p.222）の際に中山道が利用され、和宮は江戸に入る前の一夜を板橋宿で過ごした。

渓斎英泉『木曽街道六拾九次 第二 木曽街道板橋之駅』国立国会図書館蔵

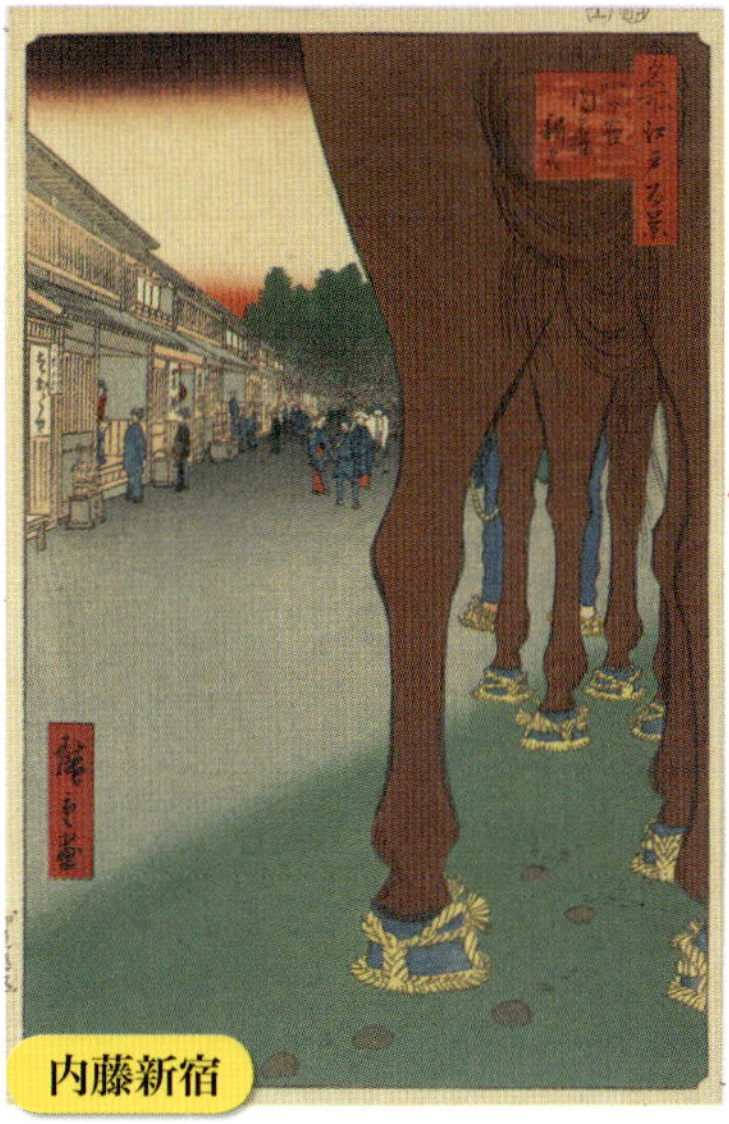

内藤新宿

再開後は、品川宿をしのぐ繁栄ぶりを見せた。しかし、馬がたくさん通ったため道路は馬糞だらけで、「四谷新宿馬の糞」といわれた。

歌川広重『名所江戸百景 四ツ谷内藤新宿』山口県立萩美術館·浦上記念館蔵

品川宿

目黒川河口に成立した品川宿は御殿山《ごてんやま》など江戸から近い行楽地でもあり、煮売屋などの飲食屋が多く存在していた。

歌川広重『東海道五十三次之内 品川 日之出』山口県立萩美術館·浦上記念館蔵

事件

赤穂浪士討ち入り事件

討ち入りは是か非か

刃傷事件から仇討ちへ

5代綱吉の治世の終わりごろ、江戸市中を騒がす大事件が起こる。『忠臣蔵《ちゅうしんぐら》』の題材になった赤穂浪士《あこうろうし》による討ち入り事件である。

事の起こりは、元禄《げんろく》14年（1701）3月14日。江戸城松之廊下で播磨国《はりまのくに》（兵庫県）赤穂藩主浅野内匠頭長矩《あさのたくみのかみながのり》が、高家《こうけ》筆頭吉《き》良上野介義央《らこうずけのすけよしなか》に斬りかかり、傷を負わせたことに始まる。斬りつけた浅野は即日切腹《せっぷく》し、浅野家は御家断絶《おいえだんぜつ》、家臣は離散することとなった。一方の吉良はお咎《とが》めなしだった。当時、「喧嘩《けんか》両成敗《りょうせいばい》」という慣習法があったが、吉良は浅野に防戦したわけでもなければ、口論していたわけでもない。吉良が一方的に傷つけられた事件であるがゆえ、幕府の処置は当然といえた。

しかし、浪人となった赤穂藩士の一部はこれに納得せず、元筆頭家老大石内蔵助良雄《おおいしくらのすけよしお》のもとに集結し、仇討《あだう》ちを決意する。翌元禄15年12月15日未明、本所《ほんじょ》（墨田区）の吉良邸を襲撃し、吉良の首を取ると、泉岳寺《せんがくじ》（港区）に眠る主君の墓前に捧げた。その後、浪士たちは、幕府に切腹を命じられた。

義士か否か、赤穂浪士論争

当時、世論は、浪士たちを主君の仇を討った忠義の士と見て、「義士《ぎし》」と讃える声が圧倒的だった。これは、もともと浅野が吉良を斬りつけた背景に、浅野に対する吉良の卑劣な仕打ちがあったという噂が流布していたことも影響している。しかし、実際のところ、刃傷《にんじょう》事件の理由は定かではない。

当時、討ち入り直後から儒学者たちの間でも、浪士たちの行為をめぐって論争が繰り広げられた。林信篤《のぶあつ》や室鳩巣《むろきゅうそう》など多くの儒学者は世論に同調して肯定、一方荻生徂徠《おぎゅうそらい》は、「集団武装して討ち入りをした浪士たちは『徒党の禁』という幕府法を犯した者たちである」として、幕府法を重視する立場から義士否定論を主張した。結局、徂徠の意見が幕府の決定に影響を与えることとなった。

とはいえ幕府も、浪士たちの処分には悩んだようである。浅野のときのように即日切腹にはせず、浪士たちへの処分決定までに、討ち入りから1ヶ月半を要した。

なお、浪士への処分とともに、吉良の子の義周《よしちか》にも処分が下

松の廊下跡

刃傷事件の舞台となったのは、江戸城の本丸表御殿大広間から白書院に通じる松之大廊下。現在はその跡地を示す石碑が建っている。

◎参考文献　大石学『元禄時代と赤穂事件』（角川学芸出版、2007年）、宮沢誠一『赤穂浪士』（三省堂、1999年）、田原嗣郎『赤穂四十六士論』（吉川弘文館、1978年）

事件の発端となった刃傷事件

江戸城内での刃傷事件。吉良は、かすり傷で済んだ。なお、右の絵は、歌舞伎の『忠臣蔵』をもとにしており、史実とは異なる。

歌川豊国『忠雄義臣録 第三』東京都立中央図書館貴重資料画像データベースより

討ち入りの浪士たち

今まさに47人の男たちが、塀を乗り越え、吉良邸に討ち入ろうとする場面。こちらも歌舞伎の忠臣蔵の世界を描いたもの。

歌川国芳『誠忠義士聞書之内 討入本望之図』港郷土資料館蔵

った。義周は改易《かいえき》のうえ、信濃国《しなののくに》（長野県）諏訪《すわ》藩諏訪家に預けの身となった。今回のケースでは、幕府は「喧嘩両成敗」の処分を下したことになる。

「忠臣蔵」の時代

世間から義士と称賛された赤穂浪士たちの討ち入り事件は、事件直後から演劇の題材となった。ただ名前や時代設定をそのまま使用すると幕府に規制されてしまうため、時代や人物設定を変えて描いた。そして、それまでの作品を集大成するかたちで生まれたのが、寛延《かんえん》元年（1748）に大坂竹本座《たけもとざ》で上演された、人形浄瑠璃《じょうるり》『仮名手本《かなでほん》忠臣蔵』である。この作品が、多くの文芸作品に影響を与え、今日に至るまで、主君への忠義を貫いた浪士のイメージを広く定着させたといえる。

元禄の三文豪

文化　井原西鶴、近松門左衛門、松尾芭蕉

町人文化としての元禄文化

江戸初期には、公家《くげ》や武家などの限られた人々のものだった文化や芸術を、元禄《げんろく》時代になると、庶民も楽しむようになる。歌舞伎《かぶき》、浄瑠璃《じょうるり》、俳句《はいく》、浮世絵《うきよえ》、浮世草子《うきよぞうし》など、今につながる多くの芸術は、この時期に大衆の支持を得て花開いたものである。

元禄時代には、後世に名を残す作家や画家などが輩出されたが、元禄の三文豪として、浮世草子作家の井原西鶴《いはらさいかく》、人形浄瑠璃脚本家の近松門左衛門《ちかまつもんざえもん》、俳諧《はいかい》の松尾芭蕉《ばしょう》はよく知られる。

元禄文化のリーダー、井原西鶴

大坂出身の井原西鶴は、当初は俳諧師として活躍していた。当時流行していた矢数《やかず》俳諧（ひとりで一昼夜連句を詠《よ》み続け、句の多さを競う）では、2万3500句を詠み続けるという驚異的な記録を残すほどの実力者だった。そして、散文の世界に転向して『好色一代男《こうしょくいちだいおとこ》』を発表すると、これがいきなりベストセラーとなる。

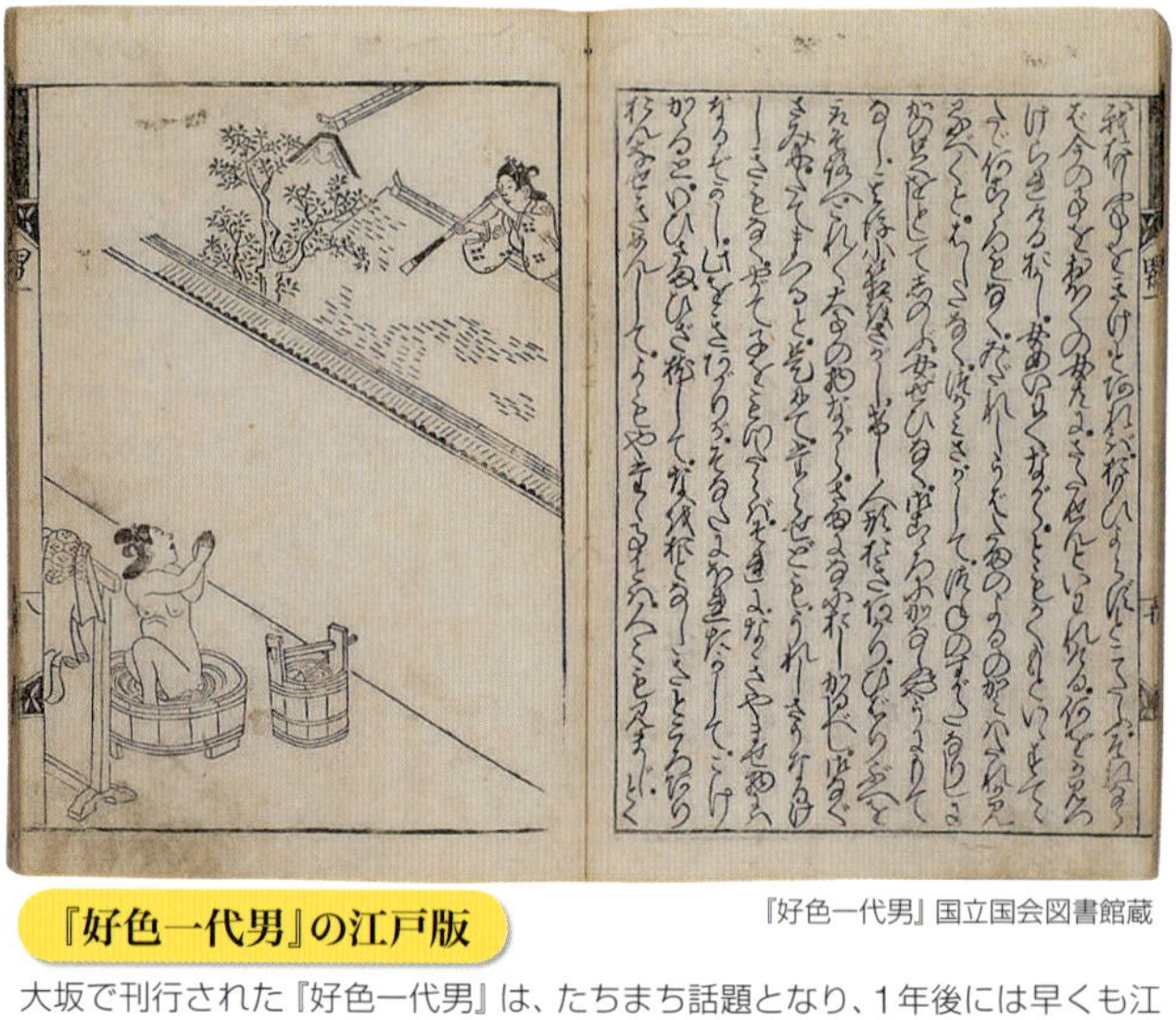

『好色一代男』の江戸版

『好色一代男』国立国会図書館蔵

大坂で刊行された『好色一代男』は、たちまち話題となり、1年後には早くも江戸版が刊行された。大坂版の挿絵の版下は西鶴自身が描いたといわれるが、江戸版では浮世絵師の菱川師宣《ひしかわもろのぶ》が挿絵を担当して刊行された。庶民を対象にした出版物では、『好色一代男』が最初のベストセラーといわれる。

主人公世之介の7歳から60歳までの54年間の好色生活を描いた『好色一代男』は、いわば「元禄版源氏物語」。『好色一代男』によって、西鶴は町人の生活や風俗を描いた浮世草子という新たなジャンルを開拓した。

西鶴は、愛欲の世界を描いた好色物《こうしょくもの》のほか、武士社会を扱う武家物《ぶけもの》（『武道伝来記《ぶどうでんらいき》』『武家義理物語《ぶけぎりものがたり》』）、説話に独自の視点を加えた雑話物《ざつわもの》（『西鶴諸国《さいかくしょこく》ばなし』『本朝二十不幸《ほんちょうにじゅうふこう》』）、経済生活を描いた

◎参考文献　森銑三『井原西鶴』（吉川弘文館、1985年）、信多純一『近松の世界』（平凡社、1991年）、高尾一彦『近世の庶民文化』（岩波書店、1968年）、尾形仂『芭蕉の世界』（講談社、1988年）、田中善信『芭蕉二つの顔』（講談社、1998年）

江戸時代の文芸の系統

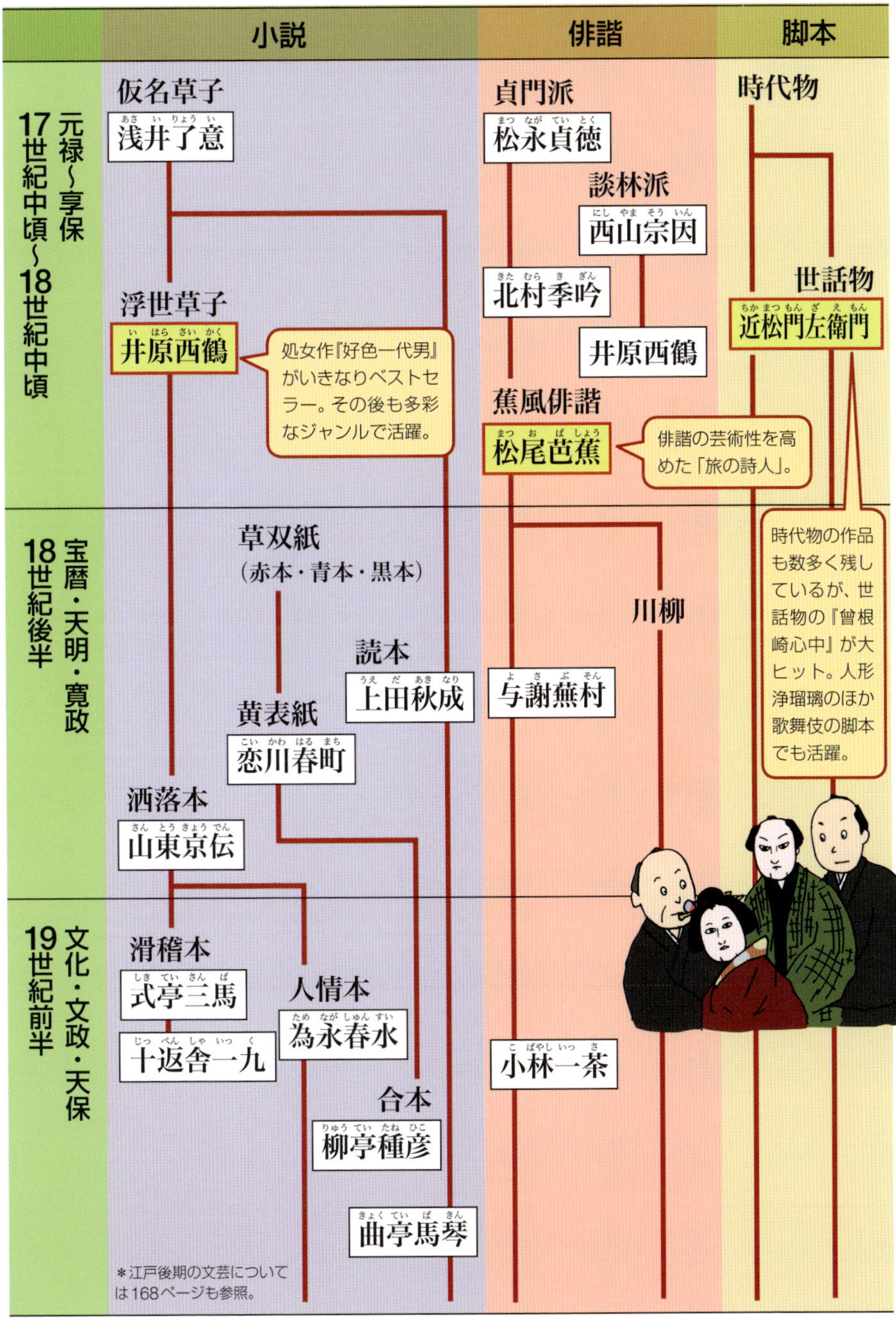
小説
俳諧
脚本
17世紀中頃～18世紀中頃
元禄～享保
18世紀後半
宝暦・天明・寛政
19世紀前半
文化・文政・天保
仮名草子
浅井了意《あさいりょうい》
浮世草子
井原西鶴《いはらさいかく》
処女作『好色一代男』がいきなりベストセラー。その後も多彩なジャンルで活躍。
草双紙
（赤本・青本・黒本）
読本
上田秋成《うえだあきなり》
黄表紙
恋川春町《こいかわはるまち》
洒落本
山東京伝《さんとうきょうでん》
滑稽本
式亭三馬《しきていさんば》
十返舎一九《じっぺんしゃいっく》
人情本
為永春水《ためながしゅんすい》
合本
柳亭種彦《りゅうていたねひこ》
曲亭馬琴《きょくていばきん》
＊江戸後期の文芸については168ページも参照。
貞門派
松永貞徳《まつながていとく》
談林派
西山宗因《にしやまそういん》
北村季吟《きたむらきぎん》
井原西鶴
蕉風俳諧
松尾芭蕉《まつおばしょう》
俳諧の芸術性を高めた「旅の詩人」。
川柳
与謝蕪村《よさぶそん》
小林一茶《こばやしいっさ》
時代物
世話物
近松門左衛門《ちかまつもんざえもん》
時代物の作品も数多く残しているが、世話物の『曽根崎心中』が大ヒット。人形浄瑠璃のほか歌舞伎の脚本でも活躍。

町人物（『日本永代蔵《にっぽんえいたいぐら》』『世間胸算用《せけんむねさんよう》』）といった多彩なジャンルで、マルチなタレントぶりを発揮した。

心中禁止令に発展した『曾根崎心中』

近松門左衛門は、越前国吉江《よしえ》藩士の家に生まれた。父が浪人《ろうにん》となったためともに京都へ移り、公家に奉公《ほうこう》したときに文学的教養を身につけたといわれる。

演劇の世界に入った近松は、元禄16年（1703）に、その後の浄瑠璃世界を大きく変えた『曾根崎心中《そねざきしんじゅう》』を発表。醤油屋《しょうゆや》・平《ひら》野屋《のや》の手代《てだい》徳兵衛《とくべえ》と遊女お初《はつ》の心中に至るまでを描いたこの作品は、大坂の曾根崎で起きた実際の心中を題材に書いたもので、事件のわずか1ヶ月後に竹本座《たけもとざ》で上演され、大当たりをとった。それまで御家騒動《おいえそうどう》を核とした時代物が中心だった浄瑠璃の世界に、町人社会の様子をいきいきと描いた「世話物《せわもの》」という新しいジャンルを開拓したのである。

『曾根崎心中』の大ヒットにより、その後「心中もの」が流行するが、実社会でも若者を中心に心中が増加し、大きな社会問題となった。このため幕府は享保《きょうほう》7年（1722）に、「心中もの」の発刊や上演を禁止。さらに心中そのものを禁じ（心中した者の葬式を禁じるなどした）、「心中」という言葉自体を使うことも禁じた。「心中」に代わる言葉として、幕府は「相対死《あいたいじに》」という言葉を使った。

このため『曾根崎心中』は、その後長い間、公に上演されることはなかった。公に上演されたのは、昭和に入ってからである。

俳諧を「詩」に高めた松尾芭蕉

現代にも愛好家の多い俳句は、江戸時代も身分に関係なく愛された大衆芸術である。当時は、「俳句」ではなく、「俳諧」と呼ばれていた。俳諧とは、正確には「俳諧の連歌」であり、「五・七・五」の上の句（発句《ほっく》）と、そのあとに続く「七・七」の下の句（付け句）で構成され、それをふたりの人が交互に詠んでいくのが基本。のちに上の句（発句）だけを独立して創作、鑑賞するスタイルが主流になり、これがやがて「俳句」と呼ばれるようになる。ちなみに「俳句」という用語は、明治期の俳人正岡子規《まさおかしき》が広めた言葉である。

俳諧という語には、もともと滑稽《こっけい》の意味があり、その内容は庶民的で洒落《しゃれ》ていて、卑俗《ひぞく》的な面も多分にあった。それを脱却し、まったく新しい作風を生み出したのが、松尾芭蕉である。芭蕉が樹立した蕉風俳諧《しょうふうはいかい》は、それまでの言葉遊び的なおかしみを求めた貞門《ていもん》派《は》や、斬新な風俗流行を取り入れた談林《だんりん》派とは一線を画し、日常的なものを素材とする独自の俳諧の流儀を生み出した。いわゆる「侘《わ》び」「寂《さ》び」を詠み込み、俳諧の芸術性・文学性を高めたのである。

芭蕉没後、門人が地方を行脚《あんぎゃ》して門下を育成し、全国に蕉風俳諧を伝えた。そのなかから、与謝蕪村《よさぶそん》、小林一茶《いっさ》などが生まれたのである。

『奥の細道』足跡図

芭蕉といえば、『奥の細道』である。門人曾良《そら》とともに奥州・北陸の名所・旧跡をめぐり、各地の神社・仏閣に参拝し、さまざまな人々との出会いと別れを、発句を交えて記したもの。多少の虚構もあるが、紀行文学の名作として後世に大きな影響を与えた。『奥の細道』の旅は、江戸を出発してから美濃国大垣《みののくにおおがき》に至るまで、全行程600里（約2400km）、5ヶ月余の大旅行だった。

『奥の細道行脚之図』天理大学附属天理図書館蔵

「深川芭蕉庵」

東京さんぽ

深川（江東区）にある芭蕉記念館。

記念館の裏は隅田川で、そのほとりには、芭蕉像や芭蕉庵のレリーフがある。

伊賀国《いがのくに》（三重県伊賀市）出身の松尾芭蕉は、29歳のとき江戸に下り、のちに深川（江東区）へ移り住んだ。51歳で没するまで、芭蕉は、深川を拠点に活動した。

「古池や蛙飛び込む水の音」の句は、松尾芭蕉が深川芭蕉庵で詠んだ有名な句のひとつ。

文化

浮世絵の誕生

黒摺りから鮮やかな錦絵へ

浮世絵の始まり

江戸時代の庶民文化を語るうえで欠かせないもののひとつが、浮世絵《うきよえ》である。浮世絵とは、絵師が描く現世の世態《せたい》・風俗画の愛称語で、おもに江戸で発達した。肉筆画《にくひつ》と版画とがあるが、版画による複製手段の発達により大量生産が可能になった。このため浮世絵は安価で手に入れることができ、庶民にとっても身近なものになった。長屋の住人には縁遠い吉原《よしわら》の花魁《おいらん》なども、浮世絵を通してその姿を見ることができたのである。

浮世絵は、元《げん》禄《ろく》年間（1688～1704）に活躍した菱川師宣《ひしかわもろのぶ》らが、絵本の挿絵としてではなく、一枚絵として売り出したのに始まるといわれる。その後、現代まで受け継がれている鳥居《とりい》派の開祖として知られる鳥居清信《きよのぶ》らが活躍し、墨《くろ》摺絵《ずりえ》と呼ばれる墨一色の版画から、丹絵《たんえ》、紅絵《べにえ》、漆絵《うるしえ》などの肉筆で赤色を加えたものへと発展。寛《かん》保《ぽう》年間（1741～44）には奥村《おくむら》正信《まさのぶ》らによって、紅絵に2、3色を版木《はんぎ》で摺り重ねた紅摺《べにずり》絵《え》、さらに十

見返り美人図

浮世絵の祖ともいわれる菱川師宣の肉筆画の浮世絵。菱川師宣『見返り美人図』東京国立博物館蔵
Image:TNM Image Archives Source:http://TnmArchives.jp/

浮世絵ができるまで

＊版画の場合

版元 浮世絵や本の出版元である版元が、絵の内容を企画し、それに合わせた絵師に依頼する。版元は書店を兼ねている場合も多かった。

絵師 版元の注文に応じて、版画の下絵を描く。この段階では墨一色。

◎参考文献　稲垣進一編『図説浮世絵入門』（河出書房新社、1990年）、牧野昇・会田雄次・大石新三郎監修『人づくり風土記 全国の伝承・江戸時代13・48大江戸万華鏡』（農山漁村文化協会、1991年）

数色もの多色摺へと発展し、錦絵《にしきえ》と呼ばれる色鮮やかな浮世絵が誕生するのである。

錦絵の発展

錦絵の誕生は、10代将軍家治《いえはる》のころで、明和《めいわ》2年（1765）より大流行した絵暦《えごよみ》の交換会に始まるといわれる。当時、俳《はい》諧《かい》を趣味とする好事家《こうずか》の間で、絵師や彫師に絵暦をつくらせ、その機知を競い合うことがはやっていた。より豪華なものが制作されていくなかで、鈴木春信《すずきはるのぶ》らによって多色摺の鮮やかな絵暦がつくられたのである。この美しい多色摺技法の浮世絵に版元も目をつけ、錦絵と称して一般にも売り出した。

こうして発展した浮世絵は、のちには歌麿《うたまろ》や写楽《しゃらく》といった絵師の出現により、江戸後期には黄金期を迎えることとなる（➔p.172）。

絵暦

江戸時代は、太陰太陽暦《たいいんたいようれき》（➔p.139）を使用していたため、大《だい》の月（30日）と小《しょう》の月（29日）があった。それぞれの月がどちらに当たるかを示した大小暦と呼ばれる暦があったが、それを絵入りにして、芸術的な要素を高めたのが絵暦である。これは絵暦の代表的な作品で、女性が取りこんでいる洗濯物の模様に、上から「大、二、三、五、六、八、十、メイワ、二」と描かれており、明和2年の大の月を示したものである。

鈴木春信『雨中美人』ボストン美術館蔵

彫師

絵師の描いた下絵を版木に裏返しに貼って上から彫り、輪郭だけの墨版をつくる。さらに絵師が指定した色に従って、色版の版木を別につくる。

摺師

色を塗った版木の上に紙を置いて摺る。さらに違う色の版木の上に紙を重ねて摺り、1枚の紙に何色も摺り重ねていく。

文化

芝居見物はいちばんの娯楽
歌舞伎と江戸三座

芝居小屋の様子

左は江戸後期の芝居小屋の様子。座席は満員で、立ち見客もいる。1日の芝居は明け六つ(午前6時頃)から暮れ七つ(午後4時頃)までで、一番目と二番目の2本立てで上演された。

歌川豊国『踊形容江戸絵栄』 江戸東京博物館蔵
Image:東京都歴史文化財団イメージアーカイブ

【桟敷席《さじきせき》】料金が高い特別席。

【料理を運ぶ男性】

狭い板の上を歩いて、お客に料理やお茶を運んだ。当時の芝居見物は1日がかり。お弁当を食べながら、のんびり楽しんだ。

【枡席《ますせき》】枡に区切られた、一般席。

歌舞伎のルーツは女歌舞伎

歌舞伎の起源は、出雲阿国《いずものおくに》が始めた女芸人による阿国歌舞伎だといわれる。この女性だけの阿国歌舞伎は江戸幕府成立直後に流行するが、風俗統制のために禁止された。代わって美少年たちによる若衆《わかしゅ》歌舞伎がはやるが、これも男色につながると禁止された。そこで登場したのが、成人男性による野郎《やろう》歌舞伎で、これが現代の歌舞伎の原型となった。

野郎歌舞伎は、それまでの歌踊り中心から演劇性を高めたものに発展し、元禄《げんろく》のころには、現代の歌舞伎につながるかたちを完成させた。ちなみに歌舞伎の語源は、戦国時代に流行した異様な振る舞いを指す「傾《かぶ》く」に由来している。

江戸四座から三座へ

江戸には芝居小屋がたくさんあったが、幕府に公認されていたのは四つだけである。最初に公認となったのは、寛永元年(1624)に猿若《さるわか》(中村)勘三郎《かんざぶろう》がおこした猿若座《さるわかざ》(のち

◎参考文献　河村繁俊『日本演劇全史』(岩波書店、1959年)、牧野昇・会田雄次・大石慎三郎監修『人づくり風土記 全国の伝承・江戸時代13・48大江戸万華鏡』(農山漁村文化協会、1991年)、江戸文化歴史検定協会『江戸博覧強記』(小学館、2007年)

【羅漢台《らかんだい》】

舞台の横には、羅漢台と呼ばれる舞台と同じ高さの立見席がある。横から芝居を見ることになるので安い席だが、芝居通はあえてこの羅漢台で見物したとか。

【花道《はなみち》】

花道ができたのは、享保のころとされる。

に中村座と改称）で、のちに市村座《いちむらざ》、森田座《もりたざ》、山村座《やまむらざ》が公認を受け江戸四座《しざ》と呼ばれるようになった。しかし、正徳《しょうとく》4年（1714）の絵島生島《えじまいくしま》事件（➡p.118）で山村座は廃座となり、以後、江戸三座《さんざ》となった。

その後日本橋界隈にあった三座は、天保《てんぽう》12年（1841）に三座そろって浅草の猿若《さるわか》町《ちょう》へ移転となる。これは、風俗取締政策を強化していた老中《ろうじゅう》水野忠邦《ただくに》による政策だった。江戸の中心・日本橋から浅草への移転は打撃になると思われたが、これを機に浅草は一大芝居街へと発展し、歌舞伎もさらに盛り上がりを見せることとなった。

江戸三座は明治以降も存続したが、昭和初期までにすべて廃座となり、以後、江戸の歌舞伎は、松竹系の歌舞伎座に中心が移った。それから時は流れ平成12年（2000）、18代中村勘三郎（初演時は5代目中村勘九郎）は、浅草・隅田《すみだ》公園内に江戸時代の中村座を模した仮設劇場を建設し、「平成中村座」を旗揚《はたあ》げした。以後、「平成中村座」を冠した公演は定期的に行われ、ニューヨーク公演や大阪公演でも好評を博している。

文化

今も昔も歌舞伎界の大スター

市川団十郎

市川家の芸＝荒事

「シバラクー」と大声をかけ、市川団十郎《いちかわだんじゅうろう》が演じる鎌倉権五郎景政《かまくらごんごろうかげまさ》という勇者が、ものすごいいでたちで大太刀《おおたち》を抜き、悪者をなで斬りに退治して、弱者を助ける。このときに一陽来福《いちようらいふく》新春を呼び戻す「つらね」と呼ぶ名調子のセリフを唱える。市川団十郎が毎年顔見世《かおみせ》で演じた『暫《しばらく》』の場面である。団十郎の演目は、セリフや扮装、演技が、大げさで、荒々しいものが多く、荒事《あらごと》と呼ばれ、これが江戸の庶民にうけた。

『暫《しばらく》』をはじめ、『助六《すけろく》』や百余日のロングランとなった『矢《や》の根《ね》五郎《ごろう》』など荒事芸は、江戸初期に初代・2代団十郎が次々に創出し、お家芸として確立した。団十郎の荒事芸が江戸でうけたのは、武家の都として武士が権勢をふるっていた日常のなかで、これに対抗する市民の内面的抵抗の情念を舞台芸術化したところにあるといわれる。

江戸三座（➡p.110）の歌舞伎興行は、年間およそ6千～7千両もの資金が必要とされたが、そのなかで団十郎は千両の給金をとって、千両役者という名をほしいままにした。

団十郎と江戸社会

5代目団十郎の時代になると、団十郎を支援する贔屓連《ひいきれん》が登場する。贔屓連は、役者に金銭、幕や衣装、下駄などを贈ったり、少しでもよいところがあれば「掛声」をかけて役者を応援した。その一方で、役者もまた贔屓連をはじめとする観客を意識し、観客の要望を察知して演目を構成するようになっていった。天保《てんぽう》13年（1842）、7代目団十郎は、芝居に使用する道具が、天保改革における奢侈《しゃし》禁止令に抵触するとして、幕府から江戸十里四方追放という処分を受ける。その道具とは、作り物ではなく、革や鉄製の具足、高価な蒔《まき》絵《え》の印籠《いんろう》などであった。この処分は、本物の道具を使用することを求める当時の客層の要望に7代目団十郎が応え続けた結果だった。

7代目の息子である8代目団十郎は、お家芸＝荒事を継承しつつ、美貌・雄弁などの個性を発揮し、江戸歌舞伎界において中心的役割を果たした。幕府は、父が追放されているなかでの芝居の精進、かつ親・兄弟への孝心《こうしん》を高く評価し、8代目団十郎を「孝行者」として表彰した。嘉永《かえい》2年（1849）、7代目団十郎は追放を赦免《しゃめん》された。

江戸の庶民に支え続けられた市川家は、歌舞伎界のみならず、江戸社会にとって非常に大きな存在だった。

◎参考文献　河村繁俊『日本演劇全史』（岩波書店、1959年）、木村涼「八代目市川団十郎と孝子表彰」（『法政史論』第32号、2005年）、木村涼「歌舞伎・文人と江戸社会—七代目市川団十郎を中心として」（『関東近世史研究』第60号、2006年）

市川団十郎歴代ヒストリー

初代 1660-1704	14歳で初舞台。市川家の「芸」として今日まで伝承されている荒事芸の創始者。
2代目 1688-1758	初代の実子。芸熱心で、市川家の確固たる地位を確立。父親譲りの荒事芸に和事《わごと》(やわらかい味のある雰囲気)も加え、今日見るスタイルの原型を創造した。最初の千両役者といわれる。
3代目 1721-1742	2代目の養子。3代目襲名からわずか数年で死去。
4代目 1711-1778	初代松本幸四郎の養子。のちに2代目市川団十郎の養子となり、4代目を襲名。荒事よりも、実悪(敵役)を得意とするなど、歴代の団十郎のなかでは異彩を放った。
5代目 1741-1804	4代目の実子。幅広い役柄に挑戦した実力者で、女方《おんながた》も演じた。当時一流の文化人と交際が広かった。
6代目 1778-1799	5代目の養子。早世。
7代目 1791-1859	5代目の孫。幅広い役柄をこなす実力者で、「歌舞伎十八番」も制定。天保改革では奢侈禁止令に抵触し追放処分を受けるが、のちに赦免された。
8代目 1823-1854	7代目の実子。容姿端麗の実力者で、熱狂的な人気を得たが、32歳の若さで突如自殺し、衝撃を与えた。
9代目 1838-1903	7代目の五男。歌舞伎の近代化に務め、のちに「劇聖」と称された明治歌舞伎界の名優。浅草寺(台東区)にある団十郎の銅像は、この9代目がモデル。
10代目 1882-1956	9代目の婿養子で、元銀行員という異色の経歴。
11代目 1909-1965	7代目松本幸四郎の実子。のちに市川家の婿養子となり11代目を襲名。美貌と品格、華のある芸風で人気を博した。
12代目 1946-	11代目の実子。1953年初舞台。6代目新之助、10代目海老蔵を経て、1985年、12代目を襲名。平成歌舞伎を代表する立役《たちやく》として活躍。長男は11代目市川海老蔵。

初代市川団十郎

鳥居清倍『市川団十郎の竹抜き五郎』東京国立博物館蔵 Image: TNM Image Archives Source: http://TnmArchives.jp

7代目団十郎の「暫」

国貞『市川団十郎』東京都立中央図書館貴重資料画像データベースより

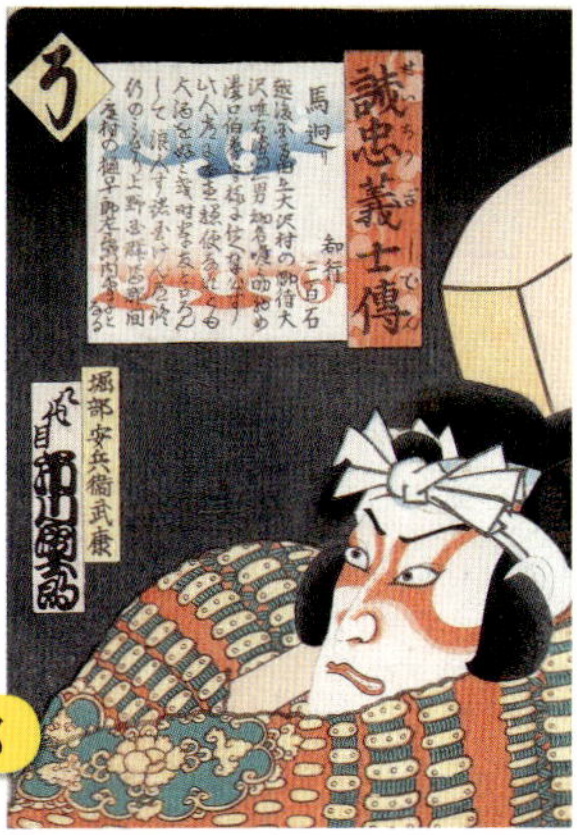

8代目市川団十郎

豊国『誠忠義士伝 そ 堀部安兵衛武康 八代目市川団十郎』東京都立中央図書館貴重資料画像データベースより

政治

新井白石

江戸を代表する知性

儒教的理想主義を目指した「正徳の治」

江戸時代、儒学は武士の社会規範として重んじられていた。将軍や大名らも儒学者を抱え、彼らの思想や知識は幕政や藩政に大きな影響を与えた。そのようななか儒臣として政《まつりごと》を動かしたのが、新井白石《あらいはくせき》だった。

白石はもともと木下順庵《きのしたじゅんあん》の推挙により、甲府藩主の徳川綱豊《つなとよ》（のちの家宣《いえのぶ》）の侍講《じこう》（君主に学問を講義する人）として仕えていた。そして6代将軍家宣の誕生とともに、白石は将軍の私的な政治顧問となる。家宣は在位わずか3年で死去するが、跡を継いだのが当時4歳の家継《いえつぐ》だったため、白石は引き続き、幕政の中心人物として活躍することとなった。

白石の政策は、生類憐み《しょうるいあわれみ》の令の廃止、通貨の改鋳《かいちゅう》など、綱吉《つなよし》の政策を否定するところから始まった。さらに、朝廷との関係を深めるために閑院宮家《かんいんのみやけ》を創出する一方で、将軍の権威をより高めるための政策も行った。たとえば、朝鮮通信使《つうしんし》に対して待遇を簡素化し、朝鮮から日本宛の国書においては、将軍のことを「日本国大君殿下《にほんこくたいくんでんか》」という記載から「日本国王」に改めさせた。

この白石の一連の改革は正徳《しょうとく》の治《ち》といわれる。

この儒教的な政治理念に基づいて行われた正徳の治は、評価すべき点がある一方で、理想主義的な面も強く、かえって政治を混乱させる結果にもなった。

8代将軍吉宗《よしむね》への代替わりとともに、罷免《ひめん》となった白石は、その後は著作活動に専念。朱子学《しゅしがく》の合理的な思考を歴史・地理・言語などに適用し、多くの著作を残している。

新井白石の著書

ジャンル	著書と内容
歴史書	**『読史余論《とくしよろん》』『古史通《こしつう》』** 日本史を貫く政権の変動、徳川武家政権の成立の正統性・必然性を説く。
西洋事情	**『西洋紀聞《せいようきぶん》』『采覧異言《さいらんいげん》』** 世界情勢や地理・風俗、キリスト教など西洋事情について幅広く執筆。いわゆる鎖国体制のもとでヨーロッパ事情を的確に紹介したものとして名高い（➔p.116）。
言語学	**『東雅《とうが》』『東音譜《とうおんふ》』** 白石は言語学に精通し、こうした著作で、言語学の発達にも寄与した。
自伝	**『折《おり》たく柴《しば》の記《き》』** 自身の生い立ちから家継没後の引退までを記した自伝。

◎参考文献　大石学『吉宗と享保の改革』（東京堂出版、1995年）、桑原武夫ほか『新井白石』（中央公論新社『日本の名著』1969年）、松村明ほか『新井白石』（『日本思想大系』岩波書店、1975年）

江戸時代の儒学の系統

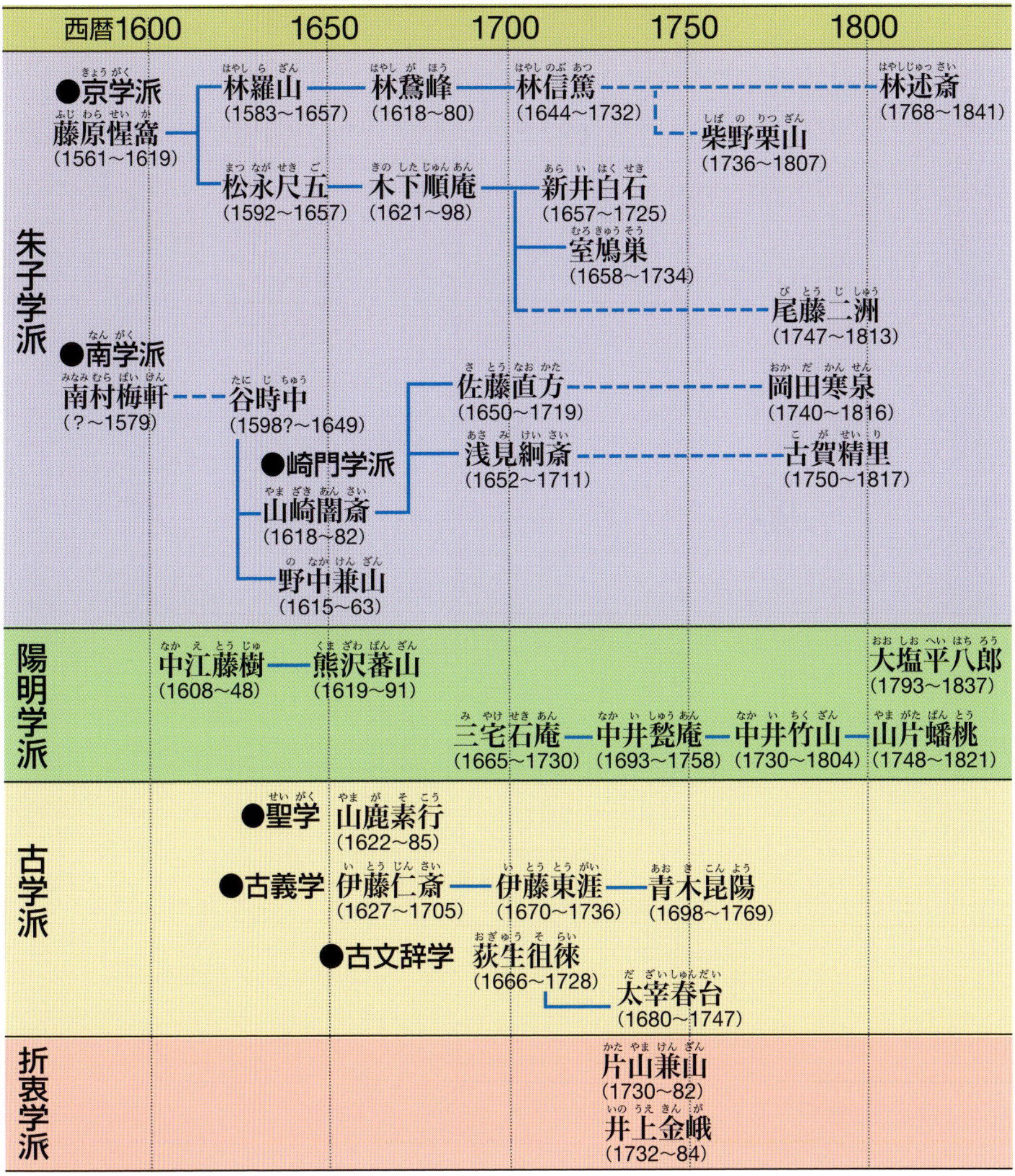

儒学とは

孔子を祖とし、中国の伝統的な政治・道徳の教えである儒教を、四書五経《ししょごきょう》などを通じて研究する学問。時代とともにさまざまな学派に分かれて発展した。

朱子学

万人による道徳的修養が世の中の安定をもたらすという考え。臣下として守るべき道義や節度、出処進退のあり方などの大義名分、礼節、秩序をおもな教養とするため、江戸時代を通じ、将軍や大名に採用された。

陽明学

明の王陽明の思想が元。日本では、中江藤樹を始祖として、自らの行動や体験に密着した認識を重視し、実践で真の知的認識を得るという「知行合一《ちこうごういつ》」を唱えた。

古学

朱子学や陽明学などの後世の解釈によらず、論語などの経典を直接実証的に研究する学派。

折衷学

学流門派の特定の学説や注釈にこだわらず、先行思想家の諸説を折衷するなかで聖人の教えを理解しようとした学派。とくに江戸後期に盛んになり一部の上層の民衆へも広がった。

政治

キリシタン屋敷

鎖国後の外国人宣教師たちの運命は？

禁教令とキリシタン屋敷の誕生

新井白石の『西洋紀聞《せいようきぶん》』や『采覧異言《さいらんいげん》』などの著書は、小石川小日向《こひなた》（文京区）にあった、キリシタン屋敷で行われた外国人宣教師シドッチへの尋問がもとになっている。

キリシタン屋敷とは、キリスト教徒や宣教師らの収容所である。宗門改役《しゅうもんあらためやく》の井上筑後守政重《ちくごのかみまさしげ》の下屋敷を利用したもので、約4000坪の敷地には牢獄《ろうごく》、番書《ばんしょ》、吟味所《ぎんみしょ》、官庫《かんこ》などがあり、周囲は石垣で囲まれていた。屋敷の中では、宣教師らに対して厳しい拷問が行われ、みな次々と転んでいった（＝棄教《ききょう》）。その一方で幕府は、屋敷を情報収集の場としても活用した。鎖国《さこく》（海禁ともいう）体制下、海外情報が制限されるなかで、キリシタン屋敷は、海外の情報を得るための貴重な場所でもあったのである。

キアラとシドッチ

当時の日本でのキリスト教徒の惨状は、逐一《ちくいち》ローマに伝えられていたため、信徒を救おうと、鎖国後も、繰り返し宣教師が日本への潜入を試みている。

そのひとりジュゼッペ・キアラは、寛永20年（1643）に筑《ちく》後国《ごのくに》（福岡県）で捕らえられ、江戸のキリシタン屋敷に移送される。拷問《ごうもん》ののち棄教したキアラは、日本人死刑囚岡本三右衛門《おかもとさんえもん》の名とその妻を与えられ、さらにキリスト教が誤った教えであることを広める書物『排耶書《はいやしょ》』の執筆を命じられる。それでもキアラは信仰を捨てきれず、再びキリスト教の信仰を告白したり、身のまわりの世話をする者に布教したりしたというが、殺されることはなくその生涯をキリシタン屋敷で過ごした。とはいえ彼の埋葬にあたっては、「日本人之通石塔建候様《にほんじんのとおりせきとうたてそうろうよう》」と指示されており、キアラは死後も日本人であることを強要されたのだった。作家遠藤周作の代表作『沈黙』は、このキアラをモデルにした作品である。

キアラたちが死去し、キリシタン屋敷がその役割を終えかけていた宝永《ほうえい》5年（1708）、最後の宣教師、シドッチが屋久島《やくしま》（鹿児島県）に現れた。

江戸のキリシタン屋敷に収容されたシドッチは、6代将軍家《いえ》宣《のぶ》の命を受けた新井白石によって尋問を受けたのである。白石はシドッチを「弁舌さわやかにして」「いかにも彼国博覧強記の人」と評し、シドッチの上陸以後現在までの様子、ヨーロッパの国々の様子、キリスト教の信仰について問答を重ね、『西洋《せいよう》紀聞《きぶん》』を著した。

◎参考文献　文京区編『文京区史 巻二』（1968年）、新井白石『西洋紀聞』（岩波書店、1941年）

禁教・鎖国関連年表

	西暦	出来事
江戸時代以前	1549	ザビエルらにより、日本にキリスト教伝来
	1570頃	信長の保護により、キリスト教が急速に広まる。
	1587	秀吉、バテレン（宣教師）追放令発布
江戸時代	1603	江戸幕府開く
	1604	朱印船《しゅいんせん》貿易始まる
	1612	家康、幕府領に禁教令発布。翌年全国に発布
	1616	中国以外の外国船の来航を平戸《ひらど》と長崎に制限
	1619	京都の大殉教《だいじゅんきょう》
	1623	イギリス、平戸の商館を閉め、日本から退去
	1624	スペイン船の来航を禁止
	1629頃	長崎で絵踏《えぶ》み始まる
	1635	日本人の海外渡航と帰国を禁止
	1637	島原の乱（長崎）
	1639	ポルトガル船の来航を禁止
	1640	幕府が宗門改役を設置
	1641	オランダ商館を長崎の出島に移す。鎖国体制の確立
	1643	宣教師ジュゼッペ・キアラらが日本に潜入。キリシタン屋敷へ移送される
	1708	宣教師のシドッチが日本に潜入。キリシタン屋敷へ移送される
	1792	ロシア使節ラクスマン来航
	1825	異国船打払令《うちはらいれい》発布（➔p.196）
	1853	ペリー来航（➔p.204）
	1858	日米修好通商条約締結（➔p.210）
	1867	大政奉還《たいせいほうかん》（➔p.226）
明治	1873	キリスト教解禁

（1604）当初、家康は貿易を積極的に行い、キリスト教にも寛容な方針を示していた。

（1619）1622年には長崎で、その翌年には江戸で大殉教

（1637）これを機に、より徹底したキリシタン絶滅の方策がとられるようになる。

（1708）新井白石の尋問を受ける。

（1792）漂流民大黒屋光太夫《だいこくやこうだゆう》（➔p.166）らを護送するとともに、通商を要求。このあたりから海外船が日本近海に続々とあらわれるようになる。

東京さんぽ

「キリシタン坂」

シドッチの死以降、渡来する宣教師も途絶え、役割を終えたキリシタン屋敷は順次縮小され、寛政4年（1792）に廃止された。キリシタン屋敷は、現在の地下鉄茗荷谷《みょうがだに》駅（文京区）から歩いて15分くらいのところにあったが、現在は、屋敷跡に何も残っておらず、屋敷跡の石碑と案内板があるだけである。近くにキリシタン坂という坂が残っており、唯一その痕跡をとどめている。

キリシタン坂

事件

絵島生島事件

門限破りで重罪に！

大奥第一の権力者が起こした事件

絵島生島《えじまいくしま》事件は、大奥を揺るがした一大スキャンダルとしてよく知られ、芝居などでもよく取り上げられる事件である。

事件の発端は、大奥年寄《としより》絵島の〝門限破り〟にあった。正徳《しょうとく》4年（1714）1月、絵島は、7代将軍家継《いえつぐ》の生母月光院《げっこういん》の代参として、芝増上寺《ぞうじょうじ》（港区）にある前将軍家宣廟《いえのぶびょう》を参詣《さんけい》。その帰途、奥女中らを連れて木挽《こびき》町（中央区）の山村座《やまむらざ》へ立ち寄り、当時美貌で評判の高かった生島新五郎《いくしましんごろう》の演じる芝居を見、さらに座元の居宅に役者らを呼んで遊興にふけっていたため、江戸城の門限に遅れてしまった。

これが幕閣の知るところとなり、「絵島は、生島新五郎を長持に入れ、大奥で密会した」などと江戸後期には書かれており、幕末期の幕臣の間では、実話として認識されていた。その真相は藪の中だが、絵島には、遠島《えんとう》（島流し）という重い判決が下る。その後の月光院の請願により、遠島はまぬがれたものの、絵島は信濃国高遠《しなののくにたかとう》藩（長野県伊那市）内藤家にお預けの身となり、27年間の幽囚生活ののち亡くなった。

事件の影響とその背景

この一件で処分されたのは、絵島だけではない。絵島の親類や絵島に同行した女中、山村座の関係者など、その数なんと1500人。しかも旗本《はたもと》であった絵島の兄は死罪、同じく旗本の弟は重追放という重い処分を受けている。さらに山村座の座元山村長太夫、役者の生島新五郎ともに遠島となり、山村座は断絶となった。江戸の芝居小屋が歌舞伎四座から三座になったのはこのためである。

この一件は、ほかの芝居小屋にも打撃を与えた。劇場の屋根や桟敷《さじき》の2、3階の造営が禁止され*、営業時間も短縮。さらに桟敷から内部の通路を設けて楽屋や座元の居宅に行くことや、桟敷に簾《すだれ》をかけたり、幕や屏風《びょうぶ》で囲うことなども禁止された。

また、実はこの一件には、前将軍家宣の正室天英院《てんえいいん》と、月光院の対立が背景にあったといわれる。幼少の将軍を擁して権勢をふるっていた月光院と側用人間部詮房《そばようにんまなべあきふさ》、新井白石《あらいはくせき》らに対して、天英院《てんえいいん》と譜代《ふだい》大名のグループが反感を持っていたという。この真相も定かでないが、政治とスキャンダルの問題が社会に与える影響は、江戸時代も大きかったのである。

＊屋根や2階桟敷の造営は、享保3年（1718）に再び許可された。

◎参考文献　永島今四郎・太田贇雄編『定本江戸城大奥』（新人物往来社、1995年）、児玉幸多「江島・生島事件」（『国史大辞典』吉川弘文館、1980年）、山本博文『大奥学事始め』（日本放送出版協会、2008年）

絵島生島事件をめぐる関係図

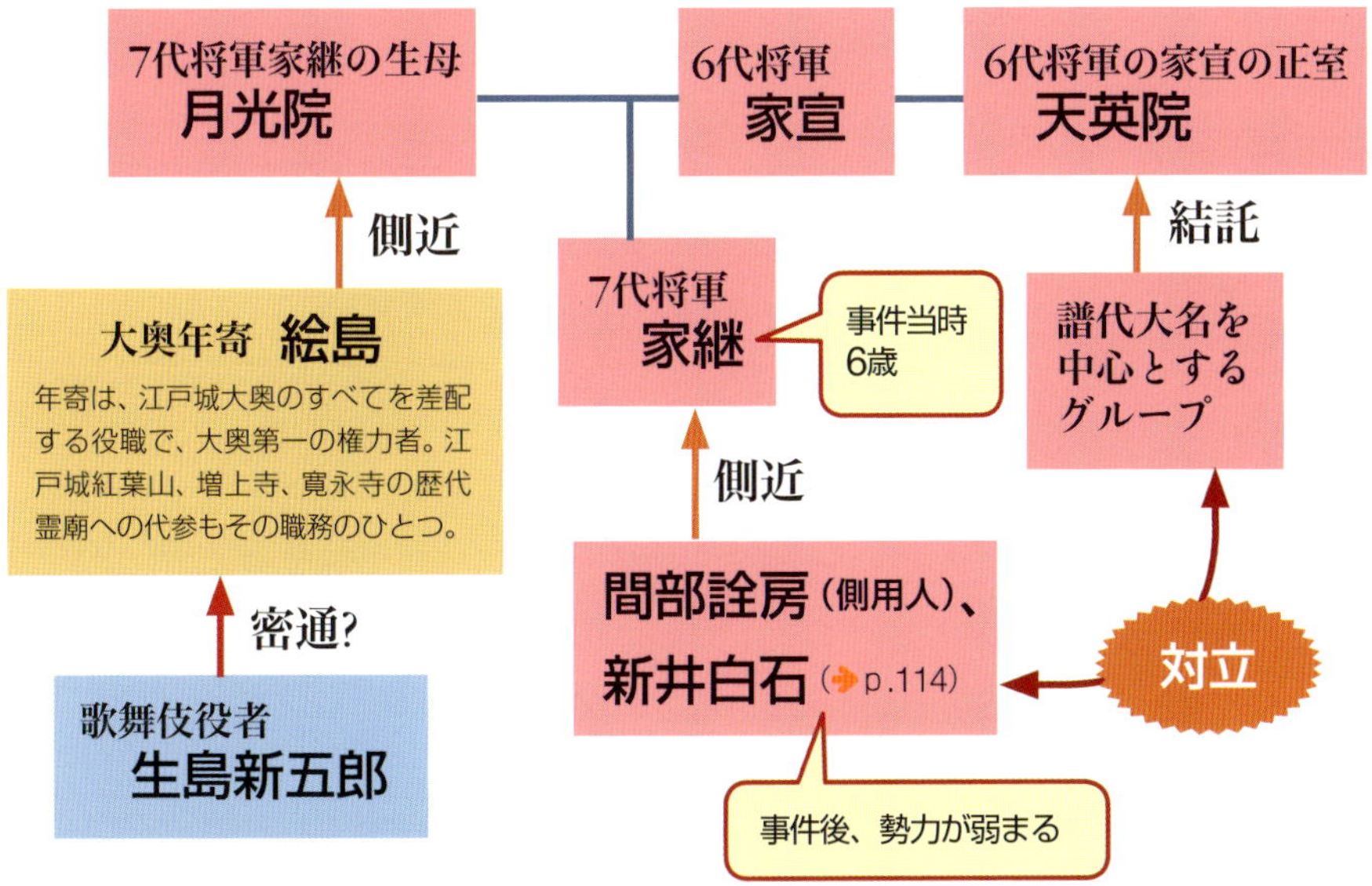

絵島と生島の密通を描いたもの。ただ実際には、こうしたロマンスはなかったとする見方が強い。

月岡芳年『新撰東錦絵 生嶋新五郎之話』国立国会図書館蔵

日々のよそおいと流行

江戸は、参勤交代による武家をはじめ、職人や商人が集まり、諸国の物産や技術が交流する、人・モノ・情報のセンター。それによって独自の風俗スタイルが生み出され、江戸は最先端の流行発信地となった。また、ファッションは時代による流行を見せる一方で、身分や階層、年齢、結婚の有無などを表象するものでもあった。

服装

江戸時代、庶民の衣服の中心になったのは「小袖《こそで》」、今でいう着物である。小袖とは、もともと袖口が広い広袖《ひろそで》（大袖《おおそで》）に対して、袖口が狭いためこの名がある。

小袖は、江戸初期には大胆な意匠で全面に文様が配されたものが好まれ、金糸の刺繍《ししゅう》や疋田《ひった》絞り、型染《かたぞめ》などの染織技術を駆使したものがつくられた。江戸後期になると、たびたび奢侈《しゃし》禁止令が出され、自由なおしゃれが制限されるが、江戸っ子は裾《すそ》や裏地など目立たないところに凝ったり、あるいは小紋染《こもんぞめ》や、絣《かすり》、縞《しま》などのさりげないに文様を生み出し、おしゃれを競い合った。

江戸前期の小袖

江戸時代は遊女が、ファッションの流行を数多くつくった。絵は、大胆な意匠で金糸の刺繍などで全面に文様が配された初期の小袖。

『美人立姿図』千葉市美術館蔵

江戸後期の小袖

おもに寛政年間（1789~1801）に活躍した絵師・喜多川歌麿が描く美女たちは、絣や縞などの地味な文様を身につけていることが多い。絵は、喜多川歌麿がよく描いた、寛政三美人のひとり『難波屋《なにわや》おきた』。

山口県立萩美術館・浦上記念館蔵

◎参考文献　陶智子『江戸美人の化粧術』（講談社、2005年）、村田孝子『江戸三〇〇年の女性美 化粧と髪型』（青幻社、2007年）、『大江戸ものしり図鑑』（主婦と生活社、2000年）、『日本ビジュアル生活史 江戸のきものと衣生活』（小学館、2007年）

髪型

江戸時代の男性は、頭頂部を剃った月代《さかやき》に、ちょん髷《まげ》スタイル。月代は、もともと武士が兜《かぶと》をかぶる際に頭が蒸れないように考えらえたものだが、江戸時代には一般庶民にも広がり、元服《げんぷく》以降は武士の子も町人の子も剃るのが普通になった。一方で、医者や学者など、髪を剃らない人たちもいて、そのスタイルは総髪《そうはつ》と呼ばれた。

女性は、江戸時代のごく初期までは長い髪を後ろに垂らす垂髪《すいはつ》だったが、女歌舞伎や遊女などが髷を結い始めると、すぐに一般にも広がった。また、くし、笄《こうがい》、かんざしは実用のための髪留めから、装飾品へと発達していった。

男髷の部位の名称

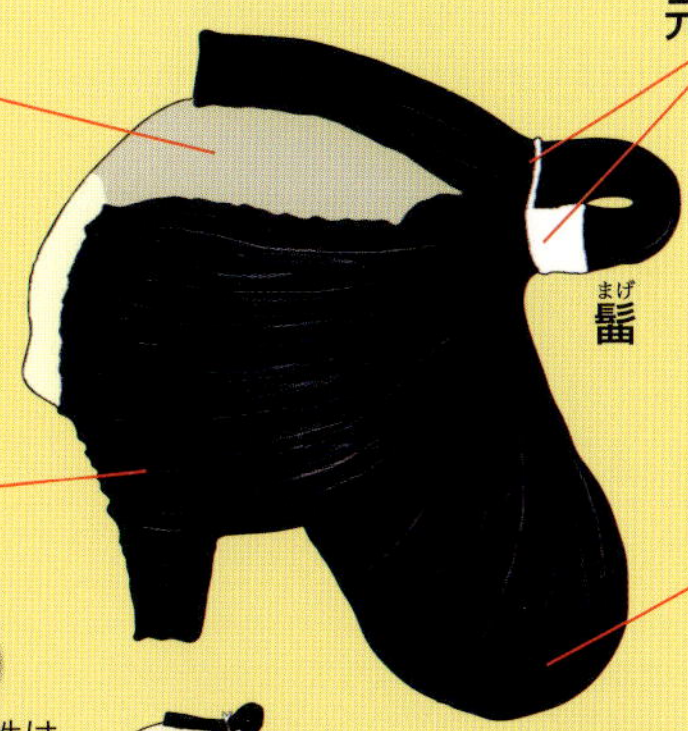

男髷《おとこまげ》

江戸初期の男性は、頭頂部に向けて髷を折り返す二つ折りが全盛で、これを男髷といった。だんだん髷は小さくなっていった。

大月代二つ折《おおさかやきふたおり》

月代を大きくし、髷を小さく結んだもの。江戸時代を通じて一般に結われた。

日本髪の部位の名称

疫病本多《やくびょうほんだ》

髪の量を減らして細い髷にし、病後で髪が抜けたように見せたもの。男性の髪型にも流行があり、これは明和頃（1764～72）に流行った。

島田髷《しまだまげ》

髪を折り曲げて髷をつくり、元結でしめる結い方。東海道島田宿《じゅく》（静岡県）の遊女たちが結い始めたのが始まりといわれる。未婚女性の髪型として定着「文金高島田」はこのスタイルが原型。

丸髷《まるまげ》

髪を頭頂部でたばね、髷部分を平たく楕円形にまとめたもの。江戸中期以降、既婚者の髪型として一般的になった。

化粧

江戸後期の文化10年（1813）に刊行された『都風俗化粧伝《みやこふうぞくけわいでん》』のように、化粧法などを紹介するおしゃれの指南書は、江戸時代も人気があった。この本には、丸顔や、低い鼻などをどうカバーするかなど、現代の女性ファッション誌と同じような内容が載っている。江戸時代の女性も美への追求には余念がなかった。

東京大学史料編纂所

『都風俗化粧伝』

化粧法のほか、髪の毛や肌の手入れ、着物や帯の選び方まで、女性のファッションや身だしなみについて具体的に書かれて、大正11年（1922）まで版を重ねるロングセラーとなった。

白粉《おしろい》を塗る

当時は色白が美人の絶対条件。江戸の女性たちは、顔や首、襟足、胸まで白粉を塗った。

歯を磨く

江戸後期には庶民にも歯磨きの習慣が広まった。当時は、房楊枝《ふさようじ》（木片を煮て柔らかくし、その先端を金づちなどで叩いてブラシ状に加工したもの）で磨いていた。

眉毛を抜く

江戸時代の眉は細眉が主流。現代と同じように、剃刀と毛抜きを使って余分な毛を抜き、足りないところは眉墨で描いた。女性は子どもが生まれると眉を剃った。

歌川国貞『今風化粧鏡』
静嘉堂文庫蔵

お歯黒《はぐろ》

江戸時代の女性は、結婚が決まると、お歯黒が行われた。これは、黒は他の色に染まらないことにちなむといわれる。言葉で説明しなくても、真っ黒な歯や、剃り落とされた青眉《あおまゆ》で既婚者であることを示すことができた。

男のアクセサリー

江戸時代は、もともと実用品だったものが、次第にデザインに凝るようになり、やがてファッションとして楽しむようになった時代。これもお金と生活に余裕ができた証といえる。女性の場合は、121ページにも書いたとおり、くしやかんざしなどが装飾品として発展していったが、男性の場合も、煙草《たばこ》や印籠《いんろう》などが、単なる実用品からアクセサリーへと発展していった。

『金唐革提げたばこ入れ』
たばこと塩の博物館蔵

煙草《たばこ》入れ

煙草を吸う男性は、煙草入れでおしゃれを競った。きざみ煙草を入れる「煙草入れ」のほかに、煙草を吸うための煙管《きせる》を入れる「煙管入れ」、さらに、腰に下げた袋などが落ちないように、着物の帯に引っ掛けるための道具「根付《ねづけ》」の3点セットで携帯した。なお、デザインも材質もいろいろある「根付」は、浮世絵と同様に海外のコレクターに愛され、現在も多くが海外にある。海外での評価を聞き、最近は日本でもコレクターが増えている。

印籠

もともと印籠は印鑑や薬を入れるものだったが、江戸中期になると、何も入れずにアクセサリーとして使うようになった。

『石蕗蒔絵螺鈿金田印籠』
掛川市二の丸美術館蔵

『雲龍文相良縫懐紙入れ』
掛川市二の丸美術館蔵

紙入れ

鼻をかんだりする紙を入れたもの。凝ったデザインを競い合った。

ファッションリーダーは役者と遊女

戦国の余風をとどめる江戸初期は、桃山調の華やかで大胆なファッションが一世を風靡した。やがて、「江戸っ子」に象徴される独自の文化が生まれ、歌舞伎役者の佐野川市松《さのがわいちまつ》にちなんだ市松模様や、団十郎の「鎌《かま》輪《わ》ぬ」、そして女形の上村吉弥《うえむらきちや》が結んだ吉弥結びなどが大流行した。また、吉原の花魁《おいらん》の華麗な衣装や髪飾りもファッションの源となった。江戸の女性たちは、浮世絵の花魁を手本に、おしゃれを楽しんでいた。

歌川豊国『曽我祭侠競 七代目市川団十郎の魚屋団七』たばこと塩の博物館蔵

江戸の有名人ファイル 2

「大岡越前」こと 大岡忠相

「大岡裁き」はフィクション？

大岡越前《おおおかえちぜん》の名で知られる大岡越前守忠相《えちぜんのかみただすけ》（1677~1751）は、時代劇でもおなじみの名奉行《ぶぎょう》。数々の名裁きを行った人物として、多くの逸話が残されている。

たとえば、3両のお金を落とした畳屋三郎兵衛と、それを拾った建具屋長十郎との、3両の行方をめぐる争いでは、忠相は1両を加えて4両にし、両者に2両ずつ与えた。ふたりは3両もらえるところがそれぞれ2両になり、奉行も1両出したので、3人それぞれ1両ずつの損。「三方1両損」の痛み分けで丸くおさめたという。

ほかにも、「我こそは実母」と、娘をめぐって争うふたりの母親の調停の際、忠相は、両方から娘の手を引っぱらせ、このとき痛がって泣いた娘を見て、思わず手を離したほうを実母としたという。

しかし実際には、これらの逸話に忠相はかかわっていない。大岡裁きとして知られるものの多くは、『大岡政談《せいだん》』などの書物によって後世に広まったものである。『大岡政談』は、忠相の名を借りてはいるものの、その多くは、中国や日本で生まれた物語や忠相没後の事件などをまとめたものであり、忠相の実像とはほぼ無関係だった。

名奉行だった忠相

ただ、忠相が優秀な人物であったことは間違いない。8代将軍吉宗《よしむね》のもと、江戸の町奉行を19年間勤めた忠相は、火消《ひけし》制度の整備（➔p.128）や、武蔵野新田開発（➔p.134）など、数多くの政策を手がけ、成果を上げている。吉宗が行った享保《きょうほう》改革のほぼ全時期を通じて活躍した、優秀な官僚だったのである。

長年の実績が認められ、当初は1920石の旗本《はたもと》だった忠相は、最終的に1万石に加増され、大名になった。

上は、歌舞伎の演目『天一坊《てんいちぼう》大岡政談』のなかの忠相。この作品では、忠相の名裁きとして描かれるが、忠相は実際には裁いていない。

『天一望義高島千摂網手』（100-7357）早稲田大学演劇博物館蔵

◎参考文献　大石学『大岡忠相』（吉川弘文館、2006年）

第3章

政治の発展

【8代〜10代】将軍とその時代

【8代】徳川吉宗《よしむね》

●生没1684〜1751年
●在職1716〜1745年
●享年68歳

紀伊《きい》徳川光貞《みつさだ》の四男。7代家継《いえつぐ》が幼齢で死去し、徳川宗家の血統が途絶えたため、御三家（尾張《おわり》家・紀伊家・水戸《みと》家）から選ばれ将軍となった。江戸城へ移る際には、200名余の紀州藩士を幕臣団に編入した。吉宗自ら指揮をとり、約30年にわたって享保《きょうほう》改革を実施。幕府財政の再建をもとに、さまざまな分野で国家政策、公共政策を展開した。

【9代】徳川家重《いえしげ》

●生没1711〜1761年
●在職1745〜1760年
●享年51歳

吉宗の長男。生来病弱で酒色にふけり健康を損ない、言語が不明瞭で、側用人《そばようにん》の大岡忠光《ただみつ》のみが、その言葉を理解できたといわれる。政治にはあまり積極的ではなく、幕臣に任せることが多かった。家重の時代は、享保改革の成果により、幕府財政は安定していたが、各地で百姓一揆《いっき》が頻発するようになり、幕府の足元を揺るがすようになっていった。

【10代】徳川家治《いえはる》

●生没1737〜1786年
●在職1760〜1786年
●享年50歳

家重の長男。幼時から文武の才を認められ、周囲の期待を集める。父家重の遺言に従い、田沼意次《おきつぐ》を重用した。田沼は、将軍家治の側用人《そばようにん》を経て老中《ろうじゅう》に出世し、幕政の実権を掌握、「田沼時代」が出現した。家治自身は絵画や将棋などの趣味に熱中した。跡取りの家基《いえもと》を失うと、田沼の意見で一橋《ひとつばし》家から治済《はるさだ》の長男家斉《いえなり》を迎えた。

おもな出来事

将軍	西暦	元号	出来事
吉宗	1716	享保元	7代家継が死去。吉宗が8代将軍に就任。享保改革始まる
	1717	享保2	大岡忠相《ただすけ》、町奉行《まちぶぎょう》に就任
	1720	享保5	江戸に町火消《まちびけし》ができる
	1720	享保5	吉宗、本草《ほんぞう》学者らに全国の薬草調査を命じる
	1721	享保6	目安箱《めやすばこ》設置
	1722	享保7	小石川養生所《ようじょうしょ》設立
	1722	享保7	幕府、日本橋に新田開発奨励の高札《こうさつ》を立てる
	1730	享保15	御三卿《ごさんきょう》の田安家創設
	1732	享保17	西日本を中心に大飢饉《ききん》が起こる（享保の飢饉）
	1733	享保18	前年の飢饉の影響で、江戸の米問屋が打ちこわしにあう
	1740	元文5	御三卿の一橋家創設
家重	1745	延享2	家重、9代将軍に就任
	1754	宝暦4	貞享暦《じょうきょうれき》に代わり、宝暦暦《ほうれきれき》採用
	1758	宝暦8	御三卿の清水家創設
家治	1760	宝暦10	家重辞職。家治が10代将軍に就任
	1765	明和2	絵暦《えごよみ》交換会流行、錦絵《にしきえ》の誕生
	1767	明和4	田沼意次、側用人となる（田沼時代）
	1776	安永5	平賀源内《げんない》、エレキテルを制作
	1783	天明3	浅間山《あさまやま》噴火
	1784頃	天明4頃	全国的に大飢饉
	1786	天明6	家治死去。田沼意次、失脚

こんな時代

8代将軍吉宗は、幕府の政治を引き締めるため、儒学者の荻生徂徠《おぎゅうそらい》や室鳩巣《むろきゅうそう》らの意見を取り入れながら、享保改革を行い、官僚制を充実させ、国家機能を拡大した。江戸を火事の被害から守った町火消制度や、庶民の意見を取り入れた目安箱の設置、貧困層のための無料病院小石川養生所が開設されたのも、吉宗の時代である。

9代将軍家重、10代将軍家治は、田沼意次が幕政の実権を握り、いわゆる田沼政治を行った。田沼政治は、重農主義から重商主義へと政策を転換し、商人から冥加《みょうが》・運上《うんじょう》金を取り立てた。他方、重税で苦しむ農村は、地主と貧農層に分解し、格差が生まれた。

商人との接近は、役人社会に賄賂《わいろ》が広がる原因となり、田沼政治はのちに賄賂政治として批判されることとなった。

◎参考文献　大石学編『日本の時代史16 享保改革と社会変容』（吉川弘文館、2003年）

政治

町火消

江戸になくてはならない存在

江戸時代の消火活動

当時の消火活動は、延焼を防いで被害を最小限にするため、火元より風下の家を次々に壊していく破壊消防が基本。また町火消は、各組独自の纏《まとい》や半纏《はんてん》を決め、一見してどの組のものかわかるようにしていた。

吉宗の防火対策

「火事と喧嘩《けんか》は江戸の華」と呼ばれるように江戸は火災が多く発生した都市である。８代将軍に就任した徳川吉宗《よしむね》は、享保《きょうほう》改革の一環として、江戸の防火政策には早くから乗り出した。瓦葺き屋根や土蔵づくりといった不燃性建築を奨励したり、火の見櫓《やぐら》の制度を整えるなど、さまざまな政策を打ち出したが、なかでもよく知られるのは、町火消《まちびけし》の創設である。

江戸には、吉宗以前にも、大名が担った大名火消や、旗本《はたもと》による定火消《じょうびけし》が整備されていた。大名火消は、幕府の重要施設を

しゃれがきいている纏持ち

男が持っているのが、火消しの象徴「纏」。燃えさかる建物の最も近い屋根に掲げ、「ここで火事を食い止める」という意思を示した。なお、い組の纏は、芥子《けし》の実と枡《ます》の組みあわせ。「け（消）します」のしゃれである。

『江戸の花子供遊び い組の纏』消防博物館蔵

◎参考文献　池上彰彦「江戸火消制度の成立と展開」（西山松之助編『江戸町人の研究』第五巻 吉川弘文館、1988年）、大石学『大岡忠相』（吉川弘文館、2006年）

町火消の配置

『町火消配置図 嘉永4年』より作成

『目黒行人坂火災絵巻』（部分） 消防博物館蔵

それぞれ分担して消火活動をし、一方の定火消は、江戸市中の防火を任されていた。定火消の人数は、18世紀初頭には1180名ほどいた。しかし、大名火消と定火消だけでは、膨張していく江戸にとって十分な防火体制ではなかった。そこで吉宗は、享保3年（1718）に、町人による町火消を整備。享保5年（1720）には、町火消を「いろは47組」に再編成し、各組ごとに地域を担当する体制を整えた。

「ん」「へ」「ら」「ひ」組はない

隅田《すみだ》川より西の町々をおよそ20町ごとに47の組に分け、それぞれの組に、いろは48字をあてた。ただし、48字のうち「へ」「ら」「ひ」は音が悪いという理由で除かれ、代わりに「百」「千」「万」組と称した。「ん」は当初からなく、のちに「本」組が加えられ48組となった。さらに本所・深川にも16組が設置され、町火消の人数は、18世紀前半には1万人を超えた。

この町火消は、当初は町人自身が出動していたが、のちには町ごとに鳶《とび》職人を人足《にんそく》として雇うようになった。なぜなら当時の消火活動は、延焼を食い止めるために周囲の建物を壊すという破壊消防が主流で、不慣れな町人が行っても、けが人が続出し、消火の効率が上がらなかったからである。町火消は、普段は鳶の仕事をして、出火のたびに出動して報酬を得ていた。

政治

目安箱と小石川養生所

庶民の意見を政治に反映

将軍自らが訴状を閲覧

享保《きょうほう》改革を断行し、さまざまな政策を打ち出した吉宗《よしむね》だが、有名な政策のひとつに、享保6年（1721）の目安箱《めやすばこ》（訴状箱）の設置がある。

目安箱の制度自体は以前からあり、幕府直轄地《ちょっかつち》では京都で元《げん》和《な》5年（1619）にすでに設置され、諸藩でも早い藩では17紀半ば頃から設置されていた。ただ、吉宗の場合、一国を束ねる将軍である。庶民が将軍に意見を申し立てる機会を得られたことは画期的であり、大きな意義があった。

吉宗が設置した目安箱は、江戸城の幕府評定所《ひょうじょうしょ》の門前に、毎月2日、11日、21日の3日間だけ置かれた。投書できるのは、町民や百姓で、武士は対象外。また、記名が原則だった。目安箱に投書できる事柄は、次の3つである。

①江戸幕府の支配に関して有益な政策の提言
②役人たちの不正
③訴訟を起こしたにもかかわらず役人が詮議《せんぎ》をしないことの申し立て

そして目安箱に集まった投書は、将軍自らが閲覧した。その後、投書は老中《ろうじゅう》にわたり、さらに関係諸機関に渡されて、そこで討議して答申をしていた。

岩村歴史資料館蔵、恵那市教育委員会提供

個人蔵

目安箱と鍵

投書は、将軍自らが閲覧し、庶民の声が実際に政策に反映された。こうした目安箱を用いた直訴の制度は幕末まで続いたが、幕末のころは幕府や村の役人の不正を訴える内容が多かった。

投書で実現した小石川養生所

目安箱への投書で実施された事例としては、128ページで

◎参考文献　大石学『吉宗と享保の改革』（東京堂出版、1995年）、大平祐一『目安箱の研究』（創文社、2003年）、望月良親「『訴状留』にみる民衆の直訴」（徳川記念財団編『家康・吉宗・家達～転換期の徳川家～』徳川記念財団、2008年）、文京区編『文京区史 巻二』（1968年）、東京史編『東京市史稿 救済編 1巻（復刻版）』（臨川書店、1975年）

小石川養生所の平面図

『東京市史稿救済編1巻』より

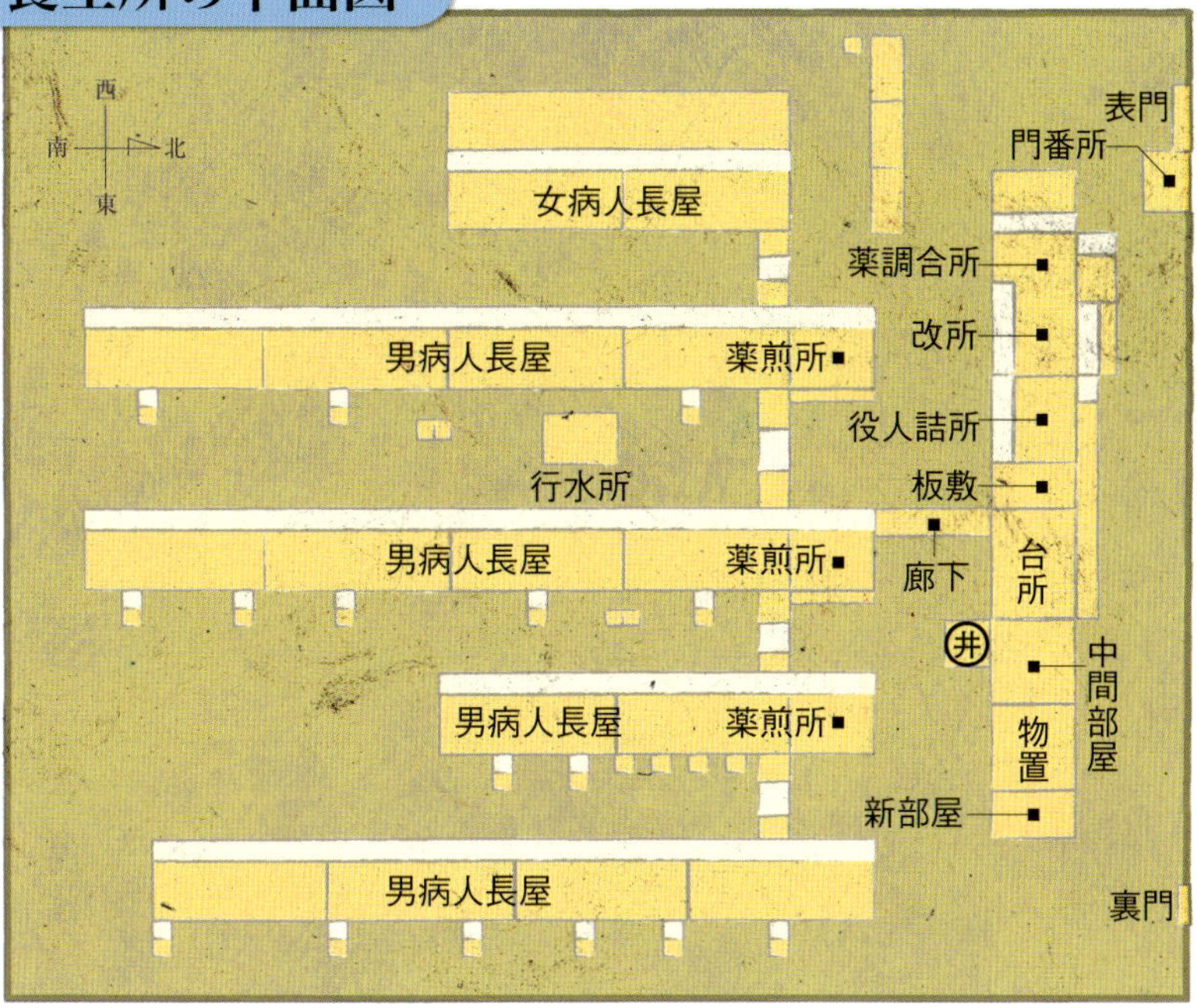

設立当時は男女別に1部屋ずつしかなかったが、患者数が増え、享保14年（1729）に大幅に増築された。入院患者には、茶碗や衣服、布団、蚊帳《かや》なども無料で支給された。

も触れた江戸の防火のための屋根の瓦葺き化、新田開発に関する提言などが知られているが、なかでも有名なのは、江戸の町医者小川笙船《しょうせん》の投書により実現した、小石川養生所《こいしかわようじょうしょ》の設置である。

当時、江戸の市中には、貧しくて薬が買えない者や、病院に行けない者がたくさんいた。また独り身で病気の看病をしてくれる者がいない境遇の者も多かった。小川笙船は、こうした下層社会の医療状況の貧困さを憂《うれ》い、投書したのである。吉宗はこの提言を即採し、享保7年（1722）に、幕府の医薬研究機関だった小石川薬園（➡p.132）の敷地内に、無料で利用できる小石川養生所を設置した。

養生所は、肝煎《きもいり》の笙船以下、その息子隆好や幕府の医者など計7名、そのほか大名抱えの医師も臨時に出勤するなど充実したスタッフをそろえた。本道《ほんどう》（内科）・外科・眼科を備えた総合医療機関として整備され、施薬には小石川薬園で研究開発された当時の最先端の薬種も用いられた。

養生所では当初、通院患者と入院患者の両者に医療を施していたが、患者数が増えるにつれ、極貧で、ただちに入院せねばならない者に患者を限るようになった。しかし入所希望者があとを絶たず、当初40名だった収容人数を150名まで増やし、医者も12名まで増員している。

小石川養生所は、江戸の下層民の救済機関として、幕末まで存続し続けた。小石川養生所は、山本周五郎の小説『赤ひげ診療譚』の舞台としても有名である。

政治

吉宗の薬草政策

日本産の朝鮮人参も開発

薬草政策のために全国調査を展開

吉宗《よしむね》の将軍就任以前、全国で疫病《えきびょう》が流行し、数多くの被害者が出ていた。そこで吉宗は、生薬《しょうやく》の安定的な供給を目指し、就任直後から、薬草を研究する本草《ほんぞう》学者を登用し、本格的な薬草政策を展開していった。

享保《きょうほう》5年（1720）、吉宗はまず学者らに、全国各地の薬草調査を命じた。この地方行脚《あんぎゃ》により、薬草に関するさまざまな知識が幕府に集められ、一方で、幕府が持つ薬草の知識も学者らを通じて各地へ広まった。

調査がひととおり終わると、薬草政策の実用段階として、全国に幕府直営、藩営の薬園が整備された。江戸には享保6年（1721）に駒場《こまば》薬園（目黒区）が開設され、翌年には、以前からあった小石川薬園（文京区）が約10倍の広さになった。小石川薬園の一角に小石川養生所《ようじょうしょ》（➡p.130）が設置されたのもこのときである。

ほかにも吉宗は、民衆向けの医書『普救類方《ふきゅうるいほう》』の作成を命じて出版させ、広く薬草政策を普及させている。

朝鮮人参の栽培

当時、さまざまな薬草が実用化に向けて栽培されたが、なかでも朝鮮人参の栽培は、経済的にも大きな意味をもった。朝鮮人参は古来から万病の薬として珍重され、江戸時代には、対馬藩（長崎県）の朝鮮貿易を通じて大量に輸入されていた。

しかし、朝鮮人参と引き換えに、多くの銀が朝鮮に流出し、大きな貿易赤字を生み出す結果となった。

そこで吉宗は、朝鮮人参の国産化を目指し、栽培を奨励。この試みは成功し、各地で朝鮮人参が栽培されるようになった。その後さらに朝鮮人参の栽培が拡大し、ついには国産の朝鮮人参が中国への輸出品となるくらいまで、盛んになったのである。

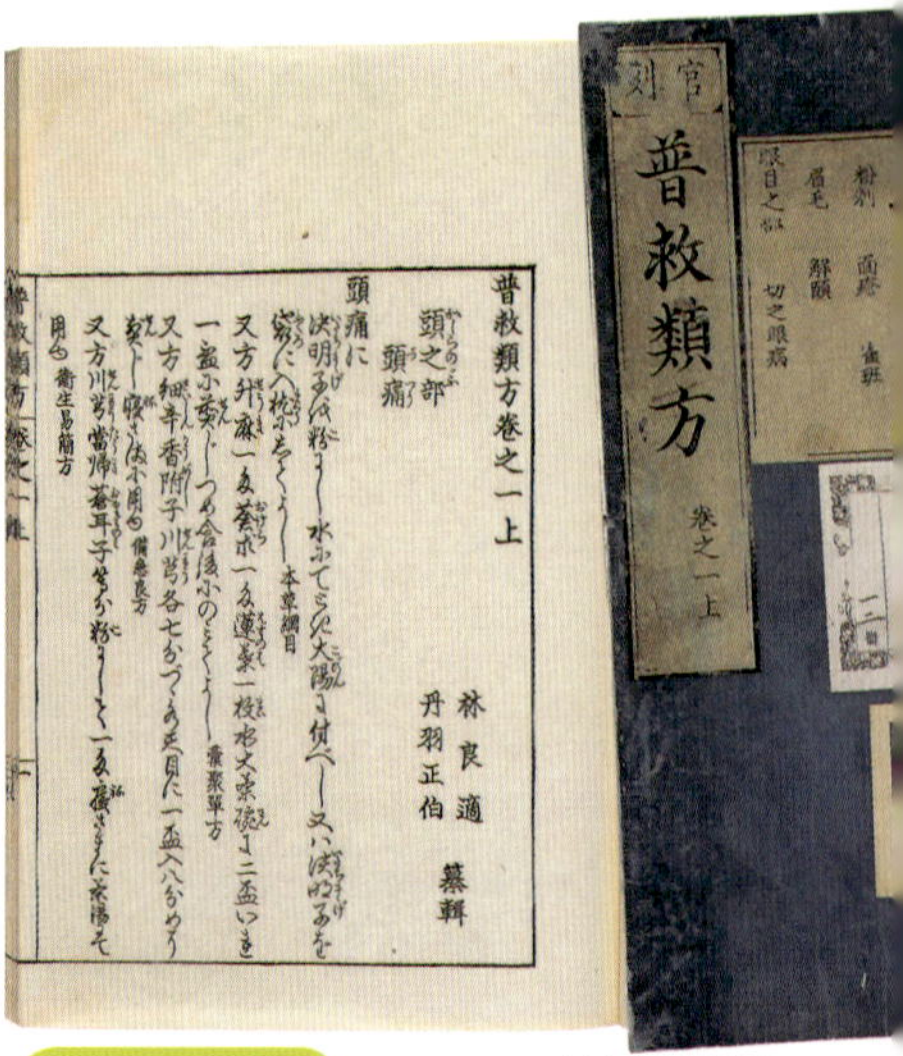

国立公文書館蔵

『普救類方』

病気や薬の知識や応急処置法などを伝えるためにつくらせた書籍で、いわば「江戸版家庭の医学」といったところ。かなり広く普及し、当時の健康への関心の高さがうかがえる。

◎参考文献　大石学『吉宗と享保の改革』（東京堂出版、1995年）、田代和生『倭館』（文藝春秋、2002年）、若尾政希「享保～天明期の社会と文化」（大石学編『享保改革と社会変容』吉川弘文館、2003年）

国立公文書館蔵

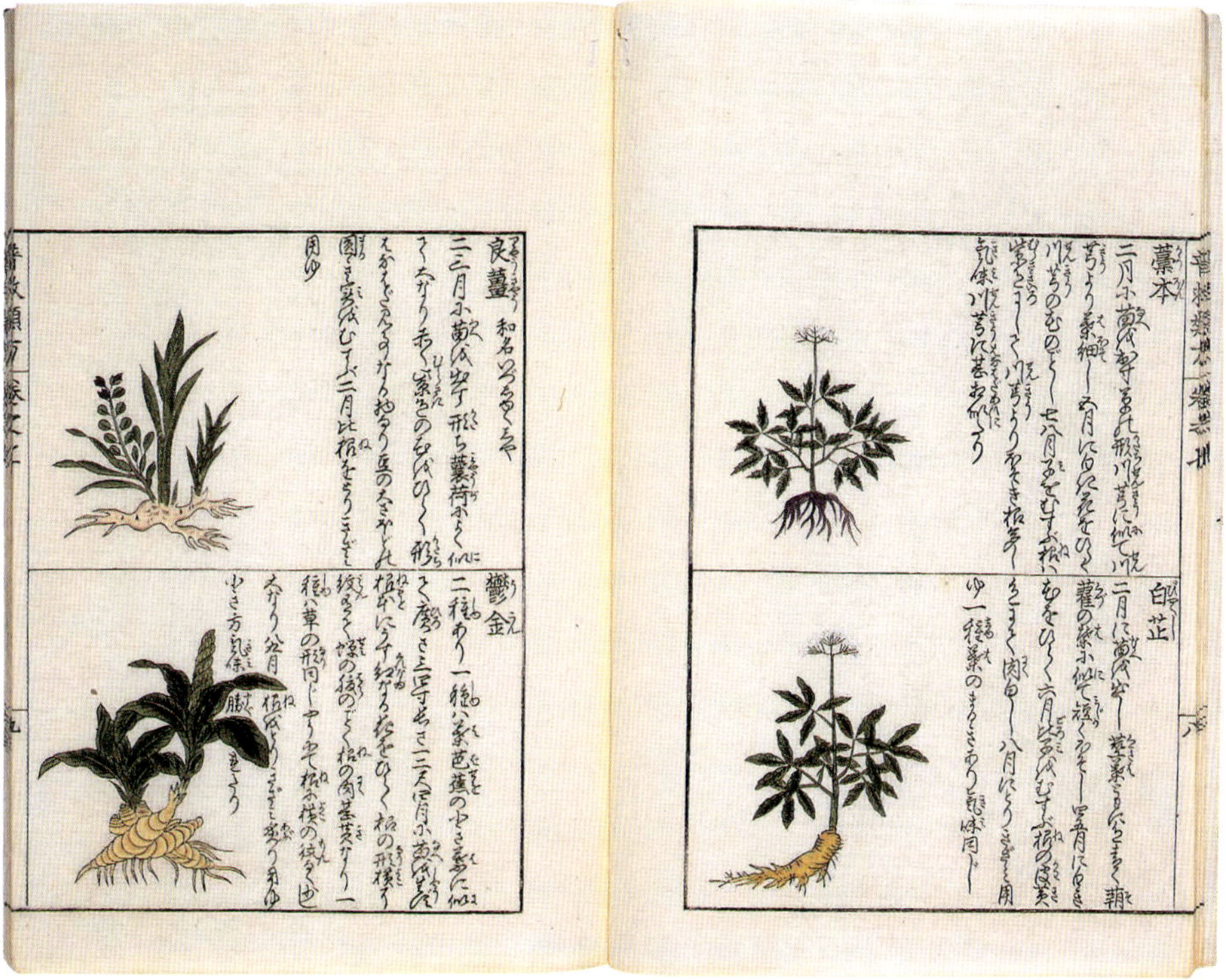

『普救類方』に紹介された薬草

『普救類方』にはさまざまな薬草が絵入りで紹介された。現代でも健康食品として人気の「鬱金《うこん》」なども紹介されている。

東京さんぽ

「小石川植物園」

文京区白山《はくさん》にある小石川植物園は、正式名称を「東京大学大学院理学系研究科附属植物園」といい、植物学の教育・研究を目的とする東京大学の教育実習施設。日本でもっとも古い植物園でもある。この植物園の前身が、貞享《じょうきょう》元年（1684）に、将軍職に就く前の徳川綱吉の白山御殿の跡地につくられた小石川薬園である。また、130ページで紹介したように、8代将軍吉宗の時代には、敷地内に小石川養生所がつくられ、当時利用していた井戸が今も残っている。

約16万㎡の敷地には、さまざまな植物が植えられている。散策スポットとしても人気で、春には桜、秋には紅葉の名所としても知られる。

小石川養生所で実際に使われていた井戸。

政治

享保の新田開発

民間の財力と経験を活用

大開発時代

江戸時代は、大開発時代ともいわれ、全国的に耕地が拡大した時代である。背景には、戦争がなくなったことにより、百姓が生産に専念できるようになったことがある。人口も増え、村落からあふれ出た力が、これまで開発できなかった場所を拓《ひら》いたのである。

それまで、水利や地質の問題などによって農業が困難だった土地は、人工的に造り変えて農業ができる土地となり、集落ができる。こうしてさまざまな場所で開発が行われ、江戸開府時には約206万町歩だった耕地は、およそ120年後の享保《きょうほう》6年（1721）には297万町歩にまで増加した。さらに、農業技術も進歩し、生産量は大きく上昇した。

政策的かつ大規模に進められた享保の新田開発

江戸時代の新田開発は、2回のピークがある。1回目は江戸開府前の16世紀末から寛文《かんぶん》・延宝《えんぽう》期（1661～81）、年貢の増収を見込んだ領主主導の開発である。もうひとつは、8代将軍徳川吉宗《よしむね》が推進した、享保の新田開発である。

吉宗は財政難の打開策として、年貢収入の増加を計画し、享保7年（1722）、日本橋に高札《こうさつ》を立て、新田開発を奨励した。富を蓄えた町人や豪農が、この計画に乗った。彼らはこれまで手のつけられていなかった場所の開発計画を立て、幕府官僚と協力して、大地を拓いた。財政が逼迫《ひっぱく》していた幕府は、新田開発に民間の財力を導入したのだった。

大岡忠相が先導した武蔵野新田開発

関東平野西部の武蔵野台地に開かれた武蔵野新田は、享保年間に開発された場所のひとつである。この地は、承応《じょうおう》2～3年（1653～54）の玉川上水の開削《かいさく》（➡p.76）などを契機に、開発が進んだ地域である。

武蔵野新田の開発を指揮監督したのは、時代劇でもおなじみの大岡忠相《ただすけ》である。江戸町奉行だった大岡は、この開発を進めるにあたり、百姓や町人などさまざまな身分の者から担当の役人を登用した。これまでの共同利用慣行の調整や、開発が実を結ぶまでの間の補助・減税など、実地の現状に応じた政策を行うためには、能力のある人材を広く集める必要があったからである。

通常の農政担当官を地方役人《じかたやくにん》というのに対して、現場をよく知り、農政に精通した地方役人のことを地方巧者《じかたこうしゃ》と呼ぶ。この地方巧者から選抜された代官《だいかん》たちは、開発にやってきた者たち

◎参考文献　大石学『吉宗と享保の改革』（東京堂出版 、1995年）、大石学『大岡忠相』（吉川弘文館、2006年）

石高・年貢高の推移

幕府の石高《こくだか》は、享保改革による新田開発などにより459万石まで増え、年貢の収納高も増えた。ただしこの背景には厳しい年貢の取り立てもあり、農民の負担は大きかった。そのため百姓一揆などが多発し、享保改革以後は、低下傾向が続いた。

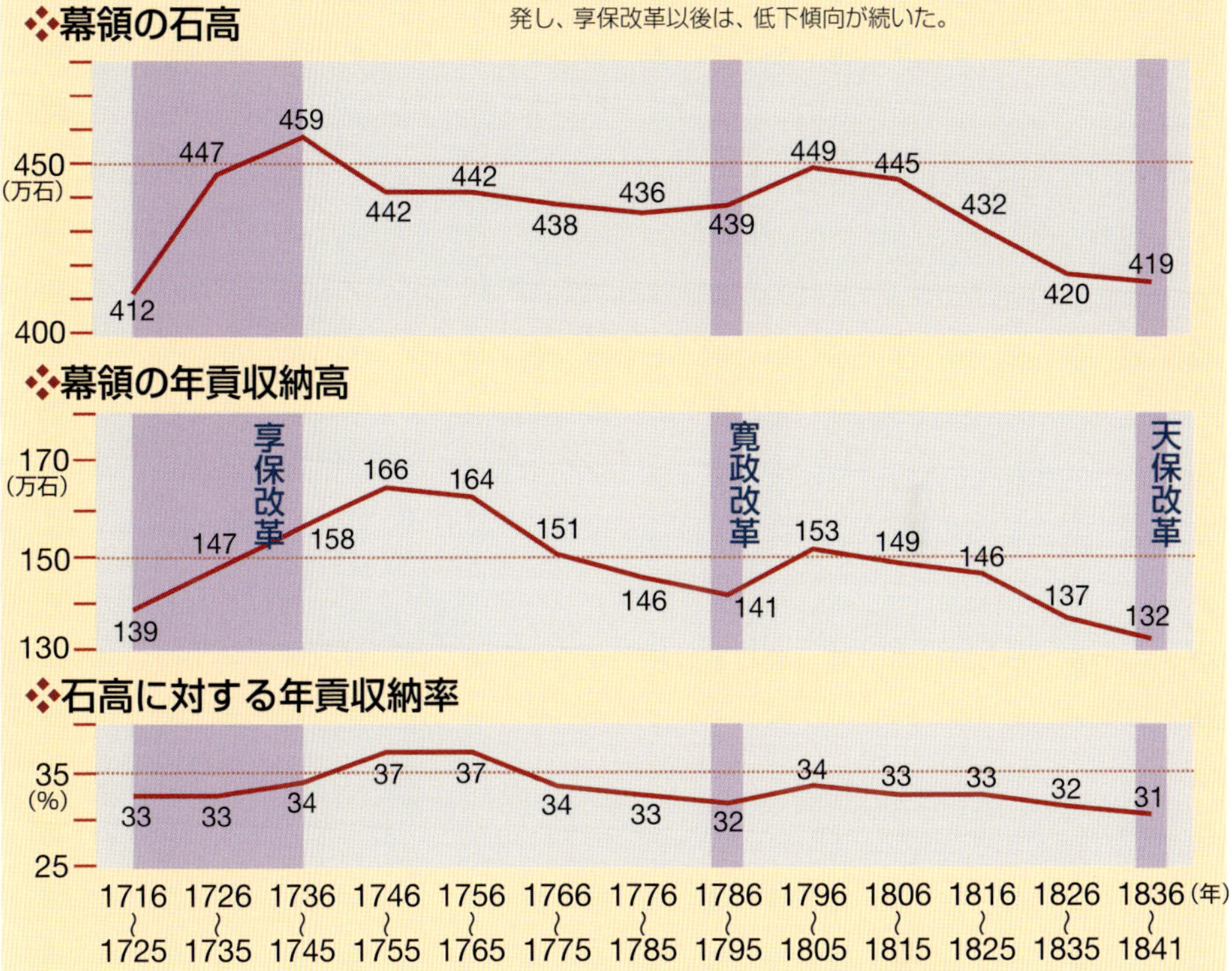

『山川 詳説日本史図録』(山川出版社)による

に農具料を与え、植えつける作物を指導するなど、綿密な現地調査に基づく政策を行い、開発を実現させた。これらの代官たちは、やがて名代官として、地域で祀《まつ》られるまでになった。

『川崎平右衛門肖像画(複製)』府中市郷土の森博物館提供

川崎平《へい》右《え》衛門《もん》

(1694~1767)

多摩郡押立《おしたて》村(府中市)の名主の家に生まれる。大岡忠相に抜擢され、武蔵野新田開発の世話役に命じられ、数々の功績を残す。「小金井堤の桜」を植えた人物としても知られる。

文化

今も昔も江戸っ子は花見が好き

吉宗がつくった花見の名所

歌川国芳『花見の図 隅田川花見』 国立国会図書館蔵

庶民にも定着した花見

桜の花見は、古くから貴族や武家の間で行われていたが、庶民に定着したのは江戸時代である。そのため現在、東京で桜の名所として知られる場所も、江戸時代に整備されたものが多い。毎年大勢の花見客で賑わう上野公園（台東区）の桜は、江戸初期、同敷地に寛永寺《かんえいじ》を創建した天海《てんかい》僧正が、桜を植えたのが始まりとされる。

また、8代将軍吉宗《よしむね》は、飛鳥山《あすかやま》（北区）、御《ご》殿山《てんやま》（品川区）、隅田堤《すみだづつみ》（墨田区）など江戸の各地に桜を植樹し、行楽地として整備した。新興行楽地での遊興を幕臣らにすすめ、庶民にも開放し、自らもたびたび出かけては楽しんだという。

将軍の権威と桜の名所

吉宗の行楽地の設置の背景には、将軍の権威を市中にしらしめるという意図もあった。桜の名所として整備した地は、いずれも吉宗が鷹狩りをする場所（鷹場《たかば》）だった。鷹場は、将軍の娯楽の場であると同時に、将軍の権威の象徴。「御場所」である。吉宗は、「幕府・将軍から行楽地を庶民に賜る」という図式のもとに行楽地を整備したのである。

とはいえ庶民にとって行楽地が増えることは歓迎すべきこと。桜の名所でどんちゃん騒ぎをするさまは、今も昔も変わらない。行楽地には花見客を目当てにした茶店や、さまざまな見世小屋もでき、いっそう賑わいをみせることとなった。

なお、当初は人々が押し寄せ賑やかだった上野寛永寺の花見は、静かで上品なものになったという。吉宗は、新たに行楽地を設置することで、将軍の廟所《びょうしょ》である寛永寺での度を越した遊興を払拭することにも成功したのだった。

◎参考文献　大石学『吉宗と享保の改革』（東京堂出版、1995年）、大石学編『多摩と江戸―鷹場・新田・街道・上水―』（たましん地域文化財団、2000年）

江戸の花見の名所

江戸名所道戯盡
飛鳥山の花見
広景『江戸名所道戯尽 五 飛鳥山の花見』国立国会図書館蔵

日本橋から約8kmあるが、当時の人々にとっては徒歩圏内。桜に加えて石神井川《しゃくじい》（音無川《おとなし》）の渓谷美でも人気が高かった。
王子
飛鳥山
日暮里の道灌山
谷中感応寺
大塚護国寺
根津権現社
上野寛永寺
墨田堤
雑司ヶ谷
浅草
江戸時代初期からの花見の名所。江戸時代は、現在の上野公園一帯が、寛永寺の境内だった。
本所
中野の桃園
四ツ谷
江戸城
日本橋
隅田川
深川
もともとは5代将軍綱吉が、生類憐みの令に関連する犬小屋を設けた場所。吉宗の時代に、その犬小屋跡地に桃の樹を植樹。観桃の地として親しまれた。
渋谷
目黒
飛鳥山より近く、上野と違って酒も飲める隅田堤は、気軽に行ける花見スポットとして人気を集めた。
品川の御殿山
桜と一緒に海を見渡せる花見スポットとして人気。しかし、幕末には英仏公使館を建てるため桜の木も伐採されることとなる。

御殿山満花
江戸十二景
歌川広重『江戸十二景 御殿山満花』 国立国会図書館蔵

花見の名所　吉宗がつくった行楽地

文化 西洋天文学の導入

江戸時代の暦と天文学

日本オリジナルの暦の登場

日本に最初に暦法が伝わったのは7世紀初頭、遣唐使《けんとうし》や渡来《とらい》僧《そう》などによって中国からもたらされたものである。その後、中国の暦を順次採用したが、それらは誤差が大きく使いづらかった。

そこで5代将軍綱吉《つなよし》の治世に、日本人によるはじめての暦がつくられる。江戸幕府の碁方《ごかた》であり天文暦学の研究者でもあった渋川春海《しぶかわはるみ》が制作した貞享暦《じょうきょうれき》である。以後、それまで朝廷に仕え、暦を司ってきた京都の土御門《つちみかど》家*は名目的存在となり、編暦（暦の編成）の実権は、朝廷から江戸幕府へと移っていく。

*陰陽道を家業とした家。平安時代に天文道を伝えた安倍氏の系譜を引く。

その後の改暦

この改暦の成功により、幕府は新たに「天文方《てんもんかた》」という役職を設け、以後、幕府はより正確な暦をつくるため、4度にわたり改暦を行う。

貞享暦に続く改暦は、9代将軍家重《いえしげ》の治世の宝暦《ほうれき》4年（1754）。この宝暦の改暦では、前将軍吉宗が製作した新しい観測器具などを用いて実測が行われ、西洋天文学に基づく改暦を目指したが、十分な成果は得られなかった。

なお、このころ吉宗《よしむね》はすでに将軍の座を家重に譲っていたが、大御所《おおごしょ》として改暦事業を主導していた。また吉宗は、西洋天文学の優秀さを認識しており、オランダから望遠鏡を取り寄せ、自ら渾天儀《こんてんぎ》（天球儀）や、それを改良した簡天儀《かんてんぎ》、日の高さを観

『浅草の天文台の図』

北斎の版画『富嶽《ふがく》百景《ひゃっけい》』に収録されている「鳥越《とりごえ》の不《ふ》二《じ》」に描かれた浅草天文台。浅草天文台は、天明2年（1782）に、牛込から移転したもので、江戸幕府の天文方が天体観測を行った。中央の球は渾天儀《こんてんぎ》という天体運行の観測器具。

葛飾北斎『鳥越の不二』千葉市美術館蔵

◎参考文献　岡田芳朗『日本の暦〈愛蔵保存版〉』（新人物往来社、1996年）、大石学『吉宗と享保の改革』（東京堂出版、1995年）、大石学監修『図説 江戸の科学力』（学習研究社、2009年）

太陰太陽暦とは?

月の満ち欠けを基本に「月」を定めたもの。しかし、月の満ち欠け周期は約29.5日（朔《さく》望《ぼう》月《げつ》）のため、29日の月（小の月）、30日の月（大の月）とを組み合わせて1年とする。ところが、それだと1年間は354~355日にしかならず、1年を365日とする太陽暦とは11日ほど差が出る。これをそのままにしておくと実際の季節とずれが生じていくため、ときどき閏月《うるうづき》を挿入し、1年を13ヶ月とすることで、この差を調整していた。

閏月はどれくらいの割合でやってきた?

朔望月（約29.53日）× 12 ＝ 354.36日

太陰太陽暦の1年間は、**354~355日**

↓

太陽年（365.24日）－ 354.36日 ＝ 10.88日

太陽暦とは1年間で、**約11日のずれ**が生じる

↓

朔望月（29.53日）÷ 10.88日 ＝ 2.71

つまり、2.71年で約1ヶ月ずれるので、**約3年に1回、より厳密にいえば19年に7回**の割合で閏月を挿入し、ずれを解消した。

測するための測午表という器具を製作している。

吉宗の志は、11代将軍家斉《いえなり》の時代に、寛政暦《かんせいれき》となって施行され、ここに西洋天文学の成果を取り入れた暦が実現した。その後、天保《てんぽう》13年（1842）には天保暦が完成し、弘化《こうか》元年（1844）に施行されている。

こうして江戸時代における改暦の時期を振り返ると、宝暦（享保改革を契機）、寛政、天保と、いわゆる三大改革と期を同じくしている。暦の問題は、近世国家にとって政治権力を維持するための重要な課題のひとつだったのである。

なお、この天保暦まで、日本の暦は旧暦（太陰太陽暦《たいいんたいようれき》）で、現在の暦と同じ太陽暦（グレゴリオ暦）が採用されるのは、明治6年（1873）のことである。

大小暦（柱暦）

月によって日数が変わるので、こうした大小暦は必需品だった。左は慶応2年（1866）のもので、この年は、1・3・7・8・10・11・12月が大の月。それ以外が小の月だった。

国立国会図書館蔵

政治

田沼意次

実は日本の近代化の先駆者

ふたりの将軍に重用され、一時代を担う

9代将軍家重《いえしげ》の初期の治世は、先代の吉宗《よしむね》が大御所《おおごしょ》として存在していた。しかし、その吉宗も宝暦《ほうれき》元年（1751）に死去。その後、幕政を主導するようになったのが、賄賂《わいろ》政治でよく知られる田沼意次《おきつぐ》である。

意次が評定所《ひょうじょうしょ》に出るようになった宝暦8年（1758）から、老中を失脚する天明《てんめい》6年（1786）までの約30年間は田沼時代と呼ばれる。意次は、9代家重、10代家治《いえはる》のふたりの将軍に重用され、徳川幕府の一時代を担った。

重商主義政策への転換

田沼時代も、幕府の最重要課題は、財政の建て直しだった。そこで意次は、大胆な経済政策をはかる。農業や倹約を基盤とする政策に限界を感じていた意次は、商業資本を積極的に活用する重商主義政策へと転換したのである。具体的には、株仲間を公認する代わりに営業税を納めさせたり、幕府による専売制を開始したり、輸出の拡大などを行った（←左図）。

しかし、権力者と商人が近い関係になると、賄賂が横行するのは世の常。次第に民衆の不満は高まっていった。

田沼意次の失脚

その後、天明の飢饉《ききん》や、浅間山《あさまやま》噴火などの天災が続いたことも、意次に追い打ちをかけた。凶作が続き、生活が苦しくなった民衆は、政治への不満を爆発させ、各地で一揆《いっき》や打ちこわしを行うようになったのである。

さらに天明4年（1784）には、意次の子で若年寄《わかどしより》の田沼意知《おきとも》が、江戸城内で殺害される事件が起こる。殺害したのは、旗本《はたもと》の佐野政言《まさこと》。私的な恨みによる犯行ともいわれるが、事件の翌日に米価が一時的に下落したこともあり、佐野は世直し大《だい》明神《みょうじん》と崇《あが》められるようになった。

この事件をきっかけに、意次の勢力は急速に衰える。事件から2年後の天明6年（1786）には、意次の後ろ盾だった10代家治も死去。その2日後、意次は老中を罷免《ひめん》された。

「役人の子はにぎにぎをよくおぼえ」――。

この川柳《せんりゅう》は、賄賂が横行した田沼時代を詠《よ》んだものである。これに象徴されるように、田沼時代には長らく「汚職にまみれた金権政治」というイメージがついてまわった。しかし、一方では、享保《きょうほう》改革の重農主義政策から重商主義政策に転換した意次の政治を評価する声もあった。近年では意次のことを、開明的政治家として評価する肯定的な見方も定着しつつある。

◎参考文献　大石慎三郎『田沼意次の時代』（岩波書店、1991年）、竹内誠『大系日本の歴史10 江戸と大坂』（小学館、1989年）

田沼意次のおもな政策

株仲間を公認し、営業税を上納させる

株仲間（同業組合）に独占的営業権を与える代わりに冥加《みょうが》金や運上《うんじょう》金といった営業税を徴収。これは直接税の年貢のほかに間接税を導入したことを意味した。

幕府直営の「座《ざ》」の新設

銅座、鉄座、真鍮《しんちゅう》座、朱座、明礬《みょうばん》会所、石灰会所などを設置し、幕府による専売制を開始。

南鐐二朱銀《なんりょうにしゅぎん》など新貨幣の鋳造《ちゅうぞう》

南鐐二朱銀は良質な銀を用いてつくられた計数貨幣で（通常銀貨は秤量《しょうりょう》貨幣）、銀貨でありながら金二朱の価値を持つ。新貨幣の発行は、金づかい経済の東日本と銀づかい経済の西日本（➔p.34）の統一を目的としていた。

田沼意次

牧之原市相良史料館蔵

9代将軍家重の小姓《こしょう》から、側用人《そばようにん》兼老中にまでのぼりつめ、安永元年（1772）には相良《さがら》藩（静岡県）5万7000石の大名にまで昇進。約30年にわたり、幕政を主導し、さまざまな経済政策を打ち出した。

新たな新田開発の計画

江戸や大坂の商人資本を導入して下総《しもうさ》（千葉県）の手賀沼《てがぬま》や印旛沼《いんばぬま》を干拓し、新田開発を計画。しかし、この計画は、工事中に利根川の大洪水にあい失敗に終わった。

蝦夷地《えぞち》調査

最上徳内《もがみとくない》らを蝦夷地に派遣し、調査。実現はしなかったが、この調査はロシアとの交易の可能性を探るものでもあった。

長崎貿易での輸出の拡大

それまでの長崎貿易は外国からの輸入が多かったが、輸出を増やし金銀の海外流出を防ぐ政策に転換。中華料理の材料として需要の多かった、煎海鼠《いりこ》・干鮑《ほしあわび》・鱶鰭《ふかひれ》など、蝦夷地《えぞち》の海産物がおもな輸出品となった。なお、これらは俵に詰めたことから俵物《たわらもの》と呼ばれた。

長崎貿易の様子

絵は輸出前の俵物を計量しているところ。

「唐蘭館絵巻 商品計量図」長崎歴史文化博物館蔵

江戸のグルメ

百万都市となり、また生活にも余裕が出てきた江戸中期には、外食産業が大いに発達した。とくに、武士や奉公《ほうこう》人、出稼ぎ人など、地方からやってくる単身男性が多かった江戸では、高級料亭から茶屋、気軽に食事ができる屋台まで、さまざまな種類の外食産業が栄えた。なかでもそば屋、天ぷら屋、すし屋の3つが江戸っ子の人気を集めた。

そば屋

上方ではうどんが好まれたが、江戸ではそばが好まれ、至るところにそば屋があった。有名なのは「二八そば」である。名前のとおり「二×八」で、もり、かけ1杯が銭16文（約400円）で食べることができた。天ぷらそばになると銭32文（約800円）と2倍の料金になった。客がやって来ると、そば玉をザルに入れ、熱湯の中で湯通しする。そばが温かくなってきたら、ザルに入れたまま道の真ん中に向けて二度振り、水気を切る。注文を受けたらすぐに仕上げるスピードはまさに職人芸だった。テイクアウトも可能で、出前も行っている。

高輪の二十六夜

屋台は人出の多い祭や名所などにより多く見られた。下は、月の中に三尊仏が現れるといわれた7月26日の月の出の様子。

歌川広重『東都名所高輪廿六夜待遊興之図』山口県立萩美術館・浦上記念館蔵

天ぷら屋

南蛮料理をアレンジした日本の天ぷら屋が登場したのは、1770~80年頃。屋台では串に刺して売っていたようで、現在の串カツのイメージである。値段は、1串で銭4文（約100円）程度。また、屋台とは別に、天ぷら屋の高級店も登場した。

すし屋

鮒《ふな》ずしのような「なれずし」を屋台で手早く食べられるようにした「にぎりずし」が誕生したのは、文化年間（1804~1818）頃。あじ、こはだ、穴子など、いわゆる江戸前のネタが使われ、値段はひとつ銭8文程度（約200円）。ちなみに、ネタの魚は新鮮だったが、すべて火が通してあり、生の魚を用いるようになったのは明治に入ってからである。

庶民の家での食事は？

「1日に3食」の習慣は、江戸中期頃に定着したといわれる。菜種油《なたねあぶら》やろうそくによる灯火の広がりにより1日の活動時間がのびたことが、その理由のひとつである。

江戸での庶民の普段の食事は、ご飯に汁物、漬物が定番。夜はこれに1~2品おかずがついた。お米は、雑穀中心だった農村と違い、江戸では庶民も白米を食べることが多かった。おかずが少ない分、白米の消費量は多く、偏った食事によって起こる脚気《かっけ》は「江戸わずらい」と呼ばれた。

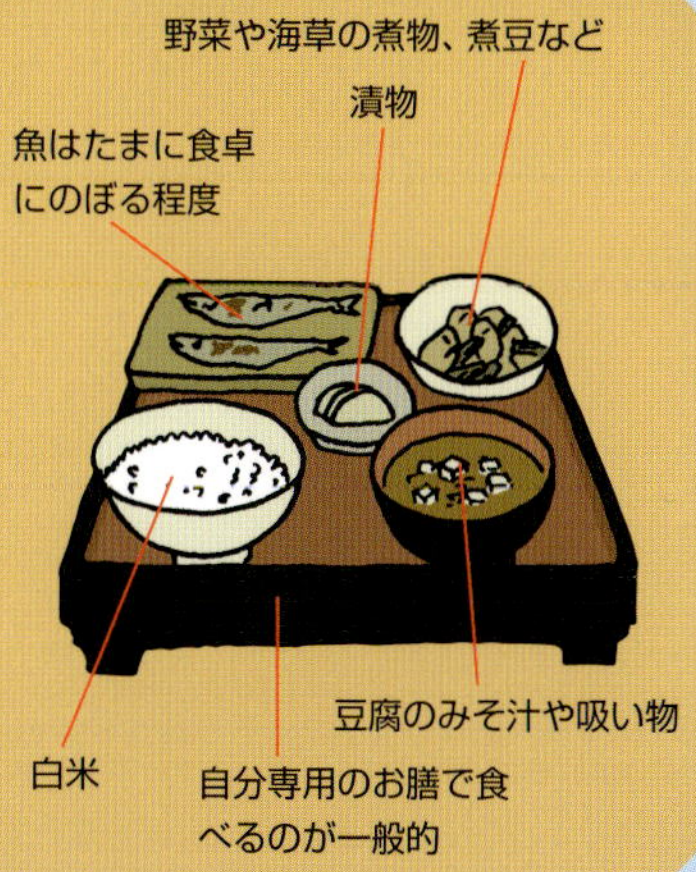

◎参考文献　原田信男『江戸の食生活』（岩波書店、2003年）

政治

御三卿の成立

将軍継嗣問題の火種にも

「御三家」と「御三卿」の違い

徳川御三家といえば、尾張《おわり》、紀伊《きい》、水戸《みと》の三家。初代将軍家康の息子3人を祖とする家系で、いずれも親藩《しんぱん》大名に属するが、ほかの親藩大名とは格が違った。御三家は、徳川姓を名乗ることができ、将軍に継嗣《けいし》のない場合は将軍家を相続することもあった。8代将軍吉宗《よしむね》は、御三家から入った最初の将軍である。

一方、御三卿《ごさんきょう》とは、その吉宗の二男宗武《むねたけ》、四男宗尹《むねただ》、そして9代家重《いえしげ》の二男重好《しげよし》を祖とする。それぞれの屋敷が、江戸城の門の近くにあったことから、その門の名にちなみ、田安《たやす》家、一《ひとつ》橋《ばし》家、清水《しみず》家と呼ばれた。

吉宗が御三卿を設立した目的は、紀州家に始まる自らの血統断絶に備えたものだといわれる。これは御三家設立の目的とよく似ている。しかし御三卿の当主は、それぞれ10万石の領地を与えられながらも居城はなく（領地は関東・畿内などに分散）、江戸城内の屋敷に住んでいた。御三家とは違い、独立した大名ではなかったのである。

そして御三卿の最大の特徴は、当主が不在でもお家断絶にならないことである。たとえば、田安家2代当主治察《はるあき》は継嗣を残さないまま亡くなっており、普通ならこの時点で、無嗣断絶により領地没収、家臣団は解体となる。それが、田安家の場合、次の斉匡《なりまさ》が養子に入るまでの14年間、田安領10万石と家臣団はそのまま残された。

御三卿の真の目的とは？

このようなことから、御三卿は、将軍家の次男・三男を他家へ養子へ出すための待機の場であったともいわれる。吉宗以前には、将軍家の子のために、新たな藩を創設するケースも多かったが、幕府財政が苦しくなってきた時代に、それは現実的な方法とはいえなかったのだろう。また、さらに時を経ると、今度は御三卿の子が他の御三卿の当主になったり、高齢の元尾張藩主徳川玄同《はるあつ》が一橋家の当主となったり、その位置づけはさらにあいまいになった。御三卿の性格は、時代により変わっていったといえる。

こうした御三卿の位置づけは、幕末期になって一大抗争へと発展する。世子《せいし》のいなかった13代将軍家定《いえさだ》の継嗣問題である。御三家の徳川慶福《よしとみ》（のちの家茂《いえもち》）と、御三卿の一橋慶喜《よしのぶ》の一騎打ちとなり、最終的には御三家の徳川慶福の勝利で終わるのだが、のちに大老井伊《いい》直弼《なおすけ》の暗殺へとつながるなど、大きな禍根を残すこととなった（➡p.220）。

◎参考文献　北原章男「御三卿の成立事情」（『日本歴史』第187号、1963年）、辻達也『江戸幕府政治史研究』（続群書類従完成会、1996年）、竹村誠「御三卿の領地変遷」（大石学編『近世国家の権力構造』岩田書院、2009年）、竹村誠「御三卿一橋家の関東領知役所における『伺書』」（大石学編『近世公文書論』岩田書院、2008年）

将軍家・御三家・御三卿の関係図

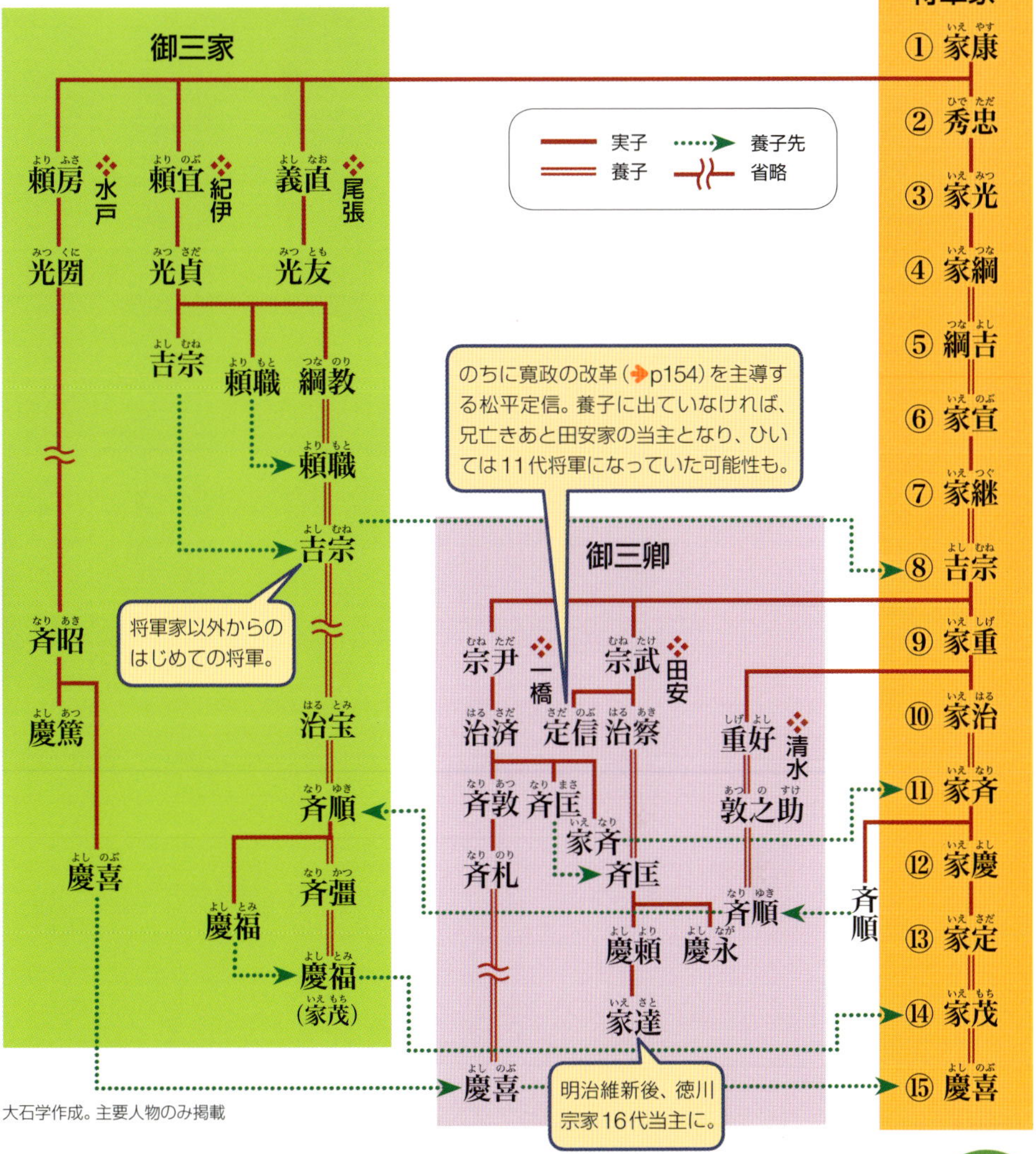

大石学作成。主要人物のみ掲載

東京さんぽ

「田安門」

北の丸公園（千代田区）や武道館へ行くときの入り口としても使われている田安門。

江戸城の田安門は寛永13年（1636）に建設されたものといわれ、現存する江戸城建築物のうちでは最古のもの。享保16年（1731）に田安宗武がこの門内に屋敷を与えられ、以後田安屋敷と呼ばれた。

文化

「江戸っ子」文化
地方と都会の混在のなかで生まれた

江戸っ子のヒーロー

歌舞伎十八番のひとつ、『助六《すけろく》所縁《ゆかりの》江《え》戸《ど》桜《ざくら》』の主人公、花川戸助六は、江戸っ子のヒーロー的存在。吉原の高級遊女をめぐり、恋敵と張り合う助六の所作に、江戸市民は「江戸っ子」らしい男っぷりを見た。

歌川豊国『助六所縁江戸桜』江戸東京博物館所蔵
Image: 東京都歴史文化財団イメージアーカイブ

「江戸っ子」の登場

東京生まれで東京育ちの人のことを今でも「江戸っ子」と称したりするが、この言葉が登場したのは、18世紀後半の田沼時代のころ。その文献上の初見は明和8年（1771）の川柳《せんりゅう》「江戸っ子のわらんじをはくらんがしさ」だといわれる。

「江戸っ子」に関する史料に通じた西山松之助氏によれば、「江戸っ子」とは本来、江戸の中心部で生まれた根生《ねお》いの高級町人で、「いき」と「張り」を信条とする者たちである。より具体的に挙げれば、左上のようになる。

このような「江戸っ子」意識が、18世紀後半になって成立した背景には、江戸の特異な住民構成が影響している。すなわち、江戸詰の地方武士から、越後屋など大店《おおだな》の江戸支店で働く地方商人・奉公《ほうこう》人、さらに流入し続ける出稼ぎ人や離村農民等々、江戸は地方の人々でごった返していた。しかも彼らの言葉や生活習慣は、なかなか江戸化せず、地方色が残存していた。

このような地方出身者に対して、根生いの江戸住民のなかに、「将軍のお膝元」に住むプライドや美意識が芽生えてきたのである。

◎参考文献　西山松之助『江戸ッ子』（吉川弘文館、1980年）、竹内誠『大系日本の歴史10 江戸と大坂』（小学館、1989年）

「江戸っ子」の条件とは?

❶ 江戸城を居城とする徳川将軍家のお膝元に生まれ、水道水の水を産湯にした

❷ 宵越しの金を使わないなど金ばなれがよい

❸ 乳母日傘《おんばひがさ》で成人した高級町人

❹ 日本橋本町のような江戸の中心部で生まれ、生粋の生えぬきであること

❺ 「いき」と「張り」とに男をみがく、生きのいい人間

西山松之助『江戸ッ子』より

「いき」とは、心も身なりもさっぱりとあかぬけしていて、しかも色気があること。反対語は「野暮」。「張り」とは、自分の意志を通す強い気持ちのこと。

山東京伝

江戸後期の戯作者。左の「江戸っ子」の条件は、山東京伝が自著のなかで書いたものがベースになっている。

鳥橋斎栄里『江戸の花京橋名取京伝像』東京国立博物館蔵　Image: TNM Image Archives Source: http://TnmArchives.jp

なお、本来の江戸っ子は、日本橋およびその周辺の上層商人、たとえば日本橋魚河岸《うおがし》(中央区)や、新《しん》川《かわ》(中央区)の大旦那《おおだんな》、あるいは蔵前《くらまえ》(台東区)の札差《ふださし》(→p.148)などがその中心であり、大工や鳶《とび》、棒手《ぼて》振《ふ》り商人などが、「おらぁ江戸っ子だ」と、自称「江戸っ子」をアピールして空いばりするようになるのは、文政《ぶんせい》(1818〜30)のころからである。

豊かな財力で文化活動の担い手に

「江戸っ子」は、江戸文化の発展に大きく貢献した。たとえば江戸歌舞伎、浮世絵、川柳、廓《くるわ》遊び、花見、月見、花火、納涼川遊びなどである。江戸の町人文化は、18世紀後半に花開き、19世紀初頭の化政《かせい》期に大きく発展した。

江戸市民が上方文化を凌駕《りょうが》する江戸文化の中心的担い手であることは、彼らの自負心を大いに満足させ、それはまた「江戸っ子」意識を成立させる契機のひとつでもあった。

政治

札差の繁栄

豊かな財力で町人文化をリード

武士の換金業務を代行

“宵越しの金は持たない”といわれた江戸っ子（➡p.146）のなかでも、とくに豪快な金づかいをしていたのが、札差《ふださし》たちだった。札差とは、武士の俸禄米《ほうろくまい》の受取・換金業務を代理業として商売していた者たちである。

江戸時代、旗本《はたもと》や御家人《ごけにん》の多くは、給料（俸禄）を米でもらっていたが、これを現金化しないと生活はできない。しかし、これがなかなか面倒なのである。米の支給日は年3回しかないため、その日は朝から長い行列となった。そしてやっと受け取った米を、さらに米問屋に売りにいかなくてはならないのだから、非常に時間がかかった。そこで、旗本や御家人たちは、手数料を払い、その一連の業務を札差に任せるようになった。

金貸しで巨大な富を築く

ところが、札差の仕事は、それにとどまらなかった。旗本や御家人相手に、次期支給の米を担保に高利で金を貸すようになったのである。

享保《きょうほう》9年（１７２４）に１０９人の札差が株仲間を公認されると、以後、知行《ちぎょう》蔵米の受取・売却と、旗本・御家人への金融を彼らが独占的に行うようになった。約2万２０００人もいる江戸の旗本・御家人たちの金融を１００人余で担当したため、莫大な富を蓄えることとなった。

ちなみに札差が最も景気がよく、羽振りもよかった時期が、田沼時代（➡p.140）である。

豪快な「十八大通」たち

札差たちは、その財力にものをいわせ、吉原で豪遊したり、歌舞伎役者への経済支援なども惜しみなく行うようになった。また、歌舞伎役者をまねた札差のファッションそのものが江戸市民の間で流行するなど、ファッションリーダーともいえる存在になった。当時、江戸には「十八大通《じゅうはちだいつう》」と呼ばれる18人の代表的な通人《つうじん》がいたが、その多くを占めたのも札差である。

しかし、このような札差の繁栄も、やがて下降線をたどることに。田沼時代崩壊後に断行された寛政改革では、旗本・御家人の借金１２０万両を帳消しにする棄捐令《きえんれい》が出され、のちの天保改革では無利息年賦《ねんぶ》令が出されるなど、幕府による統制を受けるようになった。

一時代を築いた札差の経営は、幕末期には厳しいものになっていった。

◎参考文献　北原進『江戸の札差』（吉川弘文館、1985年）、北原進『江戸の高利貸 旗本・御家人と札差』（吉川弘文館、2008年）、『日本歴史地名大系第13巻 東京都の地名』（平凡社、2002年）、大石学『地名で読む江戸の町』（PHP研究所、2001年）、『国史大辞典』（吉川弘文館）

札差の仕事

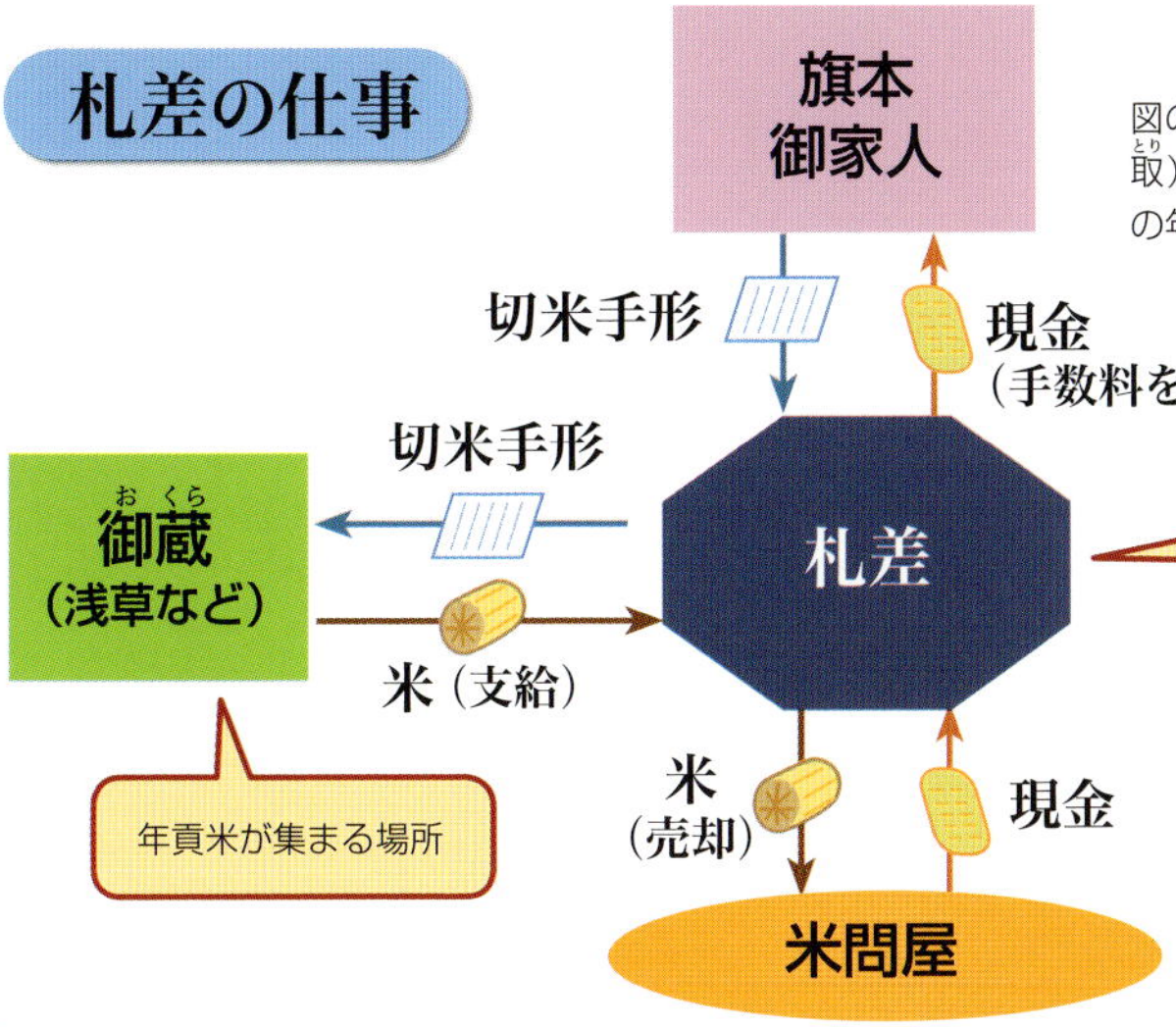

図のように御蔵の米を支給される者（蔵米取《くらまいとり》）のほか、将軍から領地を与えられ、その年貢を収納する者（地《じ》方取《かたどり》）もいた。

武士の俸禄米の受取·換金業務を代行し、その手数料をもらっていたのが札差。手数料自体は大きな額ではなかったが、武士への金貸しで富を築いた。札差の名称は、蔵米支給手形(札)を竹串にはさみ、それを蔵役所の順番待ちのわらに差したことに由来する。

東京さんぽ

「蔵《くら》前《まえ》」

江戸の米蔵は、当初は江戸の各所に散在していたが、徐々に整理されていき、享保19年（1734）に浅草御蔵、本所御蔵のふたつにまとめられた。全国の幕府領から運ばれてくる年貢米は、隅田川に沿った浅草·本所の御蔵に搬入されていたのである。

台東区の「蔵前」という地名は、この浅草御蔵の前を意味している。札差の多くは蔵前に居を構え、豪奢《ごうしゃ》な蔵前風俗を生み出した。明治に入ると札差の大半が倒れ、米蔵もなくなったが、「蔵前」の名は地名として残ったのである。

隅田川両岸は、「隅田川テラス」として散策路が整備されている。
蔵前のあたりは、「蔵」をイメージしたなまこ壁が施されている。

通人

札差の多くは、豊富な資金をバックに、江戸の文化をリードをする「通人」と呼ばれる存在になった。
『江戸風俗図巻』より通人 個人蔵

事件

意外に規律的だった
百姓一揆と打ちこわし

竹槍ではなく、鎌や鍬でアピール

百姓一揆《いっき》というと、蓆旗《むしろばた》を掲げ、竹槍《たけやり》を持って武装蜂起《ほうき》する農民たちの姿が思い浮かぶかもしれない。しかし、そうした百姓一揆のイメージは、近年の研究によって払拭《ふっしょく》されたといえる。

一揆に参加する百姓が持っていたのは、おもに鎌《かま》や鍬《くわ》などの農具、あるいは斧《おの》や鳶口《とびぐち》など大工道具である。竹槍による殺害はきわめてまれで、百姓たちは、自分たちを象徴するもの（得《え》物《もの》）を持ち、百姓の代表的な雨具である蓑笠《みのかさ》姿で一揆に参加した。それは一揆を起こす目的が領主との武力闘争ではなく、領主に対して「百姓成立・相続」を訴えるものだったからである。

また、集団を組織して行う百姓一揆には、行動様式（作法）があった。組織の方法は、神を媒介とする「一味神水《いちみしんすい》」から、人間たちが決める「議定《ぎてい》」を作成するものとなった。そして参加者の動員には、法螺貝《ほらがい》や、篝火《かがりび》、廻状《かいじょう》や立札を用いた。大規模な一揆では、旗や幟《のぼり》に村名や要求などを記したが、その旗や幟はおもに木綿でつくられ、蓆旗は例外的なものだった。

つまり、百姓一揆とは、暴力的・無秩序的なものではなく、自分たちの生業や生活を守るために、村単位で合法的かつ規律的に行われたものだったのである。

打ちこわしの「作法」

農村で行われた百姓一揆に対し、都市でも米屋などを襲撃する打ちこわしがたびたび発生した。打ちこわしにも行動様式（作法）があった。

打ちこわしも集団で実力行使することには違いないが、人の殺傷や盗みを働くようなことは原則的にはなく、火の元などにも十分注意して行われていた。また、鳴物《なりもの》（拍子木や鉦）の合図のもとに行動するなど規律も確立しており、さらに打倒する米屋の前では、まず子どもの石投や相撲など、打ちこわしの前哨的セレモニーが展開されることもあった。

民衆は、米屋などから米穀を奪うのではなく、米を「打散し」たり、「井戸を埋メ」るなどの行動をとった。奇妙な行動に思えるが、この行為が打ちこわしの目的を明確に表している。米価騰貴《とうき》の原因をつくる米穀商に対し、社会的制裁を行うことに意味があったのである。都市の打ちこわしも百姓一揆と同様に暴力的・無秩序的なものではなかったのである。

◎参考文献　国立歴史民俗博物館『地鳴り山鳴り―民衆のたたかい三〇〇年―』（2000年）、保坂智『百姓一揆とその作法』（吉川弘文館、2002年）、岩田浩太郎『近世都市騒擾の研究』（吉川弘文館、2004年）

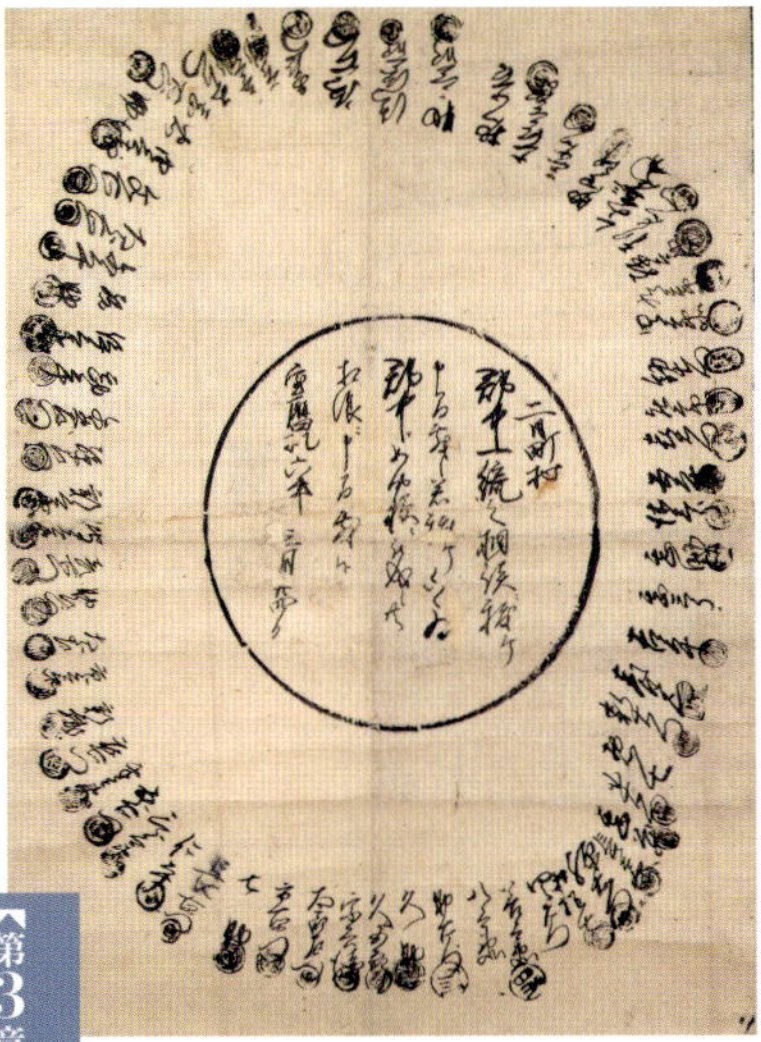

一揆の連判状

これまで一揆の首謀者を隠すために参加者の名前を円形に署名したと解釈されてきたが、近年では参加者の平等性を示すものとの見解が示されている。

『郡上一揆傘連判状』白山文化博物館蔵

一揆の様子

天保11年（1840）に、出羽庄内藩（山形県）で起こった三方領地替反対一揆の様子。

『夢の浮橋』（中川通荒屋敷大よりの図）致道博物館蔵

『幕末江戸市中騒動記』（部分）東京国立博物館蔵
Image: TNM Image Archives Source: http://TnmArchives.jp

打ちこわしの様子

ねじりはちまきの男たちが、打ちこわしの参加者。人を傷つけたり、米を盗んだりはせず、店の者を追い出し、米をまき散らしている。

江戸の奇才 平賀源内

エレキテルは源内の発明ではない!?

讃岐国《さぬきのくに》高松藩（香川県）の下級武士の家に生まれた平賀源内《ひらがげんない》（1728~79）は、25歳のときに長崎（長崎県）に遊学して海外の知識を吸収し、このち方角を測る磁針器や、歩いた距離を測る量程器《りょうていき》を制作した。さらには、石綿《いしわた》でつくった燃えない布の火浣布《かかんぷ》、タルモメイトル（寒暖計）などを制作し、49歳で有名なエレキテルの制作に成功する。ただ、エレキテル（摩擦発電機）は、源内の発明というわけではなく、正確には、長崎の通詞が所持していたエレキテルの故障品を譲り受け、参府したオランダ人らに聞きながら復元したものである。

本多髷《ほんだまげ》にキセル、懐には金唐革紙《きんからかわかみ》の紙入れという粋な姿の平賀源内。
『平賀源内肖像』（木村黙老著「戯作者考補遺」写し）慶應義塾図書館所蔵

本草学者、儒学者、作家、画家…さまざまな顔を持っていた源内

源内筆の油絵。源内は絵画への造詣も深かった。
『西洋婦人図』神戸市立博物館蔵

源内は、27歳のときに家督を妹婿に譲り、江戸へ出ている。江戸では、本草学《ほんぞう》や儒学を学びながら、蘭学者や文人とも親交を持ち、貪欲《どんよく》に知識・情報を吸収していった。30歳のときには、わが国最初の薬品会《やくひんえ》（物産会）を発案した。薬品会とは全国の薬種・産物を展示した小型の博覧会のことで、この薬品会は、本草学者による知識の共有の場ともなり、知識や情報のネットワーク形成という意味でも、意義のあるものになった。

また、源内は李山《りざん》という俳号で俳句を残しているほか、戯作者《げさく》としても活躍。のちには、福内鬼外《ふくうちきがい》という名で『神霊矢口渡《しんれいやぐちのわたし》』などの浄瑠璃《じょうるり》作品を書き、江戸での人気をさらった。源内は、多方面でその才能を発揮したマルチな人物だったのである。

◎参考文献　城福勇『平賀源内』（吉川弘文館、1971年）、城福勇『平賀源内の研究』（創元社、1976年）、山端穂「平賀源内」（『知っておきたい江戸の常識・事件と人物』角川書店、2007年）、大石学監修『図説 江戸の科学力』（学習研究社、2009年）

【第4章】

教育のすすめ

【11代〜12代】将軍とその時代

【11代】徳川家斉《いえなり》

●生没1773〜1841年
●在職1787〜1837年
●享年69歳

御三卿《ごさんきょう》の一橋治済《ひとつばしはるさだ》の長男として誕生。のちに10代将軍家治《いえはる》の養子となる。15歳から65歳まで将軍職を務め、在職50年は歴代将軍のなかで最長。将軍職を家慶に譲ったあとも大御所《おおごしょ》として権勢を奮った。40名の側室を持ち、55名の子女をもうけた。政治では、松平定《さだ》信《のぶ》を老中《ろうじゅう》首座《しゅざ》に就任させた。定信は、幕府財政と社会秩序の維持のために寛政《かんせい》改革を行った。

【12代】徳川家慶《いえよし》

●生没1793〜1853年
●在職1837〜1853年
●享年61歳

11代将軍徳川家斉の二男として生まれる。家斉の逝去後は、老中水野忠邦《ただくに》を重用して享保《きょうほう》・寛政にならった天保《てんぽう》改革を行わせた。性質は温厚であるが俊敏ではないため、側近の言うことをそのまま指示する例えから、「そうせい様」と陰口された。内憂外患《ないゆうがいかん》(国内秩序の乱れと異国船問題)に直面し、厳しい対応を迫られた。

11代家斉の治世に、わずか9か月だけ活躍した、東洲斎写楽《とうしゅうさいしゃらく》の作品(➔p.172)

江戸後期は、庶民の間でも旅行がブームになな った。
絵は、伊勢神宮への集団参詣の様子(➔p.192)。

おもな出来事

将軍	西暦	元号	出来事
家斉	1787	天明7	家斉が11代将軍に、松平定信が老中首座に就任。寛政改革が始まる
	1790	寛政2	石川島（中央区）に人足寄場《にんそくよせば》を設置
	1790	寛政2	寛政異学の禁。出版統制を強化
	1791	寛政3	江戸で七分積金《しちぶつみきん》始まる
	1791	寛政3	混浴禁止令
	1792	寛政4	ロシア船が、大黒屋光太夫《だいこくやこうだゆう》ら漂流民を連れて来日
	1797	寛政9	昌平坂《しょうへいざか》学問所を設置
	1802	享和2	十返舎一九《じっぺんしゃいっく》『東海道中膝栗毛《とうかいどうちゅうひざくりげ》』刊行
	1807	文化4	永代橋崩落《えいたいばしほうらく》事故
	1814	文化11	曲亭馬琴《きょくていばきん》『南総里見八犬伝《なんそうさとみはっけんでん》』刊行開始
	1818	文政元	江戸朱引図《しゅびきず》の発表
	1821	文政4	『大日本沿海輿地《よち》全図（伊能図）』完成
	1825	文政8	異国船打払令《うちはらいれい》を出す
	1828	文政11	シーボルト事件
	1833	天保4	天保の飢饉《ききん》（～39年）
	1834	天保5	『江戸名所図会《ずえ》』刊行開始
	1837	天保8	大塩平八郎《おおしおへいはちろう》の乱
家慶	1837	天保8	家斉将軍辞任。家慶が12代将軍に就任
	1839	天保10	渡辺崋山《かざん》ら多数の蘭学者が弾圧される（蛮社《ばんしゃ》の獄《ごく》）
	1841	天保12	大御所家斉死去。老中水野忠邦を中心に天保改革が始まる
	1841	天保12	株仲間解散令。江戸歌舞伎三座が浅草に移転

こんな時代

江戸中期以降、全国各地から奉公《ほうこう》人や没落農民が江戸に押し寄せ、下層民社会を形成して膨れあがっていた。11代家斉の時代には、老中首座松平定信による寛政改革の重要政策として、人足寄場《にんそくよせば》の設置、物価統制や七分積金の法など貧民対策が行われた。12代家慶の時代も老中水野忠邦によって、寛政改革に引き続き、貧民対策と都市社会の秩序維持を目的に、風俗統制と町人の奢侈《しゃし》禁止、商品流通を独占する株仲間の解散などが行われた。

一方で、この時代には、文化の大量生産・大量消費現象が見られ、さまざまなジャンルの書物や俳諧《はいかい》・狂歌《きょうか》、歌舞伎、錦絵《にしきえ》など多様な文化が受容された（化政《かせい》文化）。これら急速な文化の隆盛を支えたのが、江戸の庶民たちである。彼らの行動範囲も広がり、江戸周辺や全国の寺社参詣《さんけい》など名所めぐりを楽しむ人々も増えた。また、江戸だけでなく、全国の地域文化が急速に展開したのもこのころである。

◎参考文献　青木美智男『体系日本の歴史11 近代の予兆』（小学館、2000年第2版）、竹内誠編『日本の近世14 文化の大衆化』（中央公論社、1993年）

政治

人足寄場

江戸の社会更生施設

人足寄場の設置

天明《てんめい》の大飢饉《ききん》(1782〜89)以降、江戸には多数の無宿者《むしゅくもの》や浮浪者《ふろうしゃ》が流入し、通行人に物をねだったり、からんだりするなどして、江戸の治安を悪化させていた。

このような状況を打開しようと、寛政《かんせい》改革の一環として、寛政2年(1790)、石川島(中央区)に設置されたのが、人足寄場《にんそくよせば》である。これは、再犯のおそれがある者や、無宿者・浮浪者に転落する危険のある者を、男女を問わず収容し、強制的に手に職をつけさせ、仕事を与えて更生させようという施設である。

収容された者は川浚《さら》いや油しぼり、紙漉《す》きや米搗《つ》き(精米)、牡蠣殻灰《かきがらはい》づくりなどの人足に出るほか、手に職のあるものは道具を渡されて細工をし、問屋が来て気に入ったものを引き取ったりした。

毎日、煙草銭《たばこせん》14文を与えられ、改悛の情が明らかになると、道具と生業の資金として銭5貫文ないし7貫文を持たせて釈放するというしくみだった。

発案者は〝鬼平〟こと長谷川平蔵宣以

ところで、この人足寄場を建議したのは、池波正太郎《いけなみしょうたろう》の小説『鬼平犯科帳《おにへいはんかちょう》』によって広く知られる鬼平こと、長谷川平蔵宣以《はせがわへいぞうのぶため》である。先手弓頭火附盗賊改加役《さきてゆみがしらひつけとうぞくあらためかやく》として江戸市中の治安維持を担っていた宣以は、深川茂森町《しげもりちょう》(江東区)に天明6年(1786)まであった無宿養育所にヒントを得て、人足寄場を構想した。無宿人をただ収容するだけの無宿養育所と違い、人足寄場は収容した者たちの更生を目的としているところが、当時としては大変画期的だった。

人足寄場は、明治時代に入ると、「徒刑場《とけい》」、「徽役場《ちょうえき》」となり、さらに「警視庁監獄署」と改められた。一般には石川島監獄署と呼ばれ、明治28年(1895)に巣鴨《すがも》(豊島区)に監獄所ができるまで存続した。

人足寄場を発案したのは、鬼平こと、長谷川平蔵宣以。江戸市中の火災・盗難防止など、治安全般を守る役目を担っていた。

◎参考文献　北島正元『日本の歴史18 幕藩制の苦悶』(中央公論社、1966年)、青木美智男『大系日本の歴史11 近代の予兆』(小学館、1989年)、『日本歴史地名大系第13巻 東京都の地名』(平凡社、2002年)

人足寄場の略図

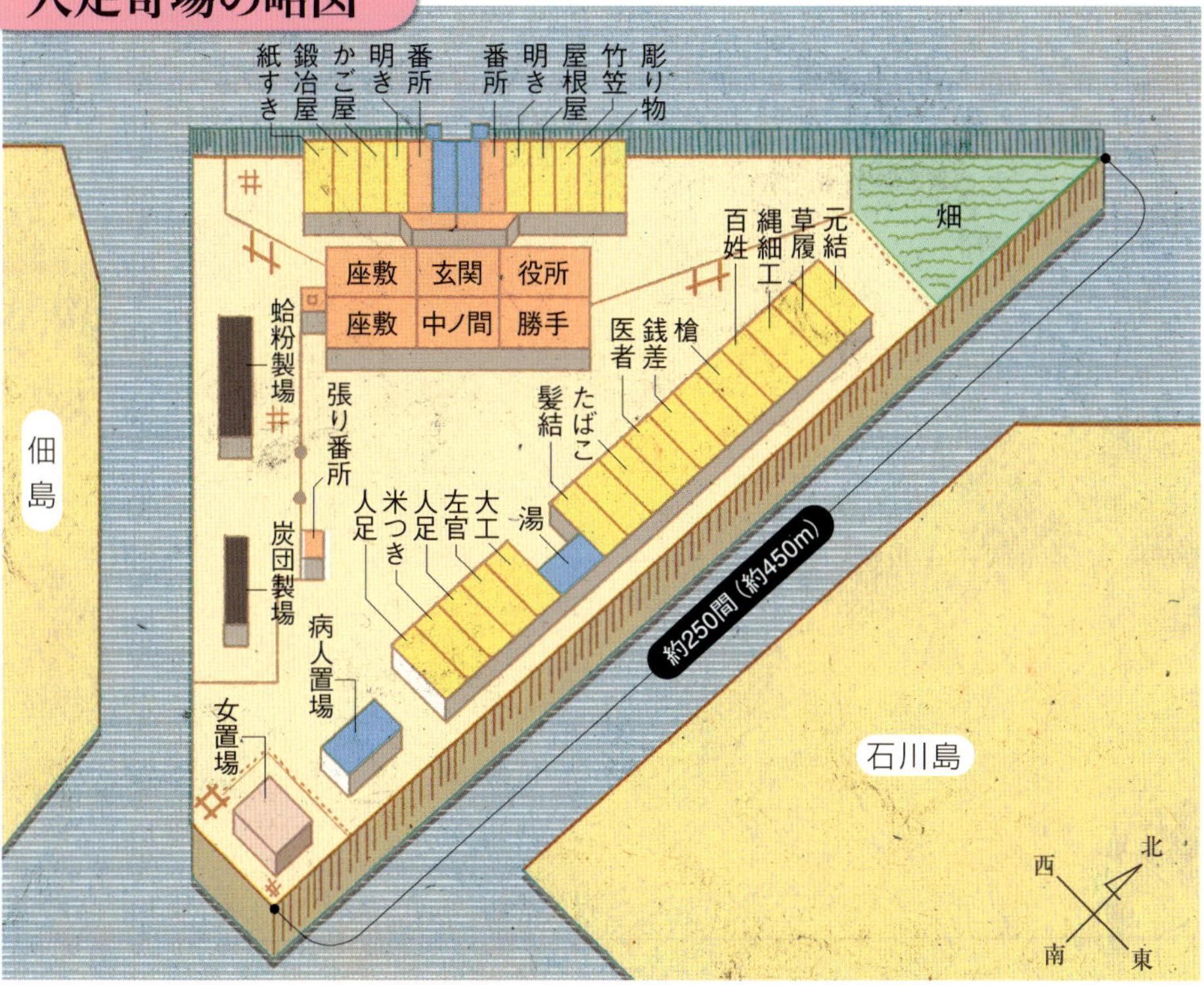

大田南畝『一話一言』より

東京さんぽ

「人足寄場跡地」

佃公園にある灯台のモニュメント。
実は公衆トイレである。

人足寄場が設置されたのは、現在の中央区佃《つくだ》の佃公園付近。石川島は佃島（中央区佃）の北に位置する島で、もとは隅田川の河口に堆積した三角州だった。現在は、埋め立てにより佃島と地続きになり、石川島という地名もなくなっている。慶応2年（1866）に、人足寄場奉行・清水純畸《しみずじゅんき》が、隅田河口や品川沖を航海する船舶の安全のために、油しぼりの利益を割き、人足の手によって、灯台を築いている。現在、佃公園には、その灯台のモニュメントが建っている。なお、石川島には、幕末に水戸家の造船場が開設され、のち平野造船所となり、さらに石川島造船所（現在の石川島播磨《はりま》重工）となった。時代とともに変遷した石川島は、現在では「リバーシティ21」と呼ばれ、高層マンションが建ち並ぶ地域となっている。

経済

江戸地廻り経済圏

首都江戸を支える生活物資供給地

「下り物」に頼っていた江戸初期の生活物資

1日もあればほぼ全国のすみずみまで物資が行き渡る現代の日本と違い、交通網や流通機構がそれほど整備されていない江戸時代、とくに自給生活が困難だった江戸の人々の生活物資はどのように調達されたのだろうか。

天正《てんしょう》18年（1590）、徳川家康が入府したころの江戸は、人口が少ない、一地方都市だった。しかし、慶長8年（1603）の江戸開府とともに人口が増え、町もどんどん拡大し、食糧の供給が重要な課題となった。また、当時の江戸近郊農村の生産・加工技術は低かったため、江戸の生活物資の多くは、京・大坂などを拠点とする輸送ルートに支えられていた。このように上方から運ばれるものを「下《くだ》り物」と呼んだ。

江戸地廻り経済圏の発達

ところが、18世紀中頃になると、畿内《きない》・瀬戸内《せとうち》の商品生産・流通の発展により、江戸への物資供給を担っていた大坂の問屋の集荷力が衰え、江戸の物資不足と物価高騰を招くこととなった。そこで、幕府は江戸周辺農村の商品生産を奨励するとともに、株仲間などの公認による生産流通機構の掌握を進めたのである。

この結果、関東各地において生活物資の生産・加工が発展し、江戸の問屋による集荷体制が整備された。「下り物」に頼らなくとも、江戸周辺でさまざまな種類の質のいい商品が流通し始めるようになったのである。「下り物」に対し、このように江戸周辺でつくられ江戸へ流通するものを、「地廻《じまわ》り物《もの》」、「下《くだ》らぬ物」といい、この商品流通地域を、江戸地廻り経済圏と呼ぶ。百万都市江戸の消費は、この江戸地廻り経済圏によって支えられたのである。

また、寛政改革を推進した松平定信《さだのぶ》は、上方市場に対する江戸市場（地廻り経済圏）の地位引き上げ策として、地場《じば》産業の育成に力を入れた。たとえば、幕府の保護のもと、関東の豪農に上質な酒をつくらせたり、特権的仲間組合の認可などで江戸の問屋を中心とした集荷組織を保護した。19世紀に入ると、野田（千葉県）の醤油や、岩槻《いわつき》（埼玉県）の木綿《もめん》など、「下り物」を超えるブランド品が生まれ、地廻り物のシェアはより拡大していった。

そのほか小松川の小松菜、練馬《ねりま》の大根など、現代にも知られるブランド野菜などが、江戸周辺の各地でつくられるようになったのも、このころである。

◎参考文献　井奥成彦『19世紀日本の商品生産と流通』（日本経済評論社、2006年）、伊藤好一『江戸地廻り経済の展開』（柏書房、1966年）、白川部達夫『江戸地廻り経済と地域市場』（吉川弘文館、2001年）、竹内誠「幕府経済の変貌と金融政策の展開」（『日本経済史大系4 近世 下』東京大学出版会、1965年）

江戸周辺地域のおもな特産品

『醤油醸造絵馬』野田市郷土博物館蔵／愛宕神社寄託

野田の醤油づくり

「野田の醤油」は、下り物をしのぐ人気となり、銚子とともに醤油の産地としてのブランドを確立。大手醤油メーカー、キッコーマンは野田、ヤマサ醤油とヒゲタ醤油は銚子が発祥の地である。

生活

江戸のお風呂事情

銭湯は社交の場

火事を恐れて家庭に風呂をつくらなかった

江戸では、一般的に内風呂はなく、人々は銭湯に通って汗を流した。風呂を沸かす薪《まき》代が高価だったこともあるが、いちばんの理由は、火事の火元になることを恐れたためで、かなりの大店《おおだな》でなければ風呂のある家は少なかった。19世紀はじめ江戸には、銭湯が500軒以上あったとされる。銭湯は江戸での生活に欠かせないものであり、老若男女が集まる社交場でもあった。

銭湯は多くの人々が利用したので、幕府によって公定価格が決められていた。だいたい銭8～10文（200～250円）ほどで、これはそば1杯の半値くらいだった。

江戸時代の銭湯は混浴?!

江戸前期の銭湯は、今のサウナのような蒸風呂が主流で、首まで湯につかる現在のような形態になったのは江戸後期のことである。

また、江戸時代の銭湯は、男女混浴（入込湯《いれこみ》という）が普通だったが、風紀が乱れるとして寛政《かんせい》3年（1791）、松平定信《さだのぶ》の寛政改革で、一斉に禁止となる。このため銭湯の経営者は、男女別の湯を設けたり、あるいは男女別の日に入浴させるなどしたが、やはり混浴のほうが経営効率はよかった。そのため一時的には減少したものの、根絶はされず、明治になっても混浴は続いていた。

女湯の脱衣所と洗い場

女性の体を洗っている男は「三助《さんすけ》」といい、客の体を洗う奉公人。江戸初期は、「湯女《ゆな》」と呼ばれる女性がこの役目をしていたが、風紀上の問題から、男性へと変わっていった。洗い場の上に貼られているのは、引札《ひきふだ》と呼ばれる、当時のチラシ広告。

豊原国周『肌競花の勝婦湯』国立国会図書館蔵

◎参考文献　今野信雄『江戸の風呂』（新潮社、1989年）、青木美智男『深読み浮世風呂』（小学館、2003年）、喜田川守貞『近世風俗志（守貞謾稿）』（岩波書店、1996年）

江戸後期の銭湯

銭湯に入るとまず番台があり、お金を払う。そして脱衣所があり、洗い場もその先に続いていた。洗い場を抜けると石榴口《ざくろぐち》と呼ばれる入り口があり、その奥に浴槽があった。浴槽は暗く狭く、湯はあまりきれいではなかった。そのため当時は、先に湯につかってから、洗い場で丹念に体を洗った。なお、水道はなかったので、洗い場に小さな湯槽（水舟）を設けて自由に汲み出せるようにしていた。また、石榴口の脇に上がり湯があり、湯汲み番に合図をしてお湯をもらうところもあった。

『守貞謾稿』、『賢愚湊銭湯新話』、当時の浮世絵などを参考に作成。

2階は男性のみに許されたサロン

男湯から2階へ上がると休憩所があった。男性たちは風呂上がりに、茶菓子などをつまみながら、世間話をしたり、将棋や囲碁を楽しんでいた。男湯にしか休憩所がないのは、もともと2階は武士が刀を置くための場所だったため、といわれる。

石榴口は熱気を逃がさないため

石榴口は、浴槽の熱気を外に逃がさないようにつくられたもので、腰をかがめて入らなければならないほど、極端に低い造りだった。江戸の石榴口は鳥居のようなデザインが多かった。

文化

幕府直轄の学問所
昌平坂学問所

官僚役人の養成学校

江戸は旗本《はたもと》・御家人《ごけにん》のほかに、大名も藩邸を構え、多くの藩士が生活していた。また、幕府や藩に登用されることを期待して、多くの学者も集まっていた。そのため江戸には、読み書きを指南する手習塾《てならいじゅく》から高度な学問を教授する私塾まで、多様なレベルの塾が数多く開設されるに至った。そのなかで幕府直轄《ちょっかつ》の学問所として寛政《かんせい》9年（1797）に開設されたのが、湯島《ゆしま》（文京区）の昌平坂《しょうへいざか》学問所である。

昌平坂学問所のルーツは、初代将軍家康に召し抱えられた儒者、林羅山《はやしらざん》の私塾である。私塾には、中国における儒学の祖、孔子《こうし》を祀《まつ》る聖堂も建てられていた。5代将軍綱吉《つなよし》の時代には私塾、聖堂ともに湯島へ移転して湯島聖堂（➡p.89）となり、11代家斉《いえなり》の時代には幕府直轄の昌平坂学問所となったのである。

昌平坂学問所はおもに旗本・御家人を対象とし、政治を担う官僚育成と武士としての気質を育てることを目的とした。また、武士の学問奨励策として、現在の試験にあたる学問吟味《がくもんぎんみ》が行われた。これは、四書五経《ししょごきょう》などの一節をもとに、内容の解釈や使

昌平坂学問所での講釈風景　昌平坂学問所は単に最高学府としてだけでなく、民衆統治などの幕府の政治的役割を担う存在でもあった。

『聖堂講釈図』
東京大学史料編纂所蔵

◎参考文献　大石学『江戸の教育力』（東京学芸大学出版会、2007年）、辻本雅史・沖田行司編『教育社会史』（山川出版社、2002年）、橋本昭彦『江戸幕府試験制度史の研究』（風間書房、1993年）

素読吟味の様子　学問吟味は、15歳以上の幕臣とその子弟を対象にしたもの。素読《そどく》吟味は15歳未満の幕臣の子弟を対象に行われた試験である。素読吟味は口頭試験で、四書五経の一節を暗唱するというものだった。合格者は、学問所の寄宿稽古の入学試験を免除された。　『古事類苑』より

用語句の説明、考察などを行う筆記試験で、好成績を修めた者は褒賞《ほうしょう》として役職への登用や昇進が与えられた。学問吟味は、立身出世を望む下級武士のチャンスの場でもあった。

民衆教化と教育

8代吉宗《よしむね》は学問を政治の手段として利用した。吉宗は、教化活動のひとつとして、湯島聖堂などでの講釈を江戸町人らにも開放した。この講釈は、その後150年間、江戸時代を通じて行われた。

江戸後期になって学問はいっそう盛んになるが、全国的に治安悪化や民心の動揺が大きくなると、より踏み込んだ教化政策がとられるようになった。

その代表が寛政2年（1790）に出された「異学《いがく》の禁」である。この「異学の禁」は一般に思想や学問に対する政治統制と評されるが、世間一般に禁じたわけではなく、あくまでも林家の私塾（のちの昌平坂学問所）内だけである。「異学の禁」の目的は、江戸町人や、全国の民衆までを視野に入れた教化政策であり、朱《しゅ》子学《しがく》という統一の道徳規範をもって人間形成の基盤とすることにあった。その先の学習は、各々の適性に応じた多様な専門知識・技術の習得を奨励していたのである。

文化

手習塾とお稽古ごと

親の教育熱は現代も江戸時代も同じ

江戸の手習塾

手習塾《てならいじゅく》（寺子屋）は年齢制限などはなく、行きたい者が、それぞれ行きたい塾へ通った。江戸ではだいたい男女とも6、7歳で入学し、男児は12歳くらい、女児は14歳くらいで退塾した。女児の退塾年齢が遅いのは、奉公《ほうこう》入りが男児よりも遅かったからといわれる。

手習塾の授業は午前8時頃から午後2時頃まで行われたが、午後は欠席が多かった。これは、貧家の子女は家事手伝いや内職のため、富家の子女は琴・三味線など遊芸の稽古に行くためである。なお、商家の丁稚《でっち》や奉公人らは夜間に学習するなど、それぞれの生活に合わせた学習が行われていた。

授業は、いろは・算数の初歩的学習から、漢字を交えた読み書きの勉強とステップアップしていく。授業では、往来物《おうらいもの》と呼ばれる教科書を使った。往来物にはたくさんの種類があった。たとえば、日本各地の地名を収録した『都路《みやこじ》往来』、江戸と周辺の名所や旧跡を集めた『江戸方角』、商業活動に必要な知識を集めた『商売往来』、手紙の慣例語句を集めた『消息《しょうそく》往来』、生活に必要な一般教養・社会常識などを書いた『庭訓《ていきん》往来』などである。子どもたちは読み書きだけでなく、こうした数々の往来物によって、実用的な知識も得ていた。

また、生徒同士の上下関係や師匠の家事を手伝うなど、手習塾では、礼儀作法や孝行なども厳しく指導された。

手習塾の風景

さまざまな年齢の子どもが集まる手習塾では、個別学習が基本。奥では女師匠に呼び出された子が、読みのチェックをされている。ほかはひとりで一生懸命勉強している子もいれば、遊んでいる子もいる。また年長の子が、年少の子に教える姿もあった。

一寸子花里『文学ばんだいの宝』公文教育研究会蔵

◎参考文献　乙竹岩造『日本庶民教育史』全3巻（目黒書店、1929年）、大石学『江戸の教育力』（東京学芸大学出版会、2007年）、青木美智男『深読み浮世風呂』（小学館、2003年）

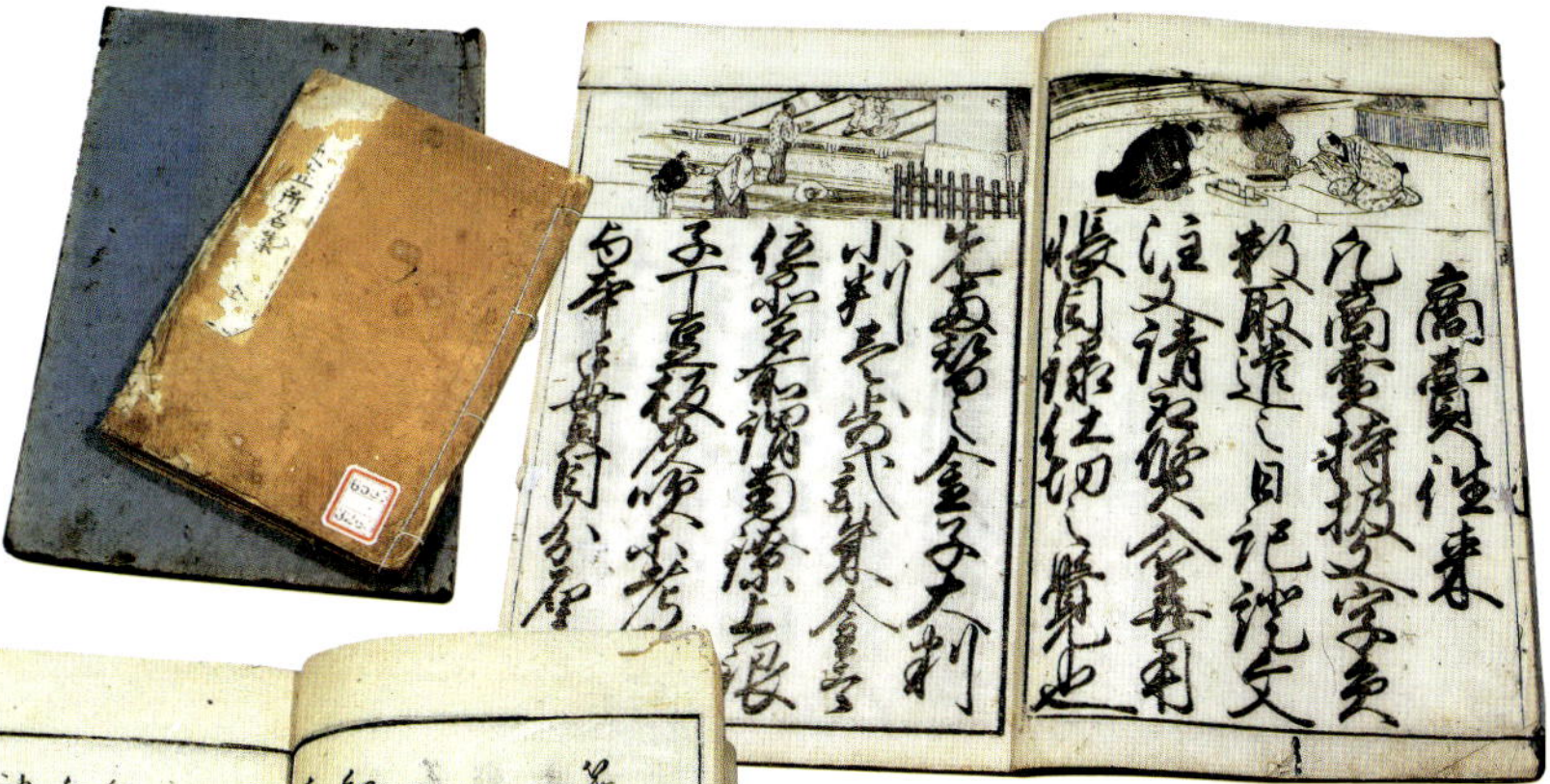

商売往来

絵入りで商売の知識を説明している「商売往来」。

埼玉県立文書館収蔵、鬼久保家文書2445

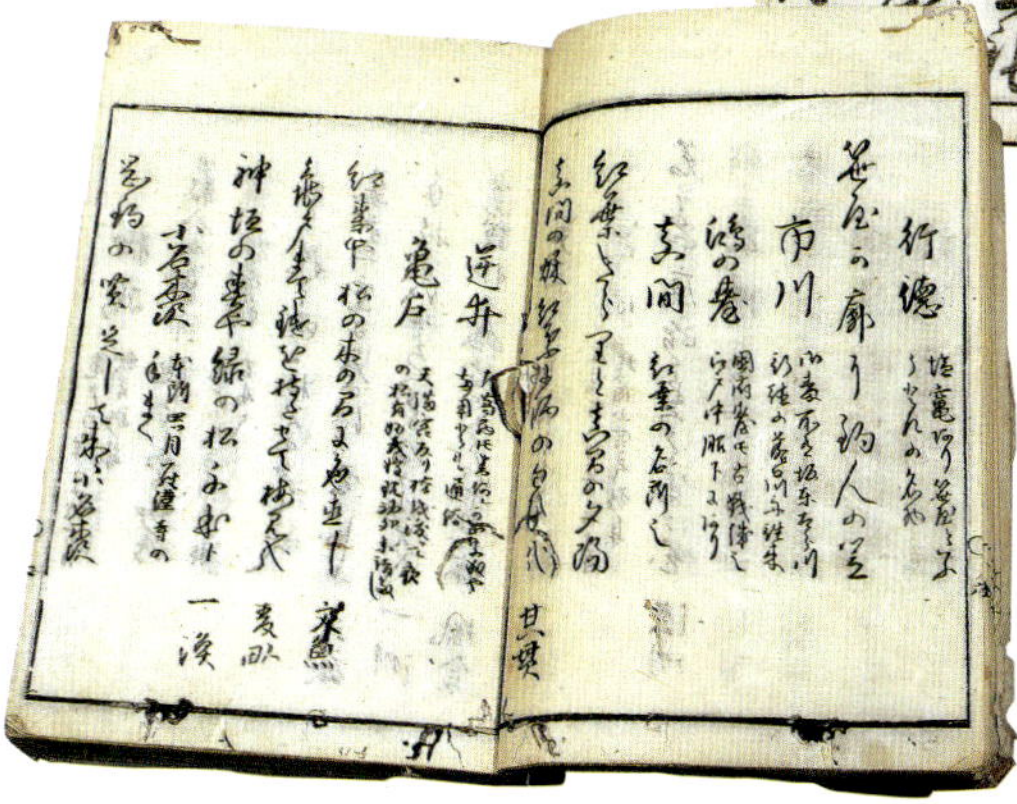

江都近在所名集

江戸近郊の地名について説明されている。行徳、市川などの文字が見える。

埼玉県立文書館収蔵、野中家文書3268

江戸の娘のお稽古事情

子どもの学習の場は手習塾だけではなかった。式亭三馬《しきていさんば》の滑《こっ》稽本《けいぼん》『浮世風呂《うきよぶろ》』（→p.169）には、江戸後期の教育事情をうかがわせる一節がある。

物語の舞台は銭湯。手習いの墨で真っ黒になった子どもたちが、皆で銭湯にやってくる。そのなかのお丸とお角という10歳ぐらいの娘の会話によれば、お角は、朝起きるとまず手習いに行き、それから三味線の稽古を済ませてから家に帰って、やっと朝食をとる。食後は踊りの稽古をしてから再び手習いに行き、さらにお琴も習いに行くのである。そして家に帰るのだが、家でも三味線と踊りの復習。その後は少しだけ遊び、日が暮れるとさらにお琴の復習……。お角は、遊ぶ時間がなくて、こんな毎日はいやでいやで仕方がないとお丸に嘆くのである。お角の母親は芸事など何も知らないが、子どもには苦労をさせたくないと芸事を仕込んでいるのだとも語っている。

こうした芸事は、貧しい人々が暮らす地域でも廉価《れんか》な謝礼で子どもに教えており、就学・不就学は経済的事情ではなく、親の教育に対する理解が大きかった。江戸の町では程度の差はあれそれぞれの生活に合わせ、大店《おおだな》の子どもから長屋の子どもまで手習塾や諸芸の師匠のもとに通い、一人前の人間としての素養を身につけていたのである。

11代❖家斉

政治

日本は鎖国していなかった!?

鎖国の実態

「四つの窓」で貿易を継続

江戸時代を通じての大きな政策のひとつが、3代家光の時代に成立した鎖国《さこく》制度である。「鎖国」というと、どうしても世界との窓を閉ざした閉鎖的なイメージがあるが、当時、外国との接点が全くなかったわけではない。そもそも「鎖国」という言葉は、鎖国体制が成立した当初は見られず、鎖国という認識もなかった。

鎖国という言葉は、ドイツ人医師ケンペルの著書『日本誌』の付録のタイトルを、オランダ通詞志筑忠雄《しづきただお》が、享和《きょうわ》元年（1801）に「鎖国論」と訳したのが初出とされる。19世紀になり、開国論者の間で幕府の外交政策への批判が高まるにつれ、「鎖国」という言葉が広まったのである。さらに明治以降、「鎖国」は徳川幕府の悪弊として捉えられ、いつしか海外との交流を絶った時代、という認識が形成されていった。

現在では、鎖国そのものの評価の見直しも行われている。実際、江戸幕府は、幕府直轄《ちょっかつ》領の長崎でオランダ・中国と貿易し、また、対馬《つしま》藩を通じて朝鮮と、薩摩《さつま》藩を通じて琉球と、松前《まつまえ》藩を通じてアイヌと、それぞれ貿易を行っていた。つまり、長崎、対馬、薩摩、松前という「四つの窓」を貿易・外交の窓口として設定し、「幕府の下で諸外国・諸民族との関係を管理した」という見方もできるのである。

「漂流民」という名の、海外との窓口

外国との交流手段のひとつとして、江戸時代を通じて存在した「漂流民」の存在も無視できない。いわば「五つ目の窓」である。海外渡航が禁止されていた江戸時代、法令では渡航者は死罪とされたが、死罪をまぬがれる者もいた。彼らの多くは、漁師や海運船の船乗りたちで、嵐などに遭遇して外国へ流れ着いた人々である。外国から引き渡された漂流者たちは江戸へ送られ、幕府による取り調べを受けたが、それは幕府にとって貴重な情報収集の場であった。異国を経験した彼らの情報を、幕府は欲していたのである。

寛政《かんせい》4年（1792）には、ロシア船とともに漂流民の大黒《だいこく》屋光太夫《やこうだゆう》らが帰国している。光太夫は伊勢《いせ》白子《しろこ》（三重県鈴鹿市）の船頭で江戸に向かう途中に暴風にあい、アリューシャンに漂着。約10年にわたりペテルブルクなどで暮らしたという。

光太夫らからの聴取の記録は、幕府官医の桂川甫周《かつらがわほしゅう》により『北槎聞略《ほくさぶんりゃく》』としてまとめられ、日本の蘭学の発展に大いに貢献した。

◎参考文献　荒野泰典『近世日本と東アジア』（東京大学出版会、1988年）、荒野泰典『日本の時代史14 江戸幕府と東アジア』（吉川弘文館、2003年）、大石学『江戸の外交戦略』（角川学芸出版、2009年）

四つの窓

鎖国といわれた時代も、長崎、対馬藩、薩摩藩、松前藩の四つの窓を通して、貿易や外交は行われていた。

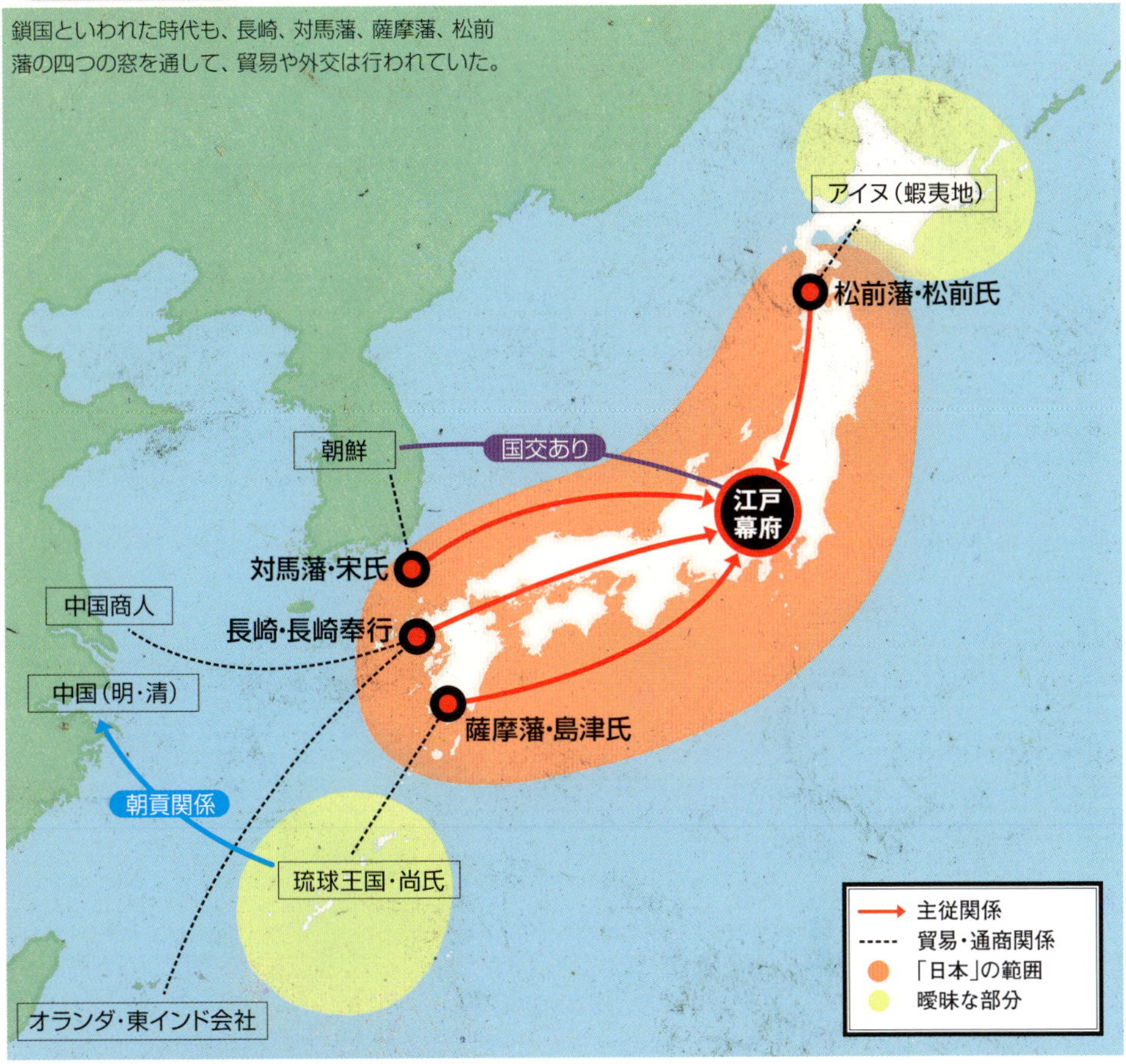

漂流民・大黒屋光太夫とラクスマン

ロシア人のラクスマン（右端）は、通商要求を目的に、漂流民の大黒屋光太夫（左から3人目）らをともない根室に来航。しかし通商は拒否され、ラクスマンは帰国した。

『幸太夫と露人蝦夷ネモロ滞居之図』早稲田大学図書館蔵

文化

江戸の出版と文学

貸本屋が支えた庶民の読書欲

江戸の出版事情

江戸の書物《しょもつ》屋は仲間を組織し、文化元年（1804）には通町《とおりまち》組22、中通《なかとおり》組9、南《みなみ》組20の計51軒が存在し、寛政《かんせい》元年（1789）から明治元年（1868）までの80年間で、全国の版元の約40％にあたる917軒が存在していた。江戸初期には京都や大坂などの上方《かみがた》が出版界ではリードしていたが、化政《かせい》期（1804〜30）には文化面でも江戸が中心地となり、出版点数も著しく増加したのである。ほかにも江戸には、洒落《しゃれ》本《ぼん》や黄《き》表紙《びょうし》、滑稽本《こっけいぼん》や人情本《にんじょうぼん》などを扱った地本屋《じほんや》が多数存在した。なお、地本屋とは、江戸で出版された書物を扱う本屋で、上方からの下《くだ》り本を扱う本屋を書物屋といった。

地本屋として有名な者に、蔦屋重三郎《つたやじゅうざぶろう》（蔦重）がいる。天明《てんめい》年間には浮世絵で名をはせた東洲斎写楽《とうしゅうさいしゃらく》や喜多川歌麿《きたがわうたまろ》、黄表紙や洒落本の山東京伝《さんとうきょうでん》の作品を出版した。蔦重には十返舎一九《じっぺんしゃいっく》や曲《きょく》亭馬琴《ていばきん》らが世話になっており、化政期の出版文化を準備した。

一方、このような出版業の隆盛に対し、幕府は早くから出版統制を行っていた。8代将軍吉宗は、書物屋仲間を組織させるとともに、享保7年（1722）に本格的な出版統制令を出している。寛政改革時には、山東京伝の洒落本三部作といわれる『娼妓絹籭《しょうぎきぬぶるい》』『仕懸文庫《しかけぶんこ》』『錦之裏《にしきのうら》』が摘発を受け、京伝は手鎖《てぐさり》50日、蔦重は財産の半分を没収された。しかし、出版業はこれによって衰退するのではなく、さまざまな対応策をとって、より活動を活発化させていった。

庶民の読書と貸本屋

出版業の隆盛にもかかわらず、当時書物の値段はまだ高かった。それでも庶民らは本を読んだ。庶民の読書には、貸本屋が大きな役割を担っていた。江戸の貸本屋は、文化5年（1808）には656軒、天保年間（1830〜44）には800軒にものぼったという。

蔦屋重三郎の店

葛飾北斎『画本東都遊』
たばこと塩の博物館蔵

蔦屋重三郎は、新吉原で『吉原細見』を販売して成功し、日本橋通油町（現在の日本橋大伝馬町3丁目）に進出して、店を構え、江戸を代表する大版元となった。

◎参考文献　今田洋三『江戸の本屋さん』（日本放送出版協会、1977年）、青木美智男「知と美を広める」（林英夫・青木美智男編『事典しらべる江戸時代』柏書房、2001年）、鈴木俊幸『江戸の読書熱』（平凡社、2007年）

化政文化前後の江戸のベストセラー

小説の種類	タイトル	作者・刊行年	内容
黄表紙《きびょうし》 風刺のきいた絵入りの小説	『金々先生栄花夢《きんきんせんせいえいがのゆめ》』	恋川春町《こいかわはるまち》 安永4年（1775）刊	江戸でひと稼ぎしようと田舎から出てきた男が、わずかな時間のうたた寝のなかで、30年分の栄華を見る話。
洒落本《しゃれぼん》 江戸の遊里を舞台にした短編小説	『仕懸文庫《しかけぶんこ》』	山東京伝《さんとうきょうでん》 寛政3年（1791）刊	『曾我物語』を題材にした深川遊女の話。この本を含む一連の本で、山東京伝は処罰された。
滑稽本《こっけいぼん》 滑稽さを交えて庶民生活を描いた小説	『東海道中膝栗毛《とうかいどうちゅうひざくりげ》』	十返舎一九《じっぺんしゃいっく》 享和2年（1802）～文化11年（1814）刊	江戸の長屋住人の弥次さん、喜多さんが、厄落としにお伊勢参りを思い立ち、東海道を旅する話。道中は冗談やいたずら、失敗の連続、行く先々で騒ぎを起こす。
	『浮世風呂《うきよぶろ》』	式亭三馬《しきていさんば》 文化6～10年（1809～1813）刊	江戸の銭湯を舞台に、そこに集まる人々の軽妙な会話などを通して、世相を描写した作品。
読本《よみほん》 勧善懲悪を説いた歴史的伝奇小説	『南総里見八犬伝《なんそうさとみはっけんでん》』	曲亭馬琴《きょくていばきん》 文化11年（1814）～天保13年（1842）刊	八犬士による、里見家再興の伝奇小説。全106冊の長編。
人情本《にんじょうぼん》 町人の恋愛小説	『春色梅児誉美《しゅんしょくうめごよみ》』	為永春水《ためながしゅんすい》 天保3～4年（1832~33）	男女の愛欲生活を描いた作品。女性の人気を得るが、天保改革で絶版処分。

貸本屋は、お得意様の要望や傾向を調べ、書箱や風呂敷に書物を入れて町や村をまわっていた。貸本には一般に売られている書物のほか、禁書や刊行されずに写本として出回っていたものも含まれていた。これらの多くは時事的ニュースや噂話のたぐいで、幕府政治を批判したものや海外情報に関するものだった。貸本屋は民衆の情報ネットワークの一端を担ったのである。

清水晴風画『街の姿 江戸の物売り物貰い図譜』より

江戸の貸本屋

貸本屋は店を持つものもあったが、多くは書物・草紙類を背負い、得意先を回って商売していた。

文化

曲亭馬琴のリクルート人生

江戸時代の身分は「絶対」ではない!?

よりよい主人を求めてリクルート?

　曲亭馬琴《きょくていばきん》といえば、『南総里見八犬伝《なんそうさとみはっけんでん》』をはじめ多くの文学作品を残した江戸後期を代表する作家である。日本初の職業作家などともいわれるが、成功するまでには、雑貨商や手習《てなら》い師匠などさまざまな職業を経験している。ここでは馬琴が残した自身の身辺に関わる日記や、家系に関わる多くの記録から、馬琴や彼を取り巻く人々の人生を垣間見たい。

　馬琴は、旗本《はたもと》松平家の家臣滝沢家の三男として生まれた。滝沢家は馬琴まで、5代にわたって松平家の家臣を勤めていたが、馬琴や彼の兄は、やがて松平家を離れる。馬琴の兄は、たびたび主人を変えつつ旗本家臣としてのキャリアを重ね、馬琴の叔父も複数の旗本家を渡り歩いている。そして馬琴自身も同様に次々と主を変え、天明《てんめい》8年（1788）には浪人《ろうにん》となった。

　彼らにとって、主君を変えることはいわばリクルートであり、条件が悪ければ辞め、より条件のいい主君を求める。大名や旗本にとっても、市場を生き残った優秀な家臣を手に入れる機会であり、このリクルート活動は、双方にとってメリットがあった。

　江戸中・後期、江戸の武家社会や官僚組織は、このような層が供給源となり成立していたのである。

　また、このリクルート市場は、江戸の武家社会で完結するものではなかった。馬琴の祖父は、武州《ぶしゅう》埼玉郡川口村（埼玉県川口市）の百姓から滝沢家に養子に入っている。この家からは旗本家臣や代官手代《だいかんてだい》、御家人《ごけにん》となる者を多数輩出している。江戸近郊農村の百姓にとっても、江戸の市場は、能力さえあれば武士となる機会をもたらすものだったのである。

馬琴、武士から町人身分へ

　ところで浪人となった馬琴は、寛政《かんせい》2年（1790）に、作家の山東京伝《さんとうきょうでん》に弟子入りし、寛政5年（1793）には、雑貨商の家に婿《むこ》入りしている。武士身分に生を受けた馬琴は、浪人を経て、その後町人となったのである。

　また馬琴の息子宗伯《そうはく》は松前藩の医者となり、滝沢家は再び武士身分となる。さらに、宗伯が早世したため、馬琴は孫の太郎のために、幕府御家人の株を買い与えている。

　このように、馬琴や彼を取り巻く人々の生涯は、江戸時代の人々の身分に対する意識や、固定的な身分制という我々の通念に大きく疑問を投げかけるのである。

◎参考文献　松本良太「近世後期の武士身分と都市社会」（『歴史学研究』716号、歴史学研究会、1998年）

曲亭馬琴の生涯

	年号	西暦	年齢	出来事
誕生	明和4	1767	1	江戸深川（江東区）で、旗本松平鍋五郎の家臣・滝沢運兵衛興義《おきよし》の三男として生まれる。父は俳諧をたしなみ、その影響もあってか馬琴も、幼少のころより文芸に目覚める。
武士時代	安永5	1776	10	家督の幼君 八十五郎に仕える。
	安永9	1780	14	馬琴、松平邸を出る。その後、兄のすすめで戸田家の徒士《かち》になる。
	天明4	1784	18	戸田家を出る。このの5放蕩三昧《ほうとうざんまい》を繰り返し、瘡毒《そうどく》（梅毒）をこじらせて、それを治すため、一時的に医者に奉公。
浪人時代	天明8	1788	22	医者の奉公もやめ、浪人となる。
	寛政2	1790	24	山東京伝を訪ね、弟子入りを乞う。
	寛政3	1791	25	処女作の黄表紙《きびょうし》『尽用而二分狂言《つかいつくしてにぶきょうげん》』刊行。
	寛政4	1792	26	京伝の紹介で江戸の大版元・蔦屋重三郎《つたやじゅうざぶろう》の家に寄宿。
町人時代	寛政5	1793	27	履物商のお百《ひゃく》と結婚し、町人身分に。馬琴は、商いのかたわら手習塾を経営し、文化3年（1806）頃まで続ける。
	寛政8	1796	30	読本『高尾船字文《たかおせんじもん》』刊行。
	享和2	1802	36	5〜8月にかけて、上方を旅行。旅の様子を、のちに随筆『蓑笠雨談《さりつうだん》』（『羇旅漫録《きりょまんろく》』）として刊行。
	文化4	1807	41	『椿説弓張月《ちんせつゆみはりづき》』前編刊行。全部で5編39冊にわたる長編となり、以後4年かかって完結。
	文化11	1814	48	『南総里見八犬伝』初編刊行。
	天保6	1835	69	息子の宗伯死去（享年38歳）。こののち、孫の太郎のために、幕府鉄砲組の御家人株を購入。
	天保11	1840	74	失明する。以後は口述筆記とし、宗伯の嫁・お路《みち》が、作品を代筆。
	天保13	1842	76	『南総里見八犬伝』最終部刊行し、完結。
	嘉永元	1848	82	11月6日、死去。

『南総里見八犬伝』

曲亭馬琴の自筆稿本。馬琴は、この作品の執筆に、28年の歳月を費やした。

国立国会図書館蔵

＊古い歴史の教科書では滝沢馬琴と表記されていたが、作家としてのペンネームは曲亭馬琴。本名は滝沢興邦《おきくに》であり、滝沢馬琴という人物は存在しない。現在の教科書は、曲亭馬琴と表記されることが多い。

浮世絵の黄金期

文化

歌麿や写楽、北斎の登場

喜多川歌麿《きたがわうたまろ》 1753〜1806

顔を強調した構図の大首絵《おおくびえ》の美人画を発表し、人気を博す。しかし、松平定信による寛政改革で浮世絵作品の検閲制度が確立すると、秀吉にちなんだ作品が幕府の忌諱《きい》に触れ、入牢《にゅうろう》・手鎖《てぐさり》の刑をうけ、失意のうちに没した。

『文字楼一と本』山口県立萩美術館・浦上記念館蔵

東洲斎写楽《とうしゅうさいしゃらく》 生没年不詳

寛政6年（1794）に劇的に画壇に登場。ところが、わずか9ヶ月の間に145点の作品を残し、忽然と消えてしまう。謎の絵師として、現在では写楽の正体を推測する説は30を超える。

『三代目大谷鬼次の江戸兵衛』千葉市美術館蔵

新たなジャンルの登場

色鮮やかな多色摺《ず》りの錦絵《にしきえ》（➡p.109）の登場以降、浮世絵は大きく発展した。寛政《かんせい》年間（1789〜1801）から天保《てんぽう》年間（1830〜44）にかけては、後世に名を残す絵師が続々登場し、浮世絵は黄金期を迎えた。

まず寛政年間、喜多川歌麿《きたがわうたまろ》の美人画、東洲斎写楽《とうしゅうさいしゃらく》の役者絵が人気を博した。ふたりはいずれも、版元の蔦屋重三郎《つたやじゅうざぶろう》がバックアップした浮世絵師である。

そして江戸の町人文化が花開いた化政《かせい》期（1804〜30）、天保年間にかけて、歌川豊国《うたがわとよくに》、葛飾北斎《かつしかほくさい》、歌川《うたがわ》（安藤）広重《ひろしげ》などが登場。江戸後期には、風景画や花鳥画《かちょうが》、武者絵《むしゃえ》など、浮世絵の図柄に新たなジャンルが登場し、浮世絵はさらに人気を集めるようになった。

海外で認められた浮世絵の芸術性

江戸時代に庶民の文化として定着した浮世絵だが、明治になると、紙くず同様に扱われるようになってしまう。しかし、海外での浮世絵の芸術的評価は高く、多くの作品が海外に流出した。北斎や広重の作品は、ヨーロッパで展開した印象派のゴッホやマネ、ドガなどの画家やドビュッシーなどの作曲家にも影響を与えた。このような海外の評価に影響され、現在は日本でも浮世絵の価値が高まっている。

◎参考文献　稲垣進一編『図説浮世絵入門』（河出書房新社、1990年）、牧野昇・会田雄次・大石慎三郎監修『人づくり風土記 全国の伝承・江戸時代13・48大江戸万華鏡』（農山漁村文化協会、1991年）

葛飾北斎《かつしかほくさい》 1760～1849

天保初年に「富嶽三十六景《ふがくさんじゅうろっけい》」を発表し人気を博す。このシリーズは全部で46枚あり、10枚の絵はのちに追加されたもので、俗に裏富士と呼ばれている。

『富嶽三十六景 神奈川沖浪裏』山口県立萩美術館・浦上記念館蔵

歌川《うたがわ》(安藤)広重《ひろしげ》 1797～1858

北斎らの風景画に影響を受ける。幕府の年中行事のひとつである八朔《はっさく》(徳川家康の8月朔日《ついたち》の江戸城入城を祝う行事)の朝廷への御馬献上の行列に参加し、その際の経験をもとに描いた「東海道五十三次」で、風景版画の第一人者となった。

『東海道五十三次之内 川崎 六郷渡舟』山口県立萩美術館・浦上記念館蔵

＊安藤家に生まれた広重は一般に安藤広重と呼ばれるが、画号としては名乗ったことがなく、近年では正式な画号の歌川広重と称するようになっている。

歌川国芳《うたがわくによし》 1797~1861

歌麿亡き後、歌川豊国《とよくに》が役者絵の人気を独占し、国貞《くにさだ》・国芳《くによし》など多くの弟子を育て、歌川派を最大派閥とし、その基礎を固めた。とくに国芳は洋風画の表現を取り入れた風景画や、戯画《ぎが》などでも独自の新境地を開いた。

『相馬の古内裏』山口県立萩美術館・浦上記念館蔵

文化

町人も武士もはまった
変化朝顔ブーム

魅惑の変化朝顔

江戸時代、園芸は多くの人に親しまれたが、18世紀後半になると、単に植物を観賞するだけでなく、葉の形や色がほかと異なる奇抜なもの（奇品）をつくり出すことに情熱を注ぐ人々が出現するようになった。珍品は高額で売買され、投機の対象にもなった。この珍品づくりの対象となったのがおもに朝顔である。

江戸で本格的に変化朝顔のブームが起こるきっかけとなったのは、文化13年（1816）の浅草大円寺や上野寛永寺子院で開催された品評会だといわれる。このブームはまず江戸の文人から始まり、続いて武士、そして一般庶民と、身分や職業に関係なく広まっていった。作家の曲亭馬琴《きょくていばきん》（→p.170）も園芸を好み、やはり変化朝顔の栽培を行っていたそうである。

ソメイヨシノ発祥の地

江戸の園芸ブームは、朝顔だけではない。椿《つばき》、つつじ、楓《かえで》、菊、橘《たちばな》、万年青《おもと》、松葉蘭《まつばらん》、福寿草《ふくじゅそう》、花菖蒲《はなしょうぶ》など、さまざまな植物が流行した。

江戸時代を通じて、こうした園芸ブームを支えたのは、駒込・巣鴨地域の植木屋である。なかでも染井《そめい》（豊島区駒込）には植木屋が多かった。彼らは、この地域に多かった大名屋敷や、大寺院の庭木など伝統的な造園の整備を請け負い、一方で、菊づくりなどでも有名になった。また染井は、桜の品種ソメイヨシノ発祥の地でもある。現在では桜の代名詞ともいえるソメイヨシノだが、誕生したのは江戸半ばであり、全国の花見の名所で鑑賞できるようになったのは、明治以降である。

染井の植木屋

江戸北郊の染井村は、多くの植木屋が軒を並べる一大園芸センターだった。

北尾政美『絵本江戸桜 染井之植木屋』東京都立中央図書館特別買上文庫蔵

◎参考文献 『伝統の朝顔』（国立歴史民俗博物館、1999年）、『伝統の朝顔III』（国立歴史民俗博物館、2000年）、平野恵『十九世紀日本の園芸文化』（思文閣出版、2006年）

『朝顔三十六花撰』に見る変化朝顔

変化朝顔が注目されると、美しい色彩の朝顔を専門に扱った園芸書が数多く刊行された。これらは、安政元年(1854)に刊行された朝顔の専門図書『朝顔三十六花撰』の挿絵。現代我々が見る朝顔とは違い、奇抜で複雑な形状をしている。

国立国会図書館蔵

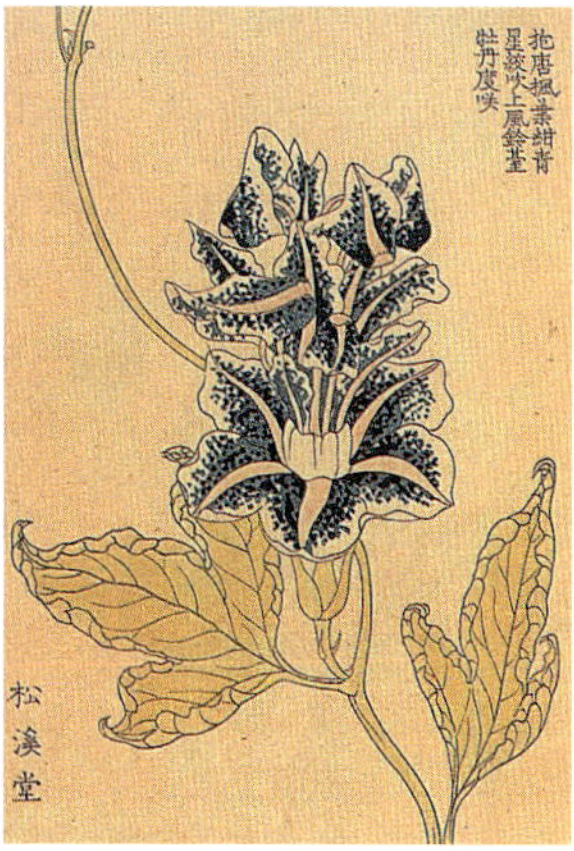

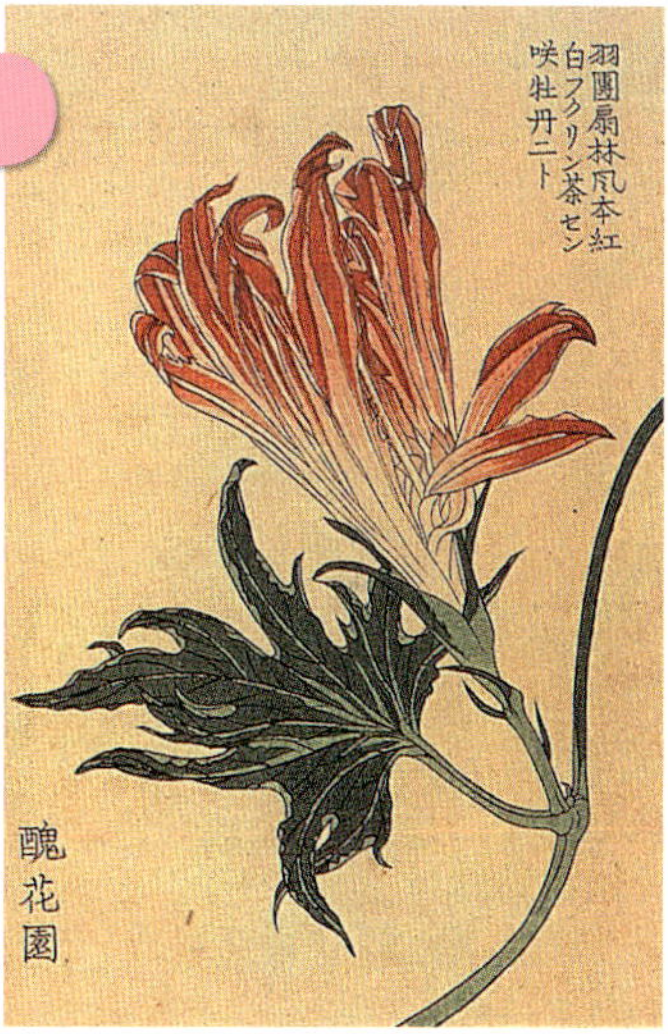

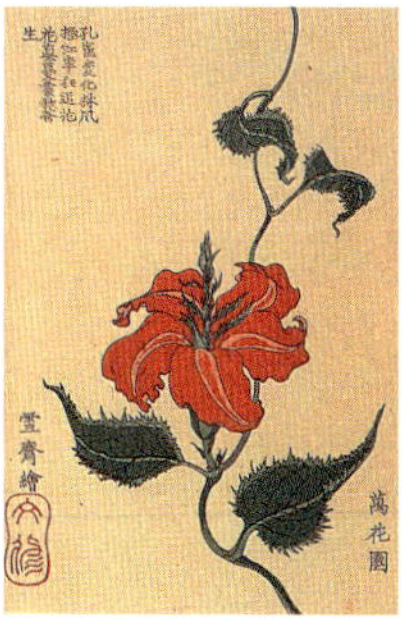

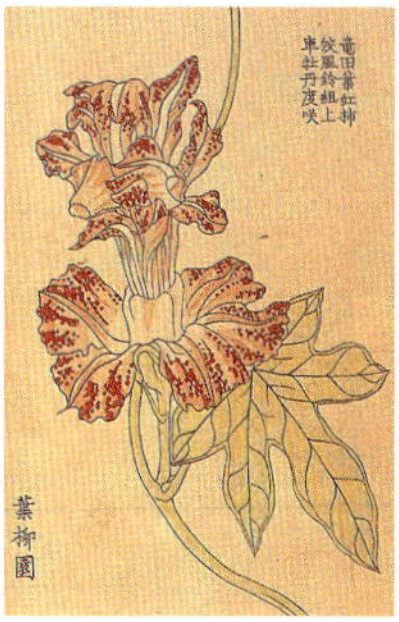

東京さんぽ

「入谷の朝顔市」

江戸時代の変化朝顔の生産中心地は、御徒町《おかちまち》(台東区)。それも御徒町の下級武士、御徒目付の間で盛んに栽培されていた。しかし、御徒町の商業的な発展と江戸幕府の崩壊にともない、その生産の地が入谷《いりや》(台東区)にいた十数軒の植木屋へうつる。その後の入谷の朝顔づくりも職人の減少などにより衰退するが、昭和になって復活。戦後の爪痕残る昭和23年(1948)7月6・7・8日に、朝顔を中心とする植木市が開催された。以後、朝顔のみを販売する市に代わり、「入谷の朝顔市」として、現在まで引き継がれている。

毎年、7月6~8日の3日間開催されている朝顔市。入谷鬼子母神(台東区)を中心に、約120軒の朝顔業者と約100軒の露店が並び、賑わいを見せる。

事件

永代橋崩落事故

維持管理の負担がもたらした悲劇

江戸時代の橋の管理

江戸時代の橋は、現在と違い、木造だった。当然耐久性は弱く、水害や地震、火事などの災害で流出や焼落、破損することもたびたびあった。しかし、橋の維持管理や修繕にはお金がかかる。当初は幕府が経費を出していたが、やがて幕府の台所事情も苦しくなり、町人が負担する橋も出てきた。隅田川《すみだがわ》に架かる永代《えいたい》橋《ばし》と新大橋《しんおおはし》も、当初は幕府が負担していたが、のちに町人の負担となった。また、同じく隅田川にかかる吾妻《あづま》橋は、もともと住民の願いで架橋された橋ということもあり、架橋の際の維持管理費も、はじめから町民負担だった。

『富岡八幡宮祭礼永代橋崩壊の図』江戸東京博物館蔵
Image：東京都歴史文化財団イメージアーカイブ

歌川広重『東都名所 永代橋深川新地』国立国会図書館蔵

普段の永代橋

棒手振《ぼてふ》り商人から僧侶まで、さまざまな人が通るが、のんびりムード。橋の奥には江戸へ荷物を運んできた大型船が見える。大型船は隅田川の河口に留まり、そこから川船に荷物を積み替えた。

◎参考文献　上保国良「化政期の江戸市井―永代橋崩壊の大惨事を中心に―」（日本大学文理学部人文科学研究所『研究紀要』第四七号、1994年）、『東京市史稿』橋梁篇第一（東京市、1936年）、同第二（東京市、1939年）、同変災篇第二（東京市、1915年）

永代橋崩落の瞬間 1000人を超える被害者を出したことで、橋の請負人らは管理責任を問われ、遠島《えんとう》に処せられたという。

こうした町民による維持費は、橋を渡る通行人から徴収された。徴収額は、町人から渡し賃1～2銭で、武士・医師・僧・神主は無料だった。

永代橋での悲劇

幕府から町民へと維持管理が移っていた享和《きょうわ》2年（1802）、永代橋は、大暴風雨により崩落してしまう。しかし、このときお金が足りず十分な普請《ふしん》ができなかった。そんな当座しのぎの仮橋という状態のなかで、悲劇は起きた。

大暴風雨による崩落から5年後の文化4年（1807）8月19日、その日は深川富岡八幡宮《とみおかはちまんぐう》（江東区）の祭礼の日だった。この祭礼は、江戸や周辺地域の庶民のほか、大名家なども隅田川に船を出して見物に来ていた。このとき、永代橋の下を一橋斉《なり》敦《あつ》の船が通過するため、橋の通行が一時的に制限されたのだが、これがまずかった。この一時的な制限のために、橋の両口で大渋滞が起こっていたのである。橋の通行が再開されるやいなや、大群衆が一挙に橋へとなだれ込み、永代橋は重みに耐えきれず、崩れ落ちたのだった……。

この事故による被害者は、溺死者736名、半死半生者200名、行方不明者123名にのぼったという。江戸の代表的知識人である大田南畝《なんぽ》はこの事件を、「永代と かけたる橋は 落ちにけり きょうは祭礼 あすは葬礼」と狂歌《きょうか》に詠《よ》んだ。

隅田川の5つの橋

現在19の個性的な橋が架けられている隅田川《すみだがわ》だが、江戸時代からあるのは千住大橋、吾妻橋、両国橋、新大橋、永代橋の5つ。それぞれの橋は交通の要所になっただけでなく、風光明媚《ふうこうめいび》な鑑賞スポットとして、また見世物小屋や茶見世などが軒を連ねる歓楽街として、大いに賑わった。

千住大橋《せんじゅおおはし》(荒川区・足立区)

徳川家康が入府して間もない文禄3年(1594)に架橋。千住大橋は江戸府内の北の玄関にあたり、橋の南北に宿場町を形成。奥州道中・日光道中の第一の宿場として、行き交う人々で賑わった(➡p.100)。

江戸の北の玄関、千住大橋。

歌川広重『名所江戸百景 千住の大はし』国立国会図書館蔵

吾妻橋《あづまばし》(台東区・墨田区)

もともと「竹町の渡し」があったところ。浅草の町人らの願いにより、幕府の許可を得て、安永3年(1774)に架橋。当初は「大川橋」と呼ばれたが、東岸にある吾嬬(吾妻)神社へと通じていたことから、「吾妻橋」と呼ばれるようになったといわれる。

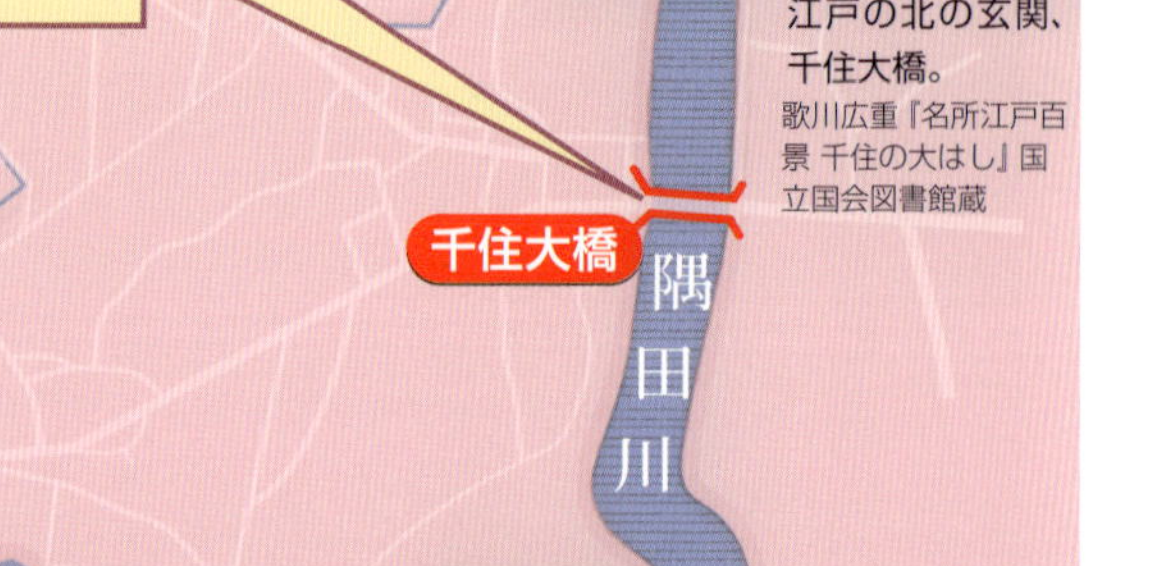

吾妻橋の夕涼みの様子。 歌川豊国『錦絵帖 吾妻橋夕涼景』国立国会図書館

◎参考文献 『墨田区立図書館叢書八 隅田川の橋-写真で見る歴史-』(墨田区立緑図書館、1993年)、『増補版 江戸東京年表』(小学館、2002年)

隅田川と神田川が交差する柳橋《やなぎばし》界隈は、納涼船などの拠点となった。しだいに料理屋などが多くなり、歓楽街となっていった。絵は、柳橋の高級料亭。隅田川を見下ろす2階の座敷で、文人たちによる書画会が催されている。

歌川広重『江戸高名会亭尽 両国柳橋(河内屋)』サントリー美術館蔵

永代橋《えいたいばし》(中央区·江東区)

永代橋は5代将軍綱吉の50歳の祝賀を目的に、元禄11年(1698)に開通した。上野寛永寺根本《こんぽん》中堂の建材の余りを利用し、幕府の命で架橋された。永代島《えいたいじま》と結んだことや、徳川政権が永代まで続くことを祈念して、「永代橋」の名がつけられたといわれる。

新大橋《しんおおはし》(中央区·江東区)

5代将軍綱吉の時代、元禄6年(1693)に架橋された。当時すでにあった両国橋が、大橋と呼ばれていたため、それに続く新しい橋ということで、「新大橋」とつけられた。両国橋から新大橋にかけては隅田川·神田川·竪川《たてかわ》が合流することから「三また」(三股·三派)と呼ばれ、月見や夕涼みの名所として知られた。

両国橋《りょうごくばし》(中央区·墨田区)

明暦3年(1657)の大火後、災害時の避難経路として架橋され、武蔵国と下《しも》総《うさ》国の二国を繋いだことからこの名がついたという。8代将軍吉宗のころから花火が打ち上げられ、現在の隅田川花火大会の始まりといわれている。

新大橋の夕立の情景を描いた、広重晩年の代表作。印象派の画家ゴッホに強い影響を与えた作品。

歌川広重『名所江戸百景 大はしあたけの夕立』神奈川県立歴史博物館蔵

両国花火の賑わい。歌川貞房『東都両国夕涼之図』江戸東京博物館蔵 Image: 東京都歴史文化財団イメージアーカイブ

政治

どこまでが江戸？

「大江戸」意識と朱引図

「大江戸」の誕生

都市江戸の美称として「大江戸《おおえど》」がある。この「大江戸」という語は、田沼意次《おきつぐ》が幕府政治を主導していた18世紀後半に登場した言葉である。荻生徂徠《おぎゅうそらい》は、それより少し前の元禄《げんろく》～享保《きょうほう》期（1688～1736）に江戸の市街地が拡大していく様子を「何方迄《どこまで》が江戸の内にて、是《これ》より田舎なりという境これなく、民の心のままに家を建てつづくる故、江戸の広さ年々に広まりゆき」（『政談』）と記している。18世紀後半、江戸は地理的に拡大し、空間的にも江戸から「大江戸」になっていた。

四つの境界線

江戸がどんどん拡大するという話について、ある疑問が湧いてくる。それは、いったい江戸の範囲（御府内《ごふない》）はどこまでなのか、ということである。18世紀末頃には、御府内に関して、次の四つの認識があった。

①町奉行《まちぶぎょう》支配の範囲

②江戸追放の範囲であり、品川・板橋・千住《せんじゅ》・本所《ほんじょ》・深川・四谷大木戸《よつやおおきど》より内側

③寺社建立のため寄附を募ることを許された地域。具体的には、東は中川、北は荒川・石神《しゃくじ》井《い》川下流、西は神田上水、南は目黒川と品川南を境とした周辺部の農村を含んだ場所

④変死者や迷子の特徴を記した高札《こうさつ》を立てた地域（範囲としては③とほぼ同じ）

御府内と認識された指標が複数あると、困ることも出てきた。たとえば旗本《はたもと》などの武士が江戸の外に出る場合は届け出が必要だったが、どこまでが御府内かあいまいなため、届け出が必要かどうか判断に迷うことがあったのである。

そこで幕府は、文政《ぶんせい》元年（1818）に公式見解を出した。それは、前述の③と、ほぼ同じ範囲だった。なお、このとき、江戸絵図面に朱線を引いたもの（朱引図《しゅびき》）で範囲が示されたため、御府内は「朱引内」とも呼ばれるようになった。

朱線で示された江戸の範囲は、延享《えんきょう》2年（1745）に定められた町奉行支配地よりもだいぶ広かった。江戸の周辺農村部の都市化を幕府が追認した形となったわけである。

◎参考文献　玉井哲雄『江戸‐失われた都市空間を読む』（平凡社、1986年）、竹内誠『大系日本の歴史10 江戸と大坂』（小学館、1989年）、大石学『首都江戸の誕生―大江戸はいかにして造られたのか―』（角川書店、2002年）

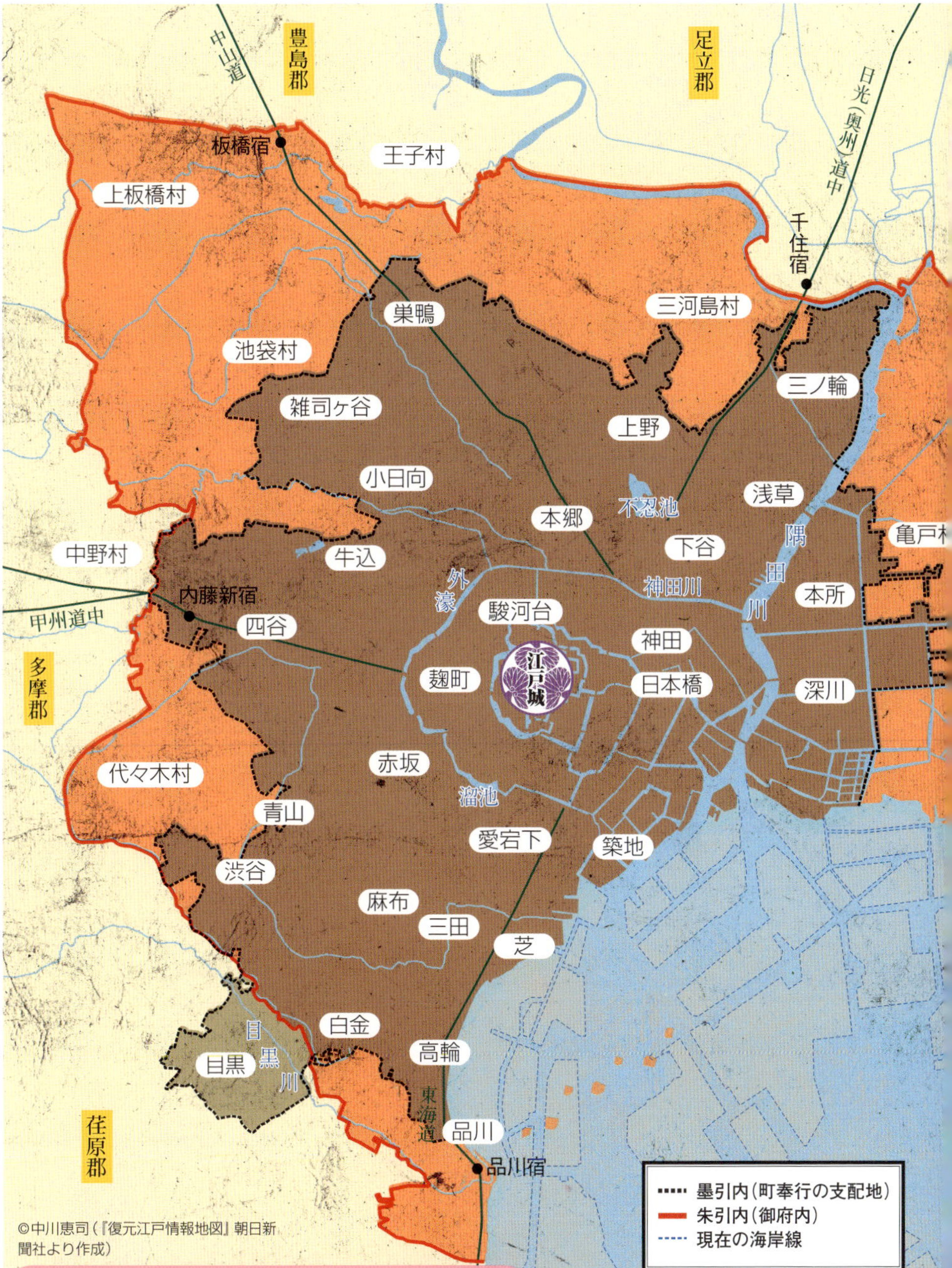

朱引図で示された江戸の範囲

町奉行所の支配地である墨引内は、南北と西側は現在のJR山手線とほぼ同じぐらいの範囲で、東側は、本所・深川あたりまで含み広い範囲になっていた。御府内を示す朱引線は墨引線よりひと回り広くなっている。

文化

誤差はわずか！ 伊能忠敬と日本地図

隠居してからの活躍

伊能忠敬《いのうただたか》といえば、はじめて実測により日本地図を作成した人物として知られる。その正確さは、現代の地図と比べても遜色なく、誤差はわずかだった。

忠敬は、はじめから天文学や測量術の道を歩んでいたわけではなかった。上総国《かずさのくに》（千葉県）に生まれた彼は、18歳で下総国《しもうさのくに》（千葉県）の伊能家の婿養子《むこようし》となり、酒造業などを営み、村の名主《なぬし》としても活躍した。そして50歳で隠居し、江戸に出るのである。

江戸に出た忠敬は、幕府の天文方《てんもんかた》高橋至時《よしとき》に師事し、以前から興味を持っていた天文学を学び、天体観測に熱中する。そして寛政《かんせい》12年（１８００）に幕府の許可を得て蝦夷地《えぞち》測量に着手。そして、このときの成果により、忠敬は、幕府から全国の測量および全国地図の製作を命じられる。こうして忠敬は、精度の高い日本地図の作成を目指して、文化13年（１８１６）まで全国の測量を行うこととなったのである。しかし、文政《ぶんせい》元年（１８１８）、74歳の忠敬は、地図の完成を見ずしてこの世を去った。地図製作は弟子たちの手によって継続され、文政４年（１８２１）、ついに大日本沿海輿地全図《だいにほんえんかいよちぜんず》（伊能図）が完成したのである。

伊能図の作成の事情

ところで、最初の蝦夷地の測量の際、幕府が測量を許可したのには理由があった。それは、忠敬が測量をはじめた寛政年間（１７８９～１８０１）、幕府は、蝦夷地にやってきたロシア船への対応に迫られていたからである。このため幕府は蝦夷地の地理を正確に把握する必要があり、忠敬らに測量を行わせたのである。

また、この時期、幕府は、幕府の正史『徳川実紀《じっき》』や地誌《ちし》書の『新編武蔵風土記稿《しんぺんむさしふどきこう》』など大規模な歴史書・地誌書の編纂を行っている。このような動きに則して、忠敬の伊能図の作成も計画されたのだった。その他、杉田玄白《げんぱく》や平賀源内《げんない》に見られる西洋自然科学への実践など、科学的実証的精神の高揚があったが、この時期の特徴である。

伊能忠敬像

江戸に移り住んだ忠敬は、深川黒江町（江東区門前仲町）に住み、測量旅行の際には、まず富岡八幡宮に参拝に来ることも多かった。この銅像は、平成13年（2001）につくられたもので、富岡八幡宮の境内にある。

◎参考文献　藤田覚「伊能忠敬と大地測量の技術者たち」（永原慶二・山口啓二編『講座・日本技術の社会史．別巻1』日本評論社、1986年）、青木美智男『大系日本の歴史11 近代の予兆』（小学館、1989年）

大日本沿海輿地全図と忠敬が使った道具

多少の誤差はあるものの、現在我々が見る日本地図とほとんど変わらない。伊能図の誤差は、最大でも距離で300分の1、方位で0.3度、緯度で1分、緯度1度の距離で0.13キロメートルという正確さだった。

『日本沿海輿地（小図）』
東京国立博物館蔵
Image: TNM Image Archives Source: http://TnmArchives.jp

半円《はんえん》方《ほう》位《い》盤《ばん》

遠くの山や島などの方位をはかる道具。

伊能忠敬記念館蔵

象《しょう》限《げん》儀《ぎ》(中)

星の高度をはかり、観測地点の緯度を算定する、江戸時代の測量道具。扇形の目盛盤に、望遠鏡がついている。

伊能忠敬記念館蔵

わんか羅鍼《らしん》

方位盤。どんな場所でも水平に保たれる構造になっている。

伊能忠敬記念館蔵

文化

名所めぐりとガイドブック

江戸庶民の行動範囲は?

名所をめぐる人々

江戸時代も後期になると、月見、雪見、蛍狩りなど、自然が美しい名所への行楽が一般化した。

　また、盛り場や信仰と結びついた寺社参詣《さんけい》、出開帳《でがいちょう》（→p.188）、勧進相撲《かんじんずもう》（→p.186）などの名所めぐりも普及し、日帰りの名所めぐりは特定の裕福な人たちのものではなく、庶民の楽しみの代表格となった。

『江戸名所図会』の刊行

　そうしたなか、実地見分をもとに考証を踏まえた名所の由緒や伝来記事を記し、さらに神仏のご利益や名物の食べ物などの記事を加えた絵入りの江戸地誌《ちし》『江戸名所図会《ずえ》』が神田（千代田区）の町名主《まちなぬし》斎藤幸雄《ゆきお》・幸孝《ゆきたか》・幸成《ゆきなり》（月岑《げっしん》）の父子三代の手によって、天保《てんぽう》5・6年（1834・35）に7巻20冊が刊行され、人気となった。

　内容は、日本橋（中央区）から始まり、江戸の各町についての由来や名所案内が中心だった。ただし、深大寺蕎麦《そば》（調布市）・谷保天《やぼてん》神社（国立市）・小山田旧関関戸惣図《おやまだきゅうかんぜきのとそうず》（多摩市）などの武蔵野、川口鍋匠《なべづくり》（埼玉県川口市）、行徳船場・汐浜・塩釜之図（千葉県浦安市）、河崎万年屋奈良茶飯・汐浜（神奈川県川崎市）、洲崎《すさき》明神・帷子川《かたびら》（神奈川県横浜市）など、江戸から離れたところにまで筆が及んでいる。

　これは、当時江戸の人々の行動範囲が、江戸市中だけでなく江戸周辺の名所にまで広がっていたことを意味している。遠くから江戸へ来た人も、もともと江戸に住んでいる人も、こうした地図や名所案内の本を頼りに、名所めぐりを楽しんだのである。

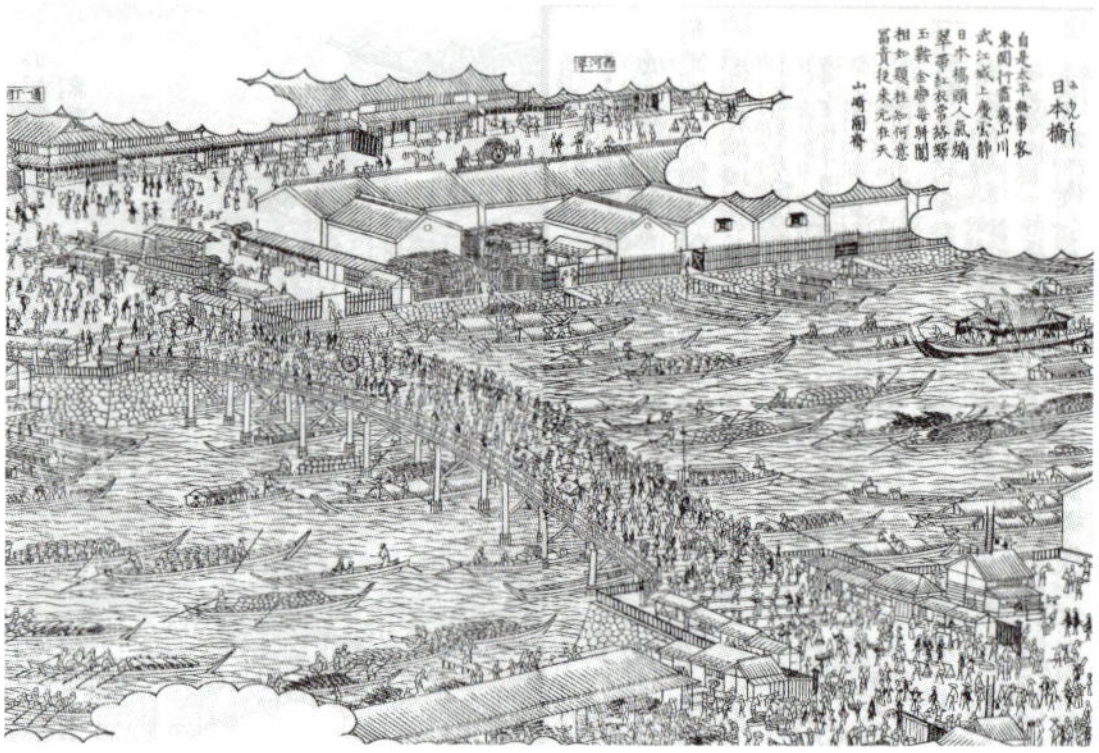

日本橋

江戸を代表する場所といえば日本橋。日本橋は１日中賑わいを見せていた。

『江戸名所図会』国立国会図書館蔵

◎参考文献　千葉正樹『江戸名所図会の世界』（吉川弘文館、2001年）、鈴木章生『江戸の名所と都市文化』（吉川弘文館、2001年）

江戸名所MAP

道灌山聴蟲《どうかんやまむしきき》

『江戸名所図会』に描かれた道灌山の虫聴きの様子。虫聴きとは、郊外へ出かけ、秋の虫の音を楽しむというもの。江戸時代、人気のあった風流な遊びである。

『江戸名所図会』 国立国会図書館蔵

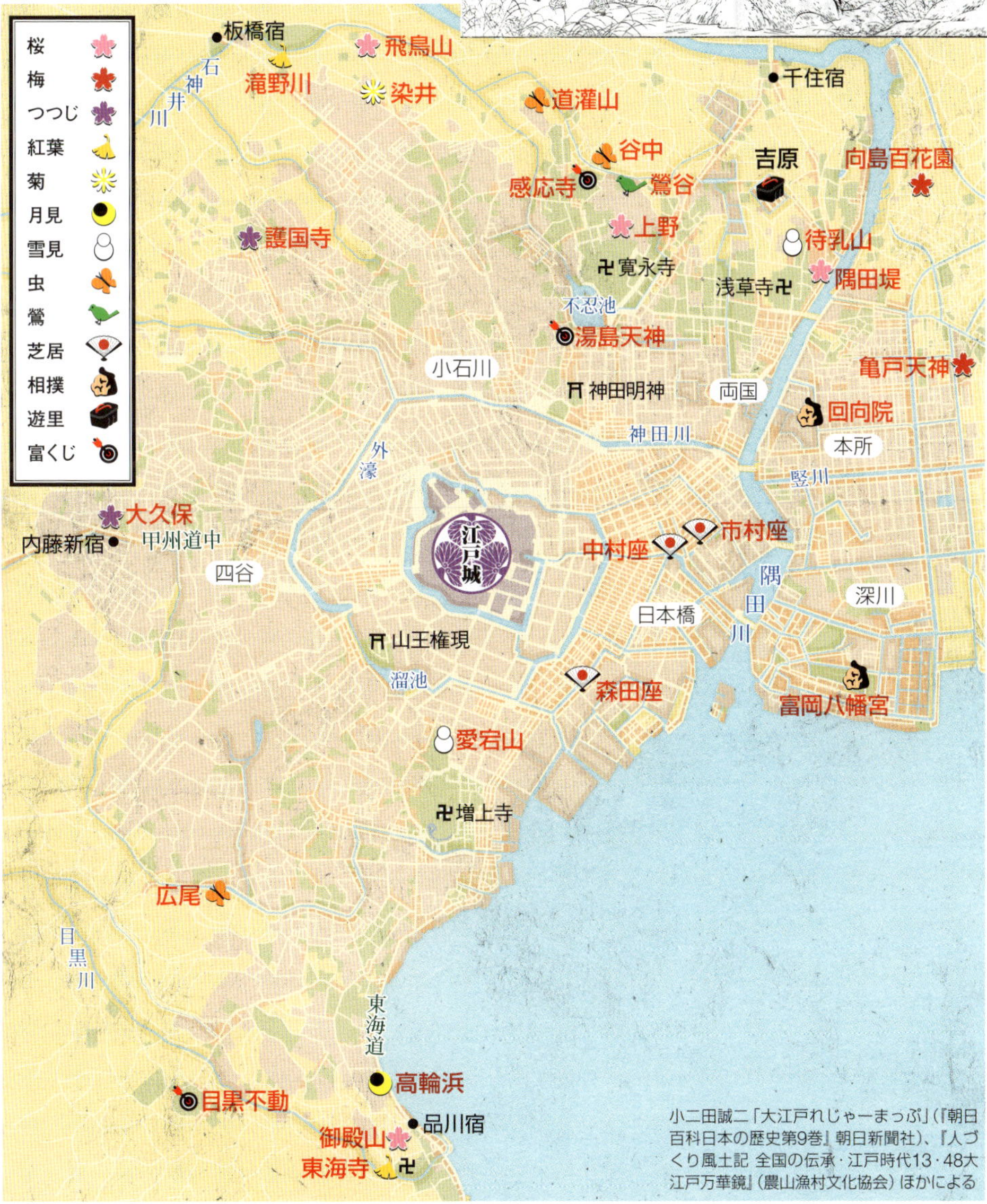

小二田誠二「大江戸れじゃーまっぷ」(『朝日百科日本の歴史第9巻』朝日新聞社)、『人づくり風土記 全国の伝承・江戸時代13・48大江戸万華鏡』(農山漁村文化協会)ほかによる

文化

大相撲

歌舞伎、吉原と並ぶ江戸の三大娯楽

「蒙御免」は、寺社奉行許可の証

相撲は、もともと神事とかかわりがあり、古来から行われた。かつては土俵がなく人垣のなかで行われ、現在のような丸い土俵を使用するようになったのは、江戸中期以降とされる。土俵ができたことでそれまでの力対力の勝負から、土俵際のせめぎ合いが生まれ、「小が大を制する」相撲ならではの醍醐味が生まれた。

江戸時代の相撲は、初期には寺社の修繕費用を集めるための勧進《かんじん》相撲として行われていたが、興行の際喧嘩《けんか》が多発し、一旦は禁止される。しかし、今度はかぶき者たちによる往来での辻《つじ》相撲《ずもう》が行われるようになり、これが市中の治安の悪化を招いたため、幕府は再び相撲を許可した。5代綱吉《つなよし》の治世の貞享《じょうきょう》元年（1684）には、相撲年寄によって相撲取りを統括する体制がしかれ、勧進相撲が復活した。

なお、勧進相撲は寺社奉行《ぶぎょう》によって許可されるもので、現在の番付にも残る「蒙御免《ごめんこうむる》」の文字は、寺社奉行の許可を受けたことを示すものである。

江戸時代の最高位は大関？

力士は大名のお抱えの者が多く、藩から禄《ろく》をもらっていた。10代将軍家治《いえはる》、11代将軍家斉《いえなり》の治世の天明《てんめい》〜寛政《かんせい》年間（1781〜1801）には、大名の参勤交代とともに江戸に人気力士が集結し、江戸の大相撲は黄金期をむかえる。松江藩（島根県）の雷電為《らいでんため》右衛門《えもん》や、仙台藩（宮城県）の谷風梶《たにかぜかじ》之助《のすけ》、久留米藩（福岡県）の小野川《おのがわ》喜三郎《きさぶろう》などが人気と実力を持ち合わせていた。

ところで、江戸期の番付の最上位は横綱ではなく、大関である。寛政元年（1789）に行司の吉田家から免許を受けた大関の谷風と小野川が綱を締めて土俵入りしたことが、のちに相撲の儀式となった。当時は、吉田家に免許された者が横綱となり、一種の名誉職だったため、勝率9割5分を超える強さを誇った雷電でさえ横綱にはなっていない。

勝川春好『江戸三幅対』 太田記念美術館蔵

江戸の三大スター

相撲の谷風、歌舞伎の市川団十郎、吉原の花扇。相撲は歌舞伎、吉原とともに江戸の人気娯楽のひとつだった。

◎参考文献　竹内誠監修『図説 大江戸ウォーク・マガジン』（新人物往来社、2000年）、牧野昇・会田雄次・大石新三郎監修『人づくり風土記 全国の伝承・江戸時代13・48大江戸万華鏡』（農山漁村文化協会、1991年）

江戸時代の相撲

歌川広重『東都両国 回向院境内相撲の図』山口県立萩美術館·浦上記念館蔵

勧進相撲は、当初、各地の寺社境内で行われたが、11代将軍家斉のころには、両国の回《え》向院《こういん》が興行場所として固定化した。相撲興行の日程は、安永6年(1777)以降、春冬の2回、晴れの日だけ10日間行われた。なお、回向院での相撲は明治維新後も続けられ、明治42年(1909)には境内に国技館がつくられた。その後国技館は蔵前へ移り、現在は再び回向院に近い両国の地に移っている。

江戸時代の相撲番付

現在の縦長1枚の番付は、9代将軍家重の時代の宝暦7年(1757)に江戸で生まれたもの。それまでは横長の紙2枚に西方·東方それぞれの番付が記載されていた。縦長1枚番付は見やすくて便利と好評を得て、ちまたでは、力士以外の順位も番付で表す見立《みたて》番付が流行。料理や産物、山川、温泉、名所、俳人、浮世絵師など、さまざまな番付がつくられた。

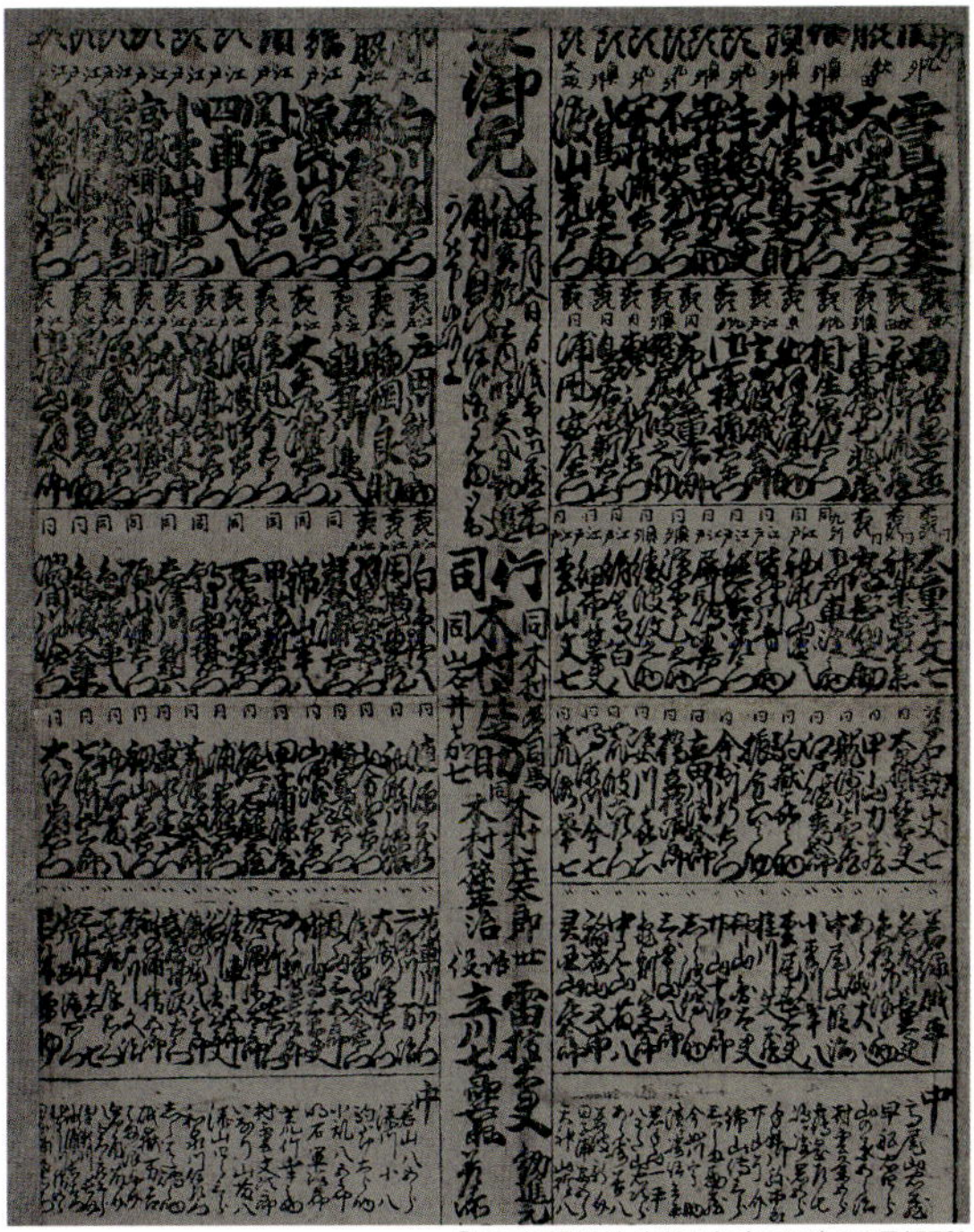

『江戸相撲番付 宝暦7年(1757) 10月場所』
相撲博物館蔵

文化

出開帳と富くじ

寺社参詣は人気のレジャー

宝くじのルーツ、富くじ

江戸時代、寺社は信仰の場であると同時に、レジャースポットでもあった。とくに寺社で行われるイベントで江戸の人々の人気を集めたのが、富《とみ》くじと出開帳《でがいちょう》である。

富くじとは、賞金つきのくじのことで、今でいう宝くじのようなもの。番号付きの富《とみ》札《ふだ》を発行し、公開で箱の中の木札を錐《きり》で突いて当選を決めたことから、「富突《とみつき》」「突富《つきとみ》」などと呼ばれ、単に「富」とも呼ばれるようになった。幕府が許可したもののみが興行を許されるシステムで、抽選は幕府の役人の立ち合いのもとで行われた。賞金額は100両におよぶ場合もあった。

富くじの人気は高く、最盛期の天保《てんぽう》年間（1830〜1844）には、江戸で年間120回も行われ、さらには影富《かげとみ》と呼ばれる不正な賭博《とばく》まで流行した。影富とは、富くじの当選番号の千番台や百番台などの数字に金銭を賭けるのである。賞金額は少なかったが、掛け金が少なく当選者が多く出るので、貧困層に人気があり、一時は正式な富くじをしのぐ人気だった。

谷中感応寺の富くじの様子

僧侶が大きな箱の中の木札を錐で突く様子を、大勢の人が見入っている。谷中の感応寺《かんのうじ》（台東区）、目黒不動尊（目黒区）、湯島天神（文京区）は、「江戸の三富」といわれ、富くじで著名だった。

『東都歳時記』より

◎参考文献　比留間尚『江戸の開帳』（吉川弘文館、1980年）、比留間尚「江戸の開帳」（西山松之助編『江戸町人の研究』第2巻、吉川弘文館、1973年）、浦井正明「御免富」（西山松之助編『江戸町人の研究』第6巻、吉川弘文館、2006年）

偽物も登場した出開帳

一方、出開帳とは、諸国の寺社の秘仏などを、江戸のような大都市で公開するもので、人々から金銭を募るために行われた。こちらも幕府の許可による。江戸で人気のひとつが、信濃国善光寺《しなののくにぜんこうじ》（長野県）の出開帳で、その収入は1万両を超えることもあったという。

このように出開帳は莫大な利益が得られたため、山師的な人物が、偽物を公開してボロ儲けをしたという話もある。文化8年（1811）に両国の回向院《えこういん》（墨田区）で行われた河内国《かわちのくに》（大阪府）の壺井八幡宮《つぼいはちまんぐう》の出開帳は、開帳されていた楠木正成《くすのきまさしげ》の霊宝などが、なんと江戸の質屋から借りてきたものであり、出開帳は急きょ中止になった事件も伝えられる。

東京さんぽ

「回向院」

墨田区両国にある浄土宗の寺院。国豊山無縁寺《こくほうざんむえんじ》と号する。明暦3年（1657）に起こった明暦の大火（➔p.80）の死者10万人余を葬るために設けられた。その後、境内は、諸国の寺社の出開帳や勧進相撲が行われ、江戸を代表する盛り場のひとつとなった。なお、江戸時代には、度々火災に遭い、現在の建物は第二次世界大戦後に再建されたものである。墓地には、江戸時代の国学者加藤千蔭《ちかげ》、戯作者の山東京伝《さんとうきょうでん》、天保3年（1832）に刑死した鼠小僧次郎吉《ねずみこぞうじろきち》の墓などがある。

回向院の由来を伝える立札。

回向院の出開帳

回向院は、寺社の出開帳の場として人気があり、江戸時代に166回も行われ、賑わいをみせた。

『江戸名所図会』より

長屋町人の収支と金銭感覚

江戸の町人の多くは長屋暮らし。決して裕福な暮らしではなかった。「江戸っ子は宵《よい》越《ご》しの金は持たない」というが、実際はどうだったのだろうか？ ここでは江戸後期の随筆『文政年間漫録《まんろく》』から、長屋に住む職人と商人の収支をのぞいてみよう。

ある大工一家の年間収支

大工の場合、1日8時間労働で、賃銀は3匁《もんめ》（4980円）ほどといわれ、ほかに飯料として約1匁2分《ぶ》（1992円）の銀が払われた。夫婦と子どもひとりの3人家族のある大工の年間収入は、銀1貫《かん》587匁（約263万円）ほど。これは、正月・節句や風雨での休日を除いて、294日の労働の対価。火事が多かった江戸時代、大工の仕事は多く、収入も比較的いいほうだった。年間支出は銀1貫515匁（約251万円）で、内訳は表のとおり。収入がいいとはいっても黒字は、わずか72匁（約12万円）だった。

年間収支の内訳

項目		金額
収入		銀1貫587匁（約263万円）
支出	飯米	354匁（約59万円）
	調味・光熱費	700匁（約116万円）
	道具・家具代	120匁（約20万円）
	家賃	120匁（約20万円）
	衣服費	120匁（約20万円）
	交際費	100匁（約16万円）
支出計		銀1貫515匁（約251万円）

＊元禄13年（1700）制定の公定相場（金1両＝銀60匁＝銭4000文）で換算、また、1両は10万円とした。

野菜売りの1日の収支

『文政年間漫録』には、棒手振《ぼてふ》り商人一家の暮らしぶりについてもふれている。棒手振り商人の場合、日銭《ひぜに》が入るが、特殊技術を身につけている大工などの職人より収入は少なく、「その日暮らし」だった。ここでは『文政年間漫録』に掲載されている商人の1日の暮らしぶりとあわせて紹介しよう。

1

野菜を行商する棒手振りの1日は、早朝に600文(1万5000円)程度の銭を持って、大根・蓮根・芋を青物市場に仕入れに行くことから始まる。仕入れの後は、肩にくいこむ天秤棒《てんびんぼう》の重さに耐え、声を張り上げて、野菜を売った。

2

日の傾くころには仕事を終えて、家に帰ったが、妻は昼寝からまだ目が覚めず、ふたりの幼い子どもも並んで寝ていた。仕方がないので夫は、夕食の仕度のために竈《かまど》に火を入れ、今日の売上を勘定して、翌日の仕度。しばらくすると、妻が目を覚まし買物に行くと言うので、白米代200文(5000円)と味噌と醤油代50文(1250円)を与える。やがてふたりの子どもも起き、菓子代をせびりに来たので、12文(300円)ほど与えた。

3

結局、今日の稼ぎから残ったのは、100~200文(2500~5000円)程度。これで酒を飲もうか、それとも風雨で働きに出られない日のために貯金をしようか….今日も野菜売りは悩むのだった。

◎参考文献　竹内誠『大系日本の歴史10 江戸と大坂』(小学館、1989年)、栗原柳庵「文政年間漫録」(三田村鳶魚編『未完随筆百種 第1巻』中央公論社、1976年)

江戸の旅行ブーム

文化　信仰から物見遊山へ

行動文化が花開き、旅行ブームに

江戸中期以降、江戸庶民たちの行動範囲は、さらに広がりを見せるようになる。日帰りレジャーから宿泊レジャー、つまり旅である。旅先として江戸庶民に人気があったのは、成田山《なりたさん》（千葉県）や、弁財天をまつる江《え》の島《しま》（神奈川県）など。いずれも江戸から50㎞～60㎞程度のところにあり、往復3泊4日くらいの距離である。これぐらいの旅なら費用もそれほどかからず、庶民でも気軽に出かけられた。

さらに江戸後期になると、伊勢神宮《いせじんぐう》（三重県）への参宮など、長期旅行に出かける庶民も増えてくる。十返舎一九《じっぺんしゃいっく》の滑稽本《こっけいぼん》『東海道中膝栗毛《とうかいどうちゅうひざくりげ》』の人気が、旅行ブームに火をつけたともいわれる。

旅の目的

田中丘隅《きゅうぐ》の『民間省要《せいよう》』によると、享保《きょうほう》年間（1716～36）頃までは、旅はつらいものであり、商売などの家職以外に行われる旅は巡礼修行の旅だったという。それが時代が下ると、目的の参詣《さんけい》のほかに、他の著名な寺社に参り、途中の名所や芝居小屋をも見物するようになった。たとえば伊勢参りのあ

『東海道中膝栗毛』より

江戸時代の旅といえば、弥次《やじ》さん喜多《きた》さんの『東海道中膝栗毛』。弥次さん喜多さんも伊勢を目指した。こうした旅の滑稽小説もまた、庶民の旅行ブームの火付け役となった。

◎参考文献　林英夫・青木美智男編『番付で読む江戸時代』（柏書房、2003年）、神崎宣武『江戸の旅文化』（岩波書店、2004年）、池上真由美『江戸庶民の信仰と行楽』（同成社、2002年）

御陰《おかげ》参り

伊勢の神域に入る手前の、宮川《みやがわ》の渡しの様子。毎年多くの参宮者を集めた伊勢神宮だが、60年ごとの遷宮《せんぐう》の年には爆発的な数の人々が伊勢へ向かった。この絵が描く天保元年（1830）は史上最大の規模となり、3月から8月の間に460万人が宮川の渡しを越え、伊勢参りとしたと伝えられる。

『伊勢参宮 宮川の渡し』
神奈川県立歴史博物館蔵

と、金比羅《こんぴら》（香川県）や西国《さいごく》三十三ヶ所をめぐり、さらに善光寺《ぜんこうじ》（長野県）にも寄ってくるといった旅である。一生のうちに何度も旅に出ることなどできない庶民にとって、旅の目的が信仰だけでなく、娯楽や見聞を広めることを含んだものになるのも当然のことだった。

旅の費用はどう捻出した？

ところで、長期旅行となると、庶民の場合、先立つものがなければどうにもならない。〝宵越《よいご》しの金を持たない〟江戸っ子たちは、一体どのようにして旅費を用意したのだろうか。

長期旅行を可能にした方法のひとつが、「講《こう》」と呼ばれるシステムである。これは、会員が旅費を積み立て、そのなかでくじ引きで決まった人に積立金を渡し、会員の代表として遠方までお参りにいってもらう方法である。選ばれれば数ヶ月にわたる旅行となり、代表者はほかの会員のために御札やおみやげを持ち帰った。

政治

御救小屋

江戸のセーフティネット

御救小屋とは

都市江戸は多くの災害に見舞われた。明暦《めいれき》の大火（➡p.80）をはじめ大規模な火災が何度も江戸を襲い、また寛保《かんぽう》2年（1742）の隅田川《すみだがわ》の出水をはじめ、数多くの洪水に悩まされた。さらに、地方の飢饉《ききん》も、米価の高騰につながり、大消費地江戸に大きな影響を与えた。

18世紀半ば以後は農村から江戸へ貧農層が流入するようになり、その日暮らしの下層民が急増した。こうした人々は、ひとたび災害が起きると生活が立ちゆかなくなり、行き倒れとなることも少なくなかった。さらに貧農層の流入は、江戸の治安の悪化ももたらした。

そこで幕府は、災害の被災者や、都市の窮民（その日暮らしの者）を収容するために、御救《おすくい》小屋と呼ばれる仮小屋を設置するようになった。同様のものは地方の諸藩でも設けられたが、大都市江戸では、とくに大規模な収容施設となった。

入所者が殺到した天保の飢饉

実際に御救小屋が設置されたときの状況を見てみよう。天保《てんぽう》4年（1833）から天保10年頃まで続いた天保の飢饉は、享《きょう》保《ほう》・天明《てんめい》とともに江戸三大飢饉といわれ、甚大な被害をもたらした。

この飢饉にともなう米価高騰により生活が困窮した下層町人への対策として、幕府は、天保4、5、7年に、施米《せまい》を実施した。とくに深刻な事態となっていた天保7年には、施米支給対象者が40万人を超えている。幕府はこの年、神田佐久間町（千代田区）に御救小屋を設置している。その収容者数は10日間で700人余に達したが、入所希望者が後を絶たず、急きょ増設して対応した結果、御救小屋は合計21棟となり、5800人を収容したという。

御救小屋では寝所とともに食事が与えられ、病人は医師による診察を受けることができた。また、幕府は、収容者の更生を促すため、昼間は収容者に元手銭を渡して働かせるという対応もとった。

天保の飢饉における御救小屋への窮民の殺到は、江戸の下層町人への対策が、幕府にとって重要な政策課題であることを、改めて認識させるものだった。

◎参考文献　南和男『幕末江戸社会の研究』（吉川弘文館、1978年）、小池智子「天保期江戸における貧民救済政策」（『史海』36、1989年）、延（小池）智子「江戸の行倒人対策」（竹内誠編『近世都市江戸の構造』三省堂、1997年）

御救小屋の様子

御救小屋の前では人々に施米などを行い、小屋の中では、病気の治療も行われた。

『荒歳流民救恤図』 国立国会図書館蔵

事件

蛮社の獄

保守派による開明派つぶし?

モリソン号現る

18世紀末から欧米列強の船が頻繁に近海に出没するなか、文《ぶん》政《せい》8年（1825）、幕府は、近海に現れた外国船には渡航目的を問わずただちに攻撃を加えて打ち払うという異国船打払令《うちはらいれい》を出した。

その後、11代将軍家斉《いえなり》から家慶《いえよし》へと将軍の代替わりがあった天保《てんぽう》8年（1837）に、アメリカ商船モリソン号が、通商や布教、日本人漂流民の送還を目的として江戸湾に現れる。しかし、折からの異国船打払令のため、モリソン号は砲撃にあい、撤退。オランダ商館長より、翌年もモリソン号が来航するとの知らせが届くと、幕府評定所《ひょうじょうしょ》ではその対応を評議し、再度打ち払うことを決定した。

これを聞いた尚歯会《しょうしかい》のメンバーは幕府の態度に憤慨し、田原藩家老で文人画家、蘭学者の渡辺崋山《わたなべかざん》が『慎機論《しんきろん》』を、シーボルトの鳴滝塾《なるたきじゅく》で学んだ町医者高野長英《たかのちょうえい》が『戊戌夢物語《ぼじゅつゆめものがたり》』を著し、幕府の対外政策を批判した。

保守派VS開明派の戦い

『戊戌夢物語』は老中水野忠邦《ろうじゅうみずのただくに》に知られ、水野は腹心であった目付鳥居耀蔵《とりいようぞう》に、モリソンと夢物語の関係を調査するよう命じた。

鳥居による告発状には、崋山が小笠原島への渡航計画に関与していること、崋山や長英、岸和田藩（大阪府）侍医の小関三英《こせきさんえい》ら蘭学者が集まって鎖国《さこく》政策批判をしていることなど、事実と異なることも記されていた。また、容疑者として代官江川英龍《えがわひでたつ》など開明派官僚の名も挙げられていた。これは開明派官僚や崋山を陥れるための保守派の鳥居の陰謀とされている。その後江川ら無実を証明された者もいたが、崋山や長英らは捕えられた。

取調べが進み、無人島渡航計画と崋山は無関係であることが認められつつあったところ、運悪く崋山の自宅から『慎機論』などの著作が押収され、崋山は幕政批判の罪を逃れることができなくなった。結局、崋山は田原（愛知県田原市）で蟄居《ちっきょ》、長英は永牢《えいろう》に。この一連の事件を、蛮社《ばんしゃ》の獄《ごく》という。この事件は、儒学を背負って立つ大学頭林述斎《だいがくのかみはやしじゅっさい》の四男であった鳥居による蘭学者弾圧事件だった。

この後、崋山は蟄居中に自殺。長英は牢屋敷で獄中生活を送っていたが放火をして脱獄、逃亡を続けたが幕府役人に発見され自殺した。

◎参考文献　佐藤昌介『渡辺崋山』（吉川弘文館、1986年）、鶴見俊輔『高野長英』（朝日新聞社、1985年）、三谷博「事件史と裁判―「蛮社の獄」の場合」（東京大学教養学部歴史学部会編『史料学入門』岩波書店、2006年）

列強の接近（1790〜1853年）

時期		日本近海に出没した外国船
1790年代	11代 家斉	ロシア　イギリス　アメリカ
1800年代		ロシア　イギリス　アメリカ
1810年代		ロシア　イギリス
1820年代		イギリス
1830年代	12代 家慶	ロシア　アメリカ
1840年代		ロシア　イギリス　アメリカ　フランス　デンマーク
1850〜53年	13代 家定	ロシア　イギリス　アメリカ　フランス　デンマーク　ルーマニア

ラクスマン来航（1792年、ロシア）漂流民大黒屋光太夫を送還し、通商を求める

フェートン号事件（1808年、イギリス）イギリス船がオランダ船を装い長崎に入港。オランダ人を人質に水と食料を要求。この事件が異国船打払令につながった。

1825年 異国船打払令

モリソン号事件（1837年、アメリカ）日本人漂流民7人の受け取りと通商を求めて来航。

1839年 蛮社の獄

ビッドル来航（1846年、アメリカ）コロンブス号で来航し、通商を要求するが幕府は拒絶。

1842年 薪水給与令

ペリー来航（1853年、アメリカ）翌年再来航し、日米和親条約締結（➜p204）。

『黒船来航譜』（毎日新聞社）などを参考に作成
＊毎年入港するオランダ船、国籍不明船は省略。

モリソン号

『天保八年七月浦賀奉行異船打払ノ始末届書』国立公文書館蔵

政治

天保改革

行きすぎた統制で2年で失敗に

水野忠邦の徹底的な改革

天保12年（1841）に大御所《おおごしょ》として実権を握っていた家斉《いえなり》が死去すると、12代将軍家慶《いえよし》のもとで、老中首座《ろうじゅうしゅざ》の水野忠邦《みずのただくに》を中心に改革政治が始まる。江戸時代の三大改革の最後にあたる、天保改革である。

忠邦が老中になったころは、相次ぐ外国船の日本への接近や物価の高騰、飢饉《ききん》、一揆《いっき》の発生など内憂外患《ないゆうがいかん》（国内と国外の危機）に直面しており、忠邦はこれらの問題に対応しなければならなかった。

「内憂」に対しては、徹底的な倹約令を出し、芝居や寄席《よせ》、出版物の統制強化を行った。歌舞伎の江戸三座が、江戸の中心から浅草に移転したのも、忠邦の風俗取締政策の一環だった。

また、株仲間を解散させて自由競争による物価の安定を図ったり、江戸に流入していた農民を帰村させる人返《ひとがえ》し令を出し農村の復興を図ったりした。そのほか領主支配が入り組んでいた江戸・大坂周辺地域を幕府の直轄領《ちょっかつりょう》として一元支配を行おうと上知令《あげちれい》を発布。一方、「外患」に対しては、高野長英や渡辺崋山が批判していた異国船打払令《うちはらいれい》（→p.196）をやめ、薪水《しんすい》給与令に改めた。

役人も取り締まりの対象に

天保改革といえば、締め付けの厳しさで知られるが、それは役人に対しても同じだった。たとえば美女の隠密《おんみつ》に華美な服装をさせて市中を歩かせ、それを取り締まるべき同心《どうしん》が見逃すと、翌日にはその同心が職務を全うしていないとクビになった話があるほどである。

しかし、あまりに厳しい改革のため人々の反発を買い、また上知令も大名・旗本らに強く反対され撤回となる。この結果水野は失脚し、改革は2年余で終わってしまった。

歌川国芳『源頼光公館土蜘作妖怪図』 早稲田大学図書館蔵

天保の改革の風刺画

武将 源 頼光《みなもとのよりみつ》と四天王がくつろいでいる絵だが、頼光の背後には土蜘蛛《つちぐも》がおぞましい姿をあらわし、闇のなかには無数の化け物がいる。表向きは土蜘蛛退治の物語を下敷きとしているが、実は天保改革を風刺した作品とされる。酷政を断行する為政者《いせいしゃ》たちと恨みの声をあげる庶民たちの姿を表現したもので、発売当時は大評判となった。

◎参考文献　竹内誠編『徳川幕府事典』（東京堂出版、2003年）、藤田覚『日本史リブレット48 近世の三大改革』（山川出版社、2002年）、北島正元『日本の歴史18 幕藩制の苦悩』（中央公論新社、1974年）

江戸時代のおもな改革

江戸幕府の三大改革　幕末の三大改革

5代綱吉	元禄《げんろく》時代（徳川綱吉《つなよし》） 貨幣改鋳による経済の混乱、生類憐みの令など。 悪政?
6代家宣 7代家継	正徳《しょうとく》の治《ち》（新井白石《あらいはくせき》など） 生類憐みの令の撤回、勘定吟味役の創設、 正徳金銀発行（デフレ政策）など。
8代吉宗	享保《きょうほう》改革（徳川吉宗《よしむね》） 上米令や新田開発の奨励、目安箱の設置、足高制による人材登用、 江戸の都市政策（町火消の創設、小石川養生所の設置。米価・物 価統制）など。
9代家重 10代家治	田沼時代（田沼意次《おきつぐ》） 悪政? これまでの農業依存の幕府経済から、重商主義経済への転換。 ただし賄賂が横行した。
11代家斉	寛政《かんせい》改革（松平定信《さだのぶ》） 田沼時代の重商主義政策を否定。都市・農村の秩序の再建、棄捐令 による旗本・御家人の救済、七分積金の法による町会所設立、人足寄 場の新設など。出版統制や風紀粛正も厳しく行った。
12代家慶	大御所時代（徳川家斉） 悪政? 国内外でさまざまな問題が勃発。これまで「政治的には積極的な対応 が見られなかった時期」との見方をされてきたが、実際には、関東取《とり》 締出役《しまりしゅつやく》、改革組合村などの政策がある。最近は「文政改革」として、 教科書でも取り上げられている。
12代家慶	天保改革（水野忠邦） 綱紀粛正・倹約令徹底による消費の抑制、株仲間の解散令、上知令 など。対外政策では、異国船打払令をやめ、薪水給与令に改めた。
13代家定	安政《あんせい》改革（阿部正弘《まさひろ》、堀田正睦《ほったまさよし》） 富国強兵を目的に、大胆な人材登用、財政改革、洋式軍制改革など に取り組んだ。
14代家茂	文久《ぶんきゅう》改革（徳川慶喜《よしのぶ》、松平慶永《よしなが》） 幕府職制の改革、京都守護職の設置、参勤交代の緩和。また軍政改 革として陸海軍に分けて常備軍を編制した。
15代慶喜	慶応《けいおう》改革（徳川慶喜、松平慶永） ナポレオン3世の援助によるフランス軍制の導入など。

三大改革とは、善政悪政交代説をもとにした江戸時代の見方でもある。つまり三大改革の前に悪政があり、その後善政である三大改革が行われるとみなすものである。しかし、新井白石らによる正徳の治や、幕末の三大改革など、これら以外にも大規模な改革は行われており、三大改革だけを強調するのも偏った見方といえる。また悪政と呼ばれている時代の政治も評価すべき点はあり、一概に悪政とはいえない。

江戸の有名人ファイル 4

「遠山の金さん」こと 遠山景元

桜吹雪の刺青はなかった？

桜吹雪の刺青《いれずみ》でおなじみの、時代劇のヒーロー「遠山の金さん」は、実在する人物である。その諱《いみな》を景元《かげもと》といい、はじめ金四郎《きんしろう》、後に左衛門尉《さえもんのじょう》と名乗った。景元は天保《てんぽう》11年（1840）から14年までと、弘化2年（1845）から嘉永5年（1852）まで計10年にわたり、町奉行《まちぶぎょう》を勤めた。

時代劇でのクライマックスは、何といってもお白洲《しらす》で見せる刺青である。明治26年（1893）に発行された雑誌のなかで、中根香亭《なかねこうてい》が書いた「帰雲子伝《きうんしでん》」（帰雲は景元の号）によれば、その刺青は、紙をくわえた美人の生首だったという。また、同年出版の『水野越前守《えちぜんのかみ》』では左腕に「花紋」の刺青をしていたと記しているが、これは、当時の鳶人足《とびにんそく》の刺青の図柄としては珍しいものではなかったという。

江戸市中には、刺青禁止の町触《まちぶれ》がたびたび出されたが、景元自身が町奉行を勤めていた天保年間（1830〜44）にも、その触は出された。しかし、刺青が本当なら、自分で自分の首を絞めることとなる。また、金さんといえば、「遊び人」というイメージもあるが、これも「帰雲子伝」の記事がもとになっているようである。それによると「若い頃に遊里に出入し無頼漢《ぶらいかん》と交わり、放蕩《ほうとう》していたので町奉行になっても町人の気持ちがわかった」とある。しかし、これらの史料は後年のものであり、実在の景元を伝えているかは不明である。「遠山の金さん」に本当に刺青があったのか、遊び人だったのか、その実態はいまだ謎である。

青年期の放蕩時代に彫り物を入れたといわれるが、その真相は定かではない。

◎参考文献　藤田覚『遠山金四郎の時代』（校倉書房、1992年）、藤田覚『大江戸世相夜話』（中央公論新社、2003年）

第5章

幕末維新

【13代～15代】将軍とその時代

【13代】徳川家定《いえさだ》

●生没1824～1858年
●在職1853～1858年
●享年35歳

12代将軍家慶《いえよし》の四男。ペリーが来航した嘉永《かえい》6年（1853）将軍に就任。在職中に日米和親条約が締結され、安政《あんせい》4年（1857）には、日米和親条約に基づき来日したアメリカ総領事ハリスと謁見《えっけん》した。家定のエピソードとしては、庭のアヒルを追いかけたり、豆を煎《い》って家臣に与えるのを好んだ等の話が伝えられている。元来、病弱で将軍的資質を欠くとの指摘もあり、就任直後から将軍継嗣《けいし》問題が浮上していた。

【14代】徳川家茂《いえもち》

●生没1846～1866年
●在職1858～1866年
●享年21歳

紀州《きしゅう》藩主徳川斉順《なりゆき》（11代将軍家斉《いえなり》の六男）の長男。将軍家定の継嗣をめぐって一橋慶喜《ひとつばしよしのぶ》と争うこととなり、大老《たいろう》の井《い》伊《い》直弼《なおすけ》らに支持され、将軍に就任。就任後、公武合体《こうぶがったい》政策のもと皇女和宮《こうじょかずのみや》と結婚。家茂は温和な性格で幕臣からも慕われ、和宮との仲も円満だったといわれる。文久《ぶんきゅう》3年（1863）、3代家光以来、約230年ぶりに上洛《じょうらく》。慶応2年（1866）、第二次長州戦争に出陣中、大坂で21歳の若さで病死。

【15代】徳川慶喜《よしのぶ》

●生没1837～1913年
●在職1866～1867年
●享年77歳

水戸藩主徳川斉昭《なりあき》の七男として誕生。弘化《こうか》4年（1847）、御《ご》三卿《さんきょう》の一橋家を相続。13代将軍家定の継嗣争いでは敗れるが、文久2年（1862）に将軍後見職《こうけんしょく》に就任し、家茂死去後、将軍空位期間を経て、15代将軍に就任した。しかしその翌年には、朝廷に政権を返上（大政奉還《たいせいほうかん》）。明治元年（1868）、鳥羽伏見《とばふしみ》の戦いで敗れた後は寛永寺《かんえいじ》（台東区）にて謹慎、朝廷に対して恭順《きょうじゅん》の意を表した。

おもな出来事

将軍	西暦	元号	出来事
家定	1853	嘉永6	ペリーが浦賀《うらが》に来航
	1853	嘉永6	12代将軍家慶死去。家定が13代将軍に就任
	1854	安政元	ペリー再来日
	1855	安政2	江戸大地震（安政の大地震）
	1856	安政3	アメリカ領事ハリス来日
	1858	安政5	日米修好通商条約に調印
	1858	安政5	コレラ大流行
家茂	1858	安政5	家定死去。家茂が14代将軍に就任
	1858	安政5	大老の井伊直弼が一橋派や攘夷《じょうい》派を弾圧（安政の大獄《たいごく》）
	1860	万延元	遣米使節団《けんべいしせつだん》出発
	1860	万延元	井伊直弼暗殺（桜田門外《さくらだもんがい》の変）
	1861	文久元	皇女和宮降嫁（公武合体）
	1863	文久3	薩英戦争
	1866	慶応2	薩長盟約《さっちょうめいやく》
慶喜	1866	慶応2	家茂死去。慶喜が15代将軍に就任
	1867	慶応3	大政奉還。王政復古《おうせいふっこ》宣言
	1868	明治元	鳥羽伏見の戦い。戊辰《ぼしん》戦争始まる
	1868	明治元	江戸城開城
	1868	明治元	江戸が東京に改められる
	1869	明治2	東京遷都《せんと》が決定

こんな時代

嘉永6年（1853）、家定が13代将軍に就任した年は、ペリー来航という衝撃的な出来事があった。これ以降、開国か攘夷《じょうい》か、公武合体《こうぶがったい》か尊王攘夷《そんのうじょうい》かが、主要な争点となる。時の老中阿部正弘《まさひろ》は、開国の是非をめぐって諸大名に意見を求めるなど、公論衆議《こうろんしゅうぎ》による国家運営を目指した。

対外関係の変化により、社会も大きく変化した。世界資本主義に編入されたことで経済的変化が生じ、西洋化を目指した軍事制度改革も積極的に行われるようになった。これらの変化は、近代国家を準備するものだった。

しかし、禁門の変や長州戦争などの戦争がおこり、世直し一揆《いっき》も続発した。変革を求める動きは高まり、江戸幕府の265年におよぶ時代は終焉を迎えることとなるのである。

◎参考文献　徳川記念財団編・発行『徳川家茂とその時代―若き将軍の生涯―』（2007年）、大石学「徳川家定の将軍的資質をめぐって」（同編『時代考証の窓から―篤姫とその世界―』東京堂出版、2009年）、松浦玲『徳川慶喜 増補版』（中央公論新社、1997年）、久住真也『幕末の将軍』（講談社、2009年）

黒船来航　安政元年（1854）のペリー艦隊再来航を描いたもの。蒸気船ポウハタン（2415トン）、サスケハナ（2450トン）、ミシシッピ（1692トン）など巨大な船だった。

近晴『泥絵 武州潮田遠景』（財）黒船館蔵

事件

ペリー来航

「泰平の眠りをさます」事件

黒船がやってきた！

嘉永《かえい》6年（1853）6月3日、アメリカ東インド艦隊司令長官ペリーが4隻の艦隊を率いて浦賀沖《うらがおき》（神奈川県横須賀市）に現れた。大統領フィルモアの親書を渡すためである。幕府は当初、日本の国法にしたがい長崎に回航するよう要請したが、米国側は江戸近郊で直接手渡すことを求めた。そして9日、浦賀から程近い久里浜《くりはま》（横須賀市）にて親書の授受が行われた。親書は通商関係の締結を求める内容で、その回答を得るため来春に再来することを告げて、ペリーは12日に江戸湾を去った。

「泰平《たいへい》の眠りをさます上喜撰《じょうきせん》たった四はいで夜も眠れず」。

これは、黒船来航時に詠《よ》まれた有名な狂歌《きょうか》である。上喜撰とは、当時のお茶の銘柄で、そのお茶を4杯飲んで眠れなくなる状態と、ペリー艦隊の蒸気船の来航をかけて、江戸の混乱ぶりを詠んでいる。

当時60歳だった12代将軍家慶《いえよし》は、ペリー来航の報告を受けて大いに驚き、病気で寝込んだと、水戸前藩主徳川斉昭《なりあき》は記している。家慶は、ペリー来航からおよそ20日後の6月22日に病死。13代将軍に家定《いえさだ》が就任した。

「ペリー来航」は織り込み済み？

ところで、狂歌にあるような江戸の世情や、徳川斉昭が

◎参考文献　宮地正人『幕末維新期の社会的政治史研究』（岩波書店、1999年）、三谷博『ペリー来航』（吉川弘文館、2003年）、岩下哲典『予告されていたペリー来航と幕末情報戦争』（洋泉社、2006年）

日米和親条約締結の様子 条約を締結し、饗応の席に着く米国使節団。

『使節ペリー横浜応接の図』横浜市中央図書館蔵

黒船を見物する庶民

ペリー再来時には、多くの人が見物に現れ、異国船見物禁止の町触が出されたほどだったが、あまり効果がなかった。

『黒船来航風俗絵巻』 埼玉県立歴史と民俗の博物館蔵

記録した将軍の動揺とは異なり、幕閣や一部の有力大名たちは、ペリー来航の情報を事前につかんでいた。幕府は、毎年長崎出島のオランダ商館長に海外情報に関する報告書「和蘭風説書《オランダふうせつがき》」「別段風説書《べつだんふうせつがき》」を提出させており、前年にはすでにこの情報が記されていた。老中《ろうじゅう》らは、事前に評議を重ねていたのだった。

ペリー、再び

安政元年（1854）1月16日、ペリーは宣言どおり再び江戸湾に来航。同年3月3日に日米和親条約が締結された。老中の阿部正弘は、前年のペリーの要求について、朝廷《ちょうてい》に奏聞《そうもん》し、諸大名に意見を求めていた。開国という幕府の政策は、「公論衆議《こうろんしゅうぎ》」の考えのもと、朝廷、諸大名など広く同意を得たかたちで実現されたのだった。

ペリー来航を契機に、国内の政治は朝廷や諸大名の意見を踏まえる比重が増し、他方、民衆の政治への関心はよりいっそう高まったのである。

文化

情報社会・江戸

ペリー来航の衝撃も瞬く間に伝達

ペリー一行を接待した様子を描いた瓦版

ペリーの2度目の来航時のときに、幕府がアメリカ側を接待した様子を描いたもの。当日の献立も紹介された。　『武州横浜於応接所饗応之図』（財）黒船館蔵

情報飛び交う江戸の町

現代は、テレビや新聞、インターネットなどにより、さまざまな情報を手軽に入手することができる。一方、江戸時代も後期になると現代社会と同じとまではいかないものの、全国で情報が飛び交う世の中になっていた。

当時の情報は、さまざまなジャンルの公認・非公認の書物、瓦版《かわらばん》（読売《よみうり》）や風刺画などにより伝えられた。そのなかでも、近代以降の新聞メディアの先駆的存在とされる瓦版や風刺画などの刷物《すりもの》の影響は大きかった。徳川幕府は民衆による政治批判を許さず、原則として読売などの発行も禁止していた。しかし、政治批判や風刺は口伝《くでん》や写しという形で広まり、記録されていった。とくにペリー来航（→p.204）の際には、江戸では大量の刷物が刷られ、町人らの手にわたった。これ以後、安政《あんせい》大地震

清水晴風画『街の姿江戸の物売り物貰い図譜』より

瓦版売り

瓦版は、街頭で読みながら売り歩いたことから、読売ともいう。木版摺りが一般的。文字だけでなく絵入りのものもたくさん刷られた。

◎参考文献　南和男『江戸の風刺画』（吉川弘文館、1997年）、吉原健一郎『江戸の情報屋』（日本放送出版協会、1978年）、藤岡屋由蔵『藤岡屋日記』全15巻（三一書房、1987~1995年）

想像力豊かなペリーの肖像画

ペリーの肖像画は数多く残っているが、多くは風聞に基づいて描かれたもの。そのため実際とはかなり異なるペリー像が多い。

どことなく西郷隆盛像にも似ている、ユーモラスなペリー像 『北亜墨利加人物ペルリ像』横浜開港資料館蔵

異国人への恐れと鼻の高さを天狗に重ねたのか、こんな天狗のようなペリー像も描かれた。

『天狗ペリー』（財）黒船館蔵

誇張されたペリー像が多いなかで、かなり本物に近いペリー像。

『水師提督名マツラウセペルリ』（財）黒船館蔵

やコレラの流行（➡p.212）など、世間を揺るがす大事件や出来事が勃発するたびに、多くの刷物が江戸のあちこちに飛び交うようになった。

江戸の情報屋・藤岡屋由蔵

文字文化が浸透した江戸後期になると、これらの情報が全国の民衆によって記録として書き留められるようになる。こうした記録を風説留《ふうせつどめ》といい、現在まで数多く残されている。

江戸後期には、情報を商売とする者も現れた。

古本業の藤岡屋由蔵《よしぞう》（本由《ほんよし》）は、上州藤岡（群馬県藤岡市）出身で、外神田《そとかんだ》（千代田区）で古本屋を営むかたわら、日々記録した情報を売っていた。これは『藤岡屋日記』と呼ばれ、文化元年（１８０４）から明治元年（１８６８）までの65年間にわたる記録が収められている。

情報の内容は、江戸市中の怪しげな風聞から幕府や大名家等の政治情報などニュース性を持つものまで幅広く、江戸藩邸詰の武士も情報収集のために買いにきたという。由蔵は下座見《げざみ》という情報探索者を使って情報収集を行い、それを１００文《もん》くらいで売っていたともいわれる。

政治・社会状況が混沌とすると、多くの情報が飛び交い、人々も情報を求めた。由蔵のような情報屋も繁盛したようで、「本由は人の噂で飯を食い」とうたわれ、情報の売買が本業として成り立つような社会となっていた。

政治

本格的に始まった 幕末期の江戸の防衛体制

ペリー来航と軍事施設の建設

江戸湾内海にまで侵入したペリー来航（↓p.204）の事件は、幕末の幕政改革に大きな影響を与えた。幕府は、18世紀末頃からの外国船の接近に対し警戒を強めていたが、ペリー来航以後は、西洋軍事技術の導入を図るための軍制改革や軍事施設の設置を積極的に行う。

ペリー来航直後には、品川沖（港区）に台場《だいば》（砲台場）を建設。完成した台場は西洋式を取り入れた五稜形で、建設費は75万両に上った。

その後も幕府は鋳砲《ちゅうほう》場の設置や、洋式小銃《しょうじゅう》の製造、火薬の製造など次々に防衛体制を整えていく。ただ火薬の製造では、惨事を引き起こすこととなった。江戸周辺地域の各地に水車を利用した製造を命じたのだが、水車番たちが火薬の製造に不慣れだったため、爆発事故が多発した。

江戸防衛体制の強化は、周辺地域の住民の生活を脅かすものでもあった。

軍制改革の展開

幕府は、軍事施設の建設とともに西洋流の調《ちょう》練《れん》も導入している。角筈《つのはず》村（新宿区）に調練場、築地鉄砲洲《つきじてっぽうず》（中央区）には幕臣の総合武芸練習場として講武所《こうぶじょ》を開場した。さらにその講武所内に軍艦教授所（のち軍艦操練所）を設置し、深川越中島《えっちゅうじま》（江東区）に銃隊調練場を設置した。幕府は、この時期に陸海軍創設の下地を築いたのである。

安政以降も軍制改革は進んだ。幕末期の一連の軍制改革は、全国を防衛するための軍事機構の創設を目指していた。結果、その成果の多くは、維新《いしん》政府に引き継がれることとなる。

東京さんぽ

「お台場」

いまやレジャースポットとして人気のお台場は、文字通り江戸時代に台場があったことからつけられた名称。今でも第三台場と第六台場が史跡として残されている。第三台場は当時は海上にあったが埋め立てられ現在は陸続きになっている。砲台跡や火薬庫跡が残り、台場公園として開放されている。第六台場は植物や野鳥の宝庫であり、保全のため立入禁止になっている。

第三台場は、公園として整備され、一般に開放されている（台場公園）。

台場公園にある砲台跡。

◎参考文献　熊澤徹「幕府軍制改革の展開と挫折」（『講座日本近現代史』一、岩波書店、1993年）、大石学『享保改革の地域政策』（吉川弘文館、1996年）、三谷博『明治維新とナショナリズム』（山川出版社、1997年）

幕末・明治初期における江戸周辺の軍事施設

徳丸が原（板橋区）での砲術の調練風景。
『高島四郎太夫砲術稽古業見分之図（部分）』板橋区立郷土資料館蔵

大石学『享保改革の地域政策』（吉川弘文館）をもとに作成

政治

通商条約締結

ハリスと幕府の交渉は？

ハリスの江戸城登城

『ハリス登城の図』（財）黒船館蔵

中央がハリス。ハリスの前にいるのが、下田奉行井上清直《いのうえきよなお》。その前（先頭）が海防掛大目付の岩瀬忠震《いわせただなり》。このふたりが、幕府から全権を与えられ、交渉に臨んだ。ハリスの後ろは通訳のヒュースケン。

将軍家定との謁見

安政《あんせい》3年（1856）7月、アメリカ総領事タウンゼント・ハリスが、通訳のヒュースケンをともない下田（静岡県）に到着した。日米和親条約に基づいて領事として駐在し、ペリーが果たせなかった通商条約を結ぶための来日である。当初幕府は、領事駐在を拒んだが、結局ハリスの着任を認めざるをえず、下田の玉泉寺《ぎょくせんじ》にアメリカ領事館が開設された。

ハリスは、着任当初から江戸出府のうえ将軍へ着任の挨拶をすることを求め、来日から約1年以上を経た安政4年（1857）10月21日、江戸城に登城、13代将軍家定《いえさだ》に謁見《えっけん》した。国書を進呈し、自身が挨拶を述べた後の将軍の応答を次のように日記に綴っている。

「短い沈黙ののち、大君は自分の頭を、その左肩をこえて、後方へぐいっと反らしはじめた。同時に右足をふみ鳴らした。これが3、4回くりかえされた。それから彼は、よく聞こえる、気持ちのよい、しっかりした声で、次のような意味のことを言った。『遠方の国から、使節をもって送られた書翰《しょかん》に満足する。同じく、使節の口上に満足する。両国の交際は、永久につづくであろう』」

日米修好通商条約の締結

ハリスの来日から2年後の安政5年（1858）、幕府は、アメリカとの自由貿易を承認する日米修好通商条約の締結に踏み切った。当初幕府は、朝廷《ちょうてい》からの勅許《ちょっきょ》を受けたうえでの締結を目指していたが、孝明《こうめい》天皇は勅許を拒否し、結局、大老《たいろう》井《い》伊《い》直弼《なおすけ》のもと無勅許による調印となった。この条約により、神奈川、箱館（函館）、長崎などの開港と江戸・大坂の開市が定められた。

ところで、この通商条約はいわゆる不平等条約（関税自主権、領事裁判権）として知られる。実際、その後の明治政府にとって、こ

◎参考文献　坂田精一訳『ハリス日本滞在記』上・中・下（岩波書店、1953~4年）、三谷博『ペリー来航』（吉川弘文館、2003年）、港区立港郷土資料館編・発行『江戸の外国公使館』（2005年）、井上勝生『シリーズ日本近現代史１幕末・維新』（岩波書店、2006年）

日米修好通商条約のおもな内容

- 神奈川・長崎・新潟・兵庫の開港
- 江戸・大坂の開市
- 通商は自由貿易
- 開港地に居留地を設置。一般外国人の国内旅行を禁止
- 日本滞在のアメリカ国民への領事裁判権の容認（治外法権）
- 関税は日本側に税率の決定権がなく、相互で協力して決める協力関税とする（関税自主権の欠如）など

➜p228

横浜港

文久元年（1861）に描かれたもの。荷役に従う西洋人を描いている。

貞秀『横浜交易西洋人荷物運送之図』 横浜開港資料館蔵

の条約の改正が悲願となる。ただ、13回にもおよぶ粘り強い交渉の末、日本側の主張を通した条目も実はけっこうあった。たとえば外国人遊歩の範囲を10里以内に限定したこと、また居留地《きょりゅうち》以外での外国商人の商行為を禁止したことなどである。ちなみに日米修好通商条約の前に締結された中国の天津《てんしん》条約では、外国人の国内自由通商権が認められていた。

　アメリカとの条約締結についで、幕府は、オランダ、ロシア、イギリス、フランスとも同様の条約を結んだ。

　これらの条約の締結に従い、翌年、江戸には各国の公使館が置かれた。アメリカは善福寺《ぜんぷくじ》（港区元麻布）にハリス、イギリスは東《とう》禅《ぜん》寺《じ》（港区高輪）にオールコック、フランスは済海寺《さいかいじ》（港区三田）にベルクールが、それぞれ総領事として着任した。ハリスは、日本と諸外国との橋渡し役としての役割を果たし、文久《ぶんきゅう》2年（1862）に帰国した。

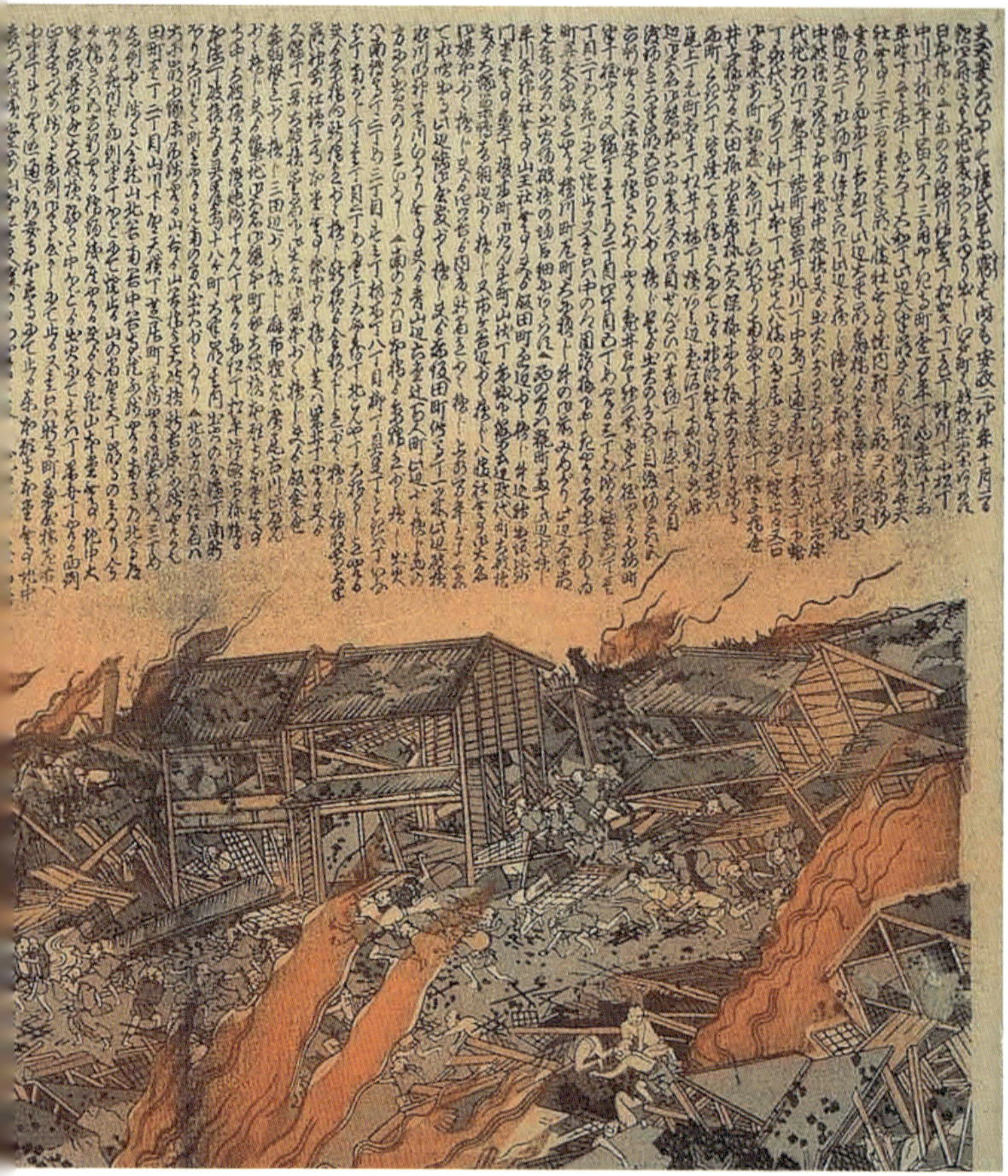

事件

大地震とコレラの流行

大災害で江戸の町はパニックに

大地震の発生とコレラの大流行

安政《あんせい》2年（1855）、荒川《あらかわ》河口付近を震源とする直下型の大地震が江戸の町を襲った。地震直後に発生した火事は翌日朝に鎮火したが、下町を中心に、町方《まちかた》の家屋の約10％が全壊、多くの大名屋敷も影響を受けた。その死者数は町人地だけでも死者4200人余、負傷者2700人余に上った。

安政5年（1858）、今度は、大地震の復興もそこそこの江戸を、コレラの大流行が襲った。インドの風土病だったコレラは、欧米列強の植民地政策のなかで、世界各地へと広められ、ついにアメリカの軍艦ミシシッピ号により日本へと持ち込まれたのである。安政5年5月長崎から持ち込まれたコレラは、7月下旬には江戸の町にまで達し、人々を恐怖に駆り立てた。8月上旬には江戸全体から近郊地域まで急速に拡大し、同月中旬ピークに達した。コレラによる江戸の死者数は、最盛期の8月初旬から9月末までの2ヶ月足らずで3〜4万人におよんだと考えられる。

◎参考文献　北原糸子『地震の社会史 安政大地震と民衆』（講談社学術文庫、2000年）、高橋敏『幕末狂乱 コレラがやって来た』（朝日新聞社、2005年）、山本俊一『日本コレラ史』（東京大学出版会、1982年）

安政の大地震を伝える読売

地震の被害状況などがくわしく書かれている。

『安政二年江戸大地震火事場の図』国立国会図書館蔵

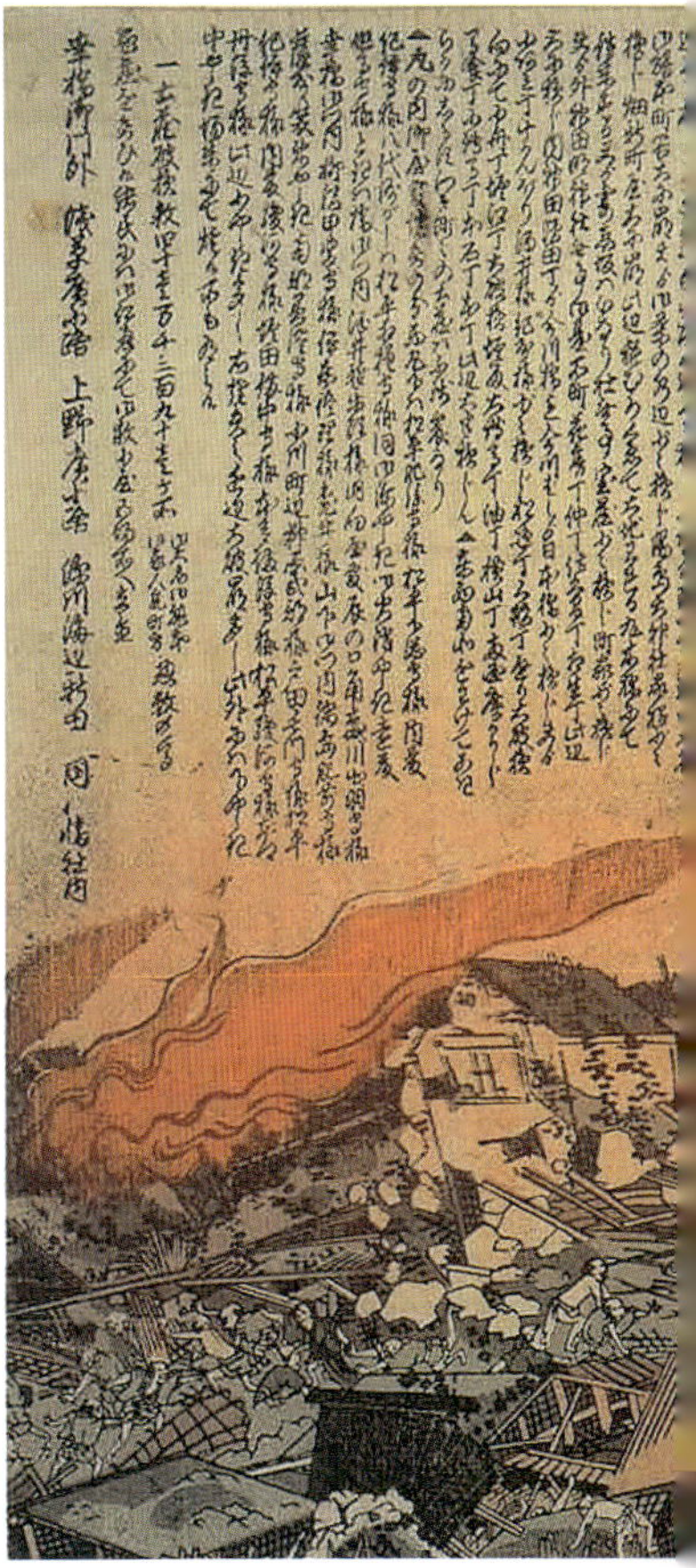

吉原の花魁《おいらん》の鯰退治

吉原の花魁やかむろたちが鯰を叩いて攻め立てている一方で、鳶《とび》の者たちが鯰をかばおうとしている。復興のために職人は潤ったのでこんな絵もよく書かれた。

『志んよし原大なまづゆらひ』消防博物館蔵

人々の恐れと妄想

ペリー来航のショックに加え、大地震やコレラの大流行が起こり、人々はこの世の終わり、世紀末を感じた。恐怖に駆られた人々は、虚実入り交じった情報のなかで、近代的医学よりも呪術《じゅじゅつ》や宗教に救いを求めた。

当時、地震の原因は地底に潜む大鯰《おおなまず》で、それを武甕槌神《たけみかづちのかみ》が鹿島神宮《かしまじんぐう》の要石《かなめいし》で押さえ込んでいると信じられていた。そこで、その大鯰を描いた、鯰絵《なまずえ》（鯰を描いた瓦版《かわらばん》など）が、震災直後から売り出され、人気を集めた。

一方、コレラの大流行では、アメリカから持ち込まれたとの噂からか、日常性の〝悪〟の象徴である狐《きつね》と〝異〟とが習合されて「アメリカ狐」や「千年モグラ」、「イギリス疫兎《えきと》」と称され、妄想上の怪獣による仕業と考えられるようになった。この怪獣を退治する一策として、ヤマトタケル東征時に道案内した伝承を持つ狼を眷属《けんぞく》の神犬として祀《まつ》っていた武州三峯神社《ぶしゅうみつみねじんじゃ》（埼玉県秩父市）の御犬様が注目された。人々は御札の神通力によって、怪獣を追い払おうとしたのである。

13代❖家定

政治

篤姫と江戸城

幕末に存在感を発揮した大奥

将軍継嗣問題と篤姫

安政《あんせい》3年（1856）12月18日、13代将軍徳川家定《いえさだ》と薩摩藩主島津斉彬《しまづなりあきら》の娘*篤姫《あつひめ》との間で婚礼が行われた。家定33歳、篤姫21歳。この縁組に際し、篤姫はある使命を託されていた。それは、次期将軍に一橋慶喜《ひとつばしよしのぶ》を推すよう家定を説得する、というものだった。

家定は正室ふたりを亡くし三度目の結婚だったが、ふたりの前妻との間に子どもはなく、また元来病弱だったため、篤姫との結婚も、子どもをもうけるのは難しいと思われていた。そこで周囲は、将軍継嗣をめぐって、一橋慶喜を擁立する一橋派と、徳川慶福《よしとみ》を擁立する紀州《きしゅう》派との間で、激しく対立していたのである。島津斉彬は、一橋派を支持。篤姫は父の思いを受けて江戸城に入った。

しかし、篤姫が過ごす大奥は、ほとんどが紀州派で、家定も一橋慶喜を気に入っている様子ではなかった。父の意向に応えられないまま時がすぎ、やがて自身もまた「天璋院様《てんしょういんさま》（篤姫）が紀州を好いとしておられました」（『旧事諮問録』）とあるように、紀州派支持へと傾いていったようである。

その後、一橋慶喜を推していた老中《ろうじゅう》阿部正弘《あべまさひろ》が亡くなり、紀州派の中心人物である井伊直弼《いいなおすけ》が大老になると、徳川慶福が将軍継嗣《けいし》であることが公式に発表された。それから間もなく家定は病死。慶福は家茂《いえもち》と改名し、14代将軍になった。

*正確には養女。当時、島津家には年相応の娘がいなかったことから、一門今和泉《いまいずみ》島津家の娘一子《かつこ》（のちの篤姫）を養女とし、実子として婚礼の準備を進めた。

川村清雄筆『天璋院肖像』徳川記念財団蔵

天璋院

1836~1883年。薩摩出身の篤姫だが、夫、家定の死後もあくまで徳川家の人間として過ごした。島津家から金銭的援助も受け取らなかったといわれる。

江戸城大奥と幕末政治

結局、篤姫は父の使命を果たすことができず、家定との結婚生活もわずか1年半で終わった。篤姫は23歳の若さで落飾《らくしょく》（出

◎参考文献　NHKプロモーション編『天璋院篤姫展』（NHK、NHKプロモーション、2008年）、大石学編『時代考証の窓から—篤姫とその世界—』（東京堂出版、2009年）

将軍継嗣問題をめぐる対立図

一橋《ひとつばし》派

従来幕政から排除されていた家門（越前福井藩）や外様大名（薩摩藩）らからなる有志大名たちによるグループ。

将軍候補
一橋《ひとつばし》慶喜《よしのぶ》
水戸藩主徳川斉昭の息子で、御三卿《ごさんきょう》一橋家当主

おもな支持者と支持理由

越前藩主 松平慶永《まつだいらよしなが》
薩摩藩主 島津斉彬《しまづなりあきら》
前水戸藩主 徳川斉昭《なりあき》
土佐藩主 山内豊重《やまのうちとよしげ》
宇和島藩主 伊達宗城《だてむねなり》
老中阿部正弘

開国や朝廷との関係などの国難を、英才の誉れ高い慶喜を将軍にすることで乗り切ろうとしたが、老中阿部正弘の死後、挫折。

VS

紀州《きしゅう》派

井伊を筆頭とする譜代大名や、将軍側近の幕臣、大奥など

将軍候補
徳川慶福《よしとみ》（のちの家茂）
御三家紀伊藩主。慶喜より徳川宗家に血筋が近い。

おもな支持者と支持理由

彦根《ひこね》藩主 井伊直弼《いいなおすけ》
譜代大名
将軍側近の幕臣
関白九条尚忠《かんぱくくじょうひさただ》
大奥

揺らいでいる秩序を、血筋の近い慶福のもとで立て直すことによって克服しようとした。安政5年に井伊が大老となり、慶福が第14代将軍徳川家茂となることによって決着する。

家）して、天璋院と称することになった。幕末期、天璋院は、江戸にとって、そして徳川家にとって歴史的に重要な役割を果たすこととなる。

明治元年（1868）1月、旧幕府軍は鳥《と》羽《ば》伏《ふし》見《み》の戦い（p.226）で新政府軍に敗れ、いよいよ徳川家の存続が危うくなっていた。そのころ、天璋院は、戦争回避と徳川家存続を願って、14代将軍の正室だった静寛院《せいかんいん》（和宮《かずのみや》p.222）とともに官軍隊長らに嘆願書を送っている。天璋院、静寛院が過ごした江戸城大奥は、幕末におけるひとつの政治勢力としての役割を果たしていたのである。

勝海舟《かつかいしゅう》と西郷隆盛《さいごうたかもり》の功績として知られる江戸城無血開城（p.226）でも、天璋院の書状が西郷の決断を促す役割を果たしたといわれる。江戸開城後、天璋院は一橋邸へ、静寛院は田安《たやす》邸へ移り、江戸城は官軍に引き渡された。

なお、明治維新後の天障院は、徳川宗家を継いだ御三卿《ごさんきょう》田安《たやす》家の亀之助《かめのすけ》（のちの家達《いえさと》）を養育し、明治16年（1883）、48歳で激動の生涯に幕を下ろした。

江戸時代の結婚事情

将軍家や大名家の結婚ともなれば、さまざまな思惑が渦巻くが、庶民の結婚はどうだったのだろうか？ ここでは、江戸時代の庶民の結婚事情を見てみよう。

結婚は、「家」と「家」との縁組み

御家《おいえ》の存続が重視されていた江戸時代。結婚して一家の主人・主婦になることが、死後「先祖」として祀《まつ》られる要件だった。そのため、成人後も結婚しない者、離婚して実家へ帰った者は、「厄《やっ》介《かい》」と称され、そのまま死去すれば「無縁仏《むえんぼとけ》」として扱われた。

そもそも娘は、子を産む者としても、働き手としても、とても重要な存在だった。他家へ嫁いだ娘は、貴重な生産力・労働力でもあり、それゆえ「嫁盗《よめぬす》み」が行われ、「女偏に取」と書いて「娵《よめ》」とも読んだのである。盗むというのは穏やかではないが、暗黙の合意のうえで、盗むという形式がとられた。

しかし、農業技術の改良が進むと、嫁の労働力が軽くなり、嫁盗みは、家柄が釣り合わない男性が、若者仲間などの助力を得て、女性を強引に連れ出す行為へと変わり、「嫁入り」「婿入り」という儀礼的な言葉が現れてくる。江戸時代の結婚は、配偶者の家に入ることが重要だったため、「女偏に家」と書いて、「嫁《よめ》」と読んだのである。

家族計画としての晩婚化

江戸時代は、乳児の死亡率が高かったため、家を存続させるには、なるべく多くの子を産んでおく必要があった。しかし、多くの子どもを養うには、それなりの経済力が必要である。そのため、子どもの数はある程度制限せざるを得なかった。

そのための手段として、「晩婚化」があった。江戸時代の初婚年齢は、男性25～28歳、女性18～24歳。現代に比べると早いが、極端に早い年齢でもない。初婚年齢については、東北地方の農村が最も早婚で、濃尾《のうび》平野から畿内《きない》にかけての地方が最も晩婚という傾向もあった。早く家族労働力を補充しなければならない地方は、必然的に早婚となった。

離婚と再婚

江戸時代の離婚について、「三下《みくだ》り半《はん》」と俗称された離縁状があったことや、離婚したい女性が駆け込む「縁切寺」があったことはよく知られる。女性には離縁状を書く権利がなかったため、当時の離婚というと男性のみに決定権があるように思っている人も多いかもしれない。しかし、実際に

◎参考文献　鬼頭宏『人口から読む日本の歴史』（講談社、2000年）、沢山美果子『性と生殖の近世』（勁草書房、2005年）、高木侃『三くだり半』（平凡社、1999年）、陶智子『江戸の女性』（新典社、1998年）

は、夫婦の間に仲介者が入って協議することが多く、妻側から夫に離縁状を書くよう頼む場合もあった。

離縁状は、夫が妻を離婚するという「離婚文言」だけでなく、以後、誰と再婚しても差し支えないという「再婚許可文言」も書かれていた。つまり、離縁状は再婚許可状でもあり、女性は再婚する自由を保障されたのである。

春信『婚姻之図 祝言』国立国会図書館蔵

婚礼の様子
江戸後期の武州《ぶしゅう》荏原《えばら》郡《ぐん》太子堂村《たいしどうむら》（世田谷区）の婚礼の様子。

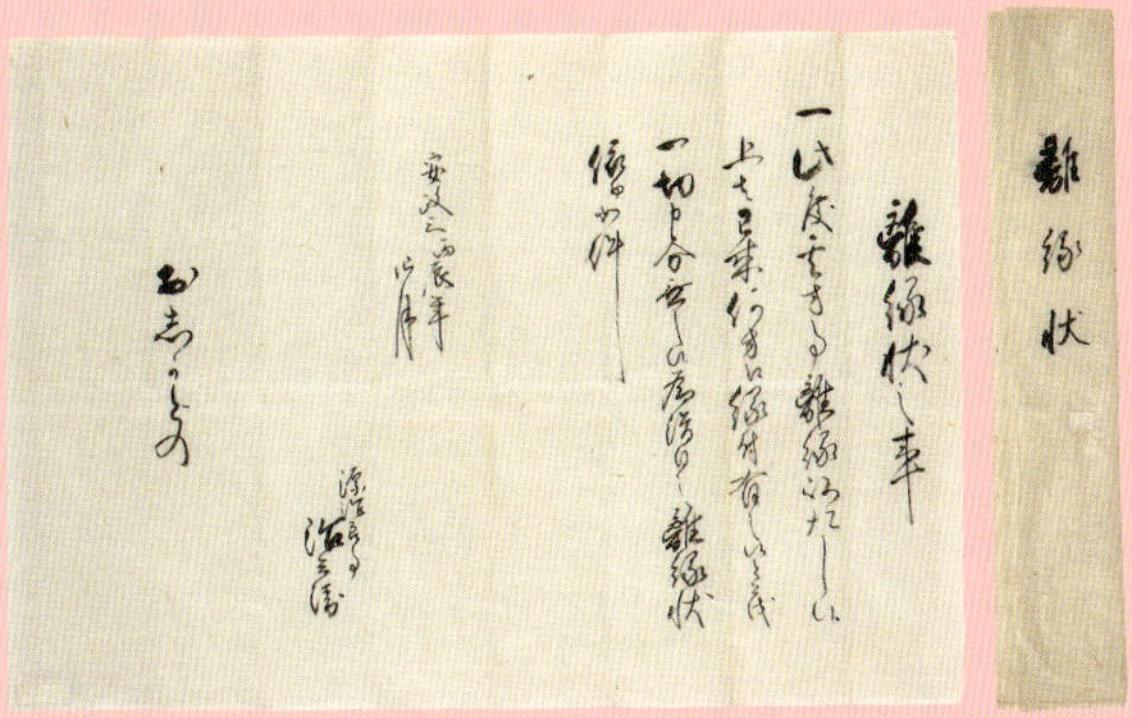
離縁状

離縁状
「三下り半」は、文言が3行半で書かれたことからこの名があるが、必ずしも3行半ではなかったようである。上は定型通り、3行半で書かれている離縁状。
公益財団法人紙の博物館蔵

政治

遣米使節団と護衛船咸臨丸

万延元年の太平洋横断

『フランクレズリー イラストレイテッド・ニュースペーパー（繁華街）』 神奈川県立歴史博物館蔵

歓迎を受ける遣米使節団

ワシントンに到着した使節団は、大観衆の出迎えを受けた。アメリカ側は珍しい東洋からの客を好意的に迎え、使節団は各地で歓迎を受けたという。

小栗忠順らの海外視察

安政《あんせい》5年（1858）に締結された日米修好通商条約の批准《ひじゅん》のため、万延《まんえん》元年1月、2隻の船が、江戸を出発した。1隻は、幕府の遣米使節を乗せたアメリカ軍艦ポウハタン号。もう1隻は、遣米使節の警護と、幕府海軍の航海術の実地訓練のためにオランダから購入した咸臨丸《かんりんまる》である。

正使新見正興《しんみまさおき》、副使村垣範正《むらがきのりまさ》、監察小栗忠順《おぐりただまさ》以下、合計77名からなる遣米使節は、1月22日、江戸を出発し、途中ハワイで国王カメハメハ4世に謁見し、アメリカに到着後は、サンフランシスコ市主催の歓迎会に招かれるなど、各地で歓迎を受けた。このののちポウハタン号でサンフランシスコを出航し、パナマ海峡を渡ってアメリカ東部へ向かい、ワシントンで条約批准書の交換を行った。

その後、遣米使節団は、アメリカ軍艦ナイアガラ号に乗り換え、アフリカ大陸のポルトガル領コンゴのロアンダに寄港し、さらに南下して喜望《きぼう》峰《ほう》を通過し、バタビヤから香港を経て、品川に帰ってきた。約9ヶ月かけて、世界を一周したのである。

船中において小栗は、従者とともに英語を学び、アメリカでは、ワシントン海軍造船所を見学し、フィラデルフィア造幣局では、貨幣の交換比率の実験を行い、小判とドルとの交換相場について交渉するなど、単なる見聞ではない道中を過ごしていた。これらの経験は、のちに幕府の中心人物となる小栗に大きな影響を与えた。

咸臨丸 太平洋横断…？

◎参考文献　村上泰賢編著『小栗忠順従者の記録』（東善寺、2001年）、田中彰『開国と倒幕』（集英社、1992年）

遣米使節団および咸臨丸航海経路

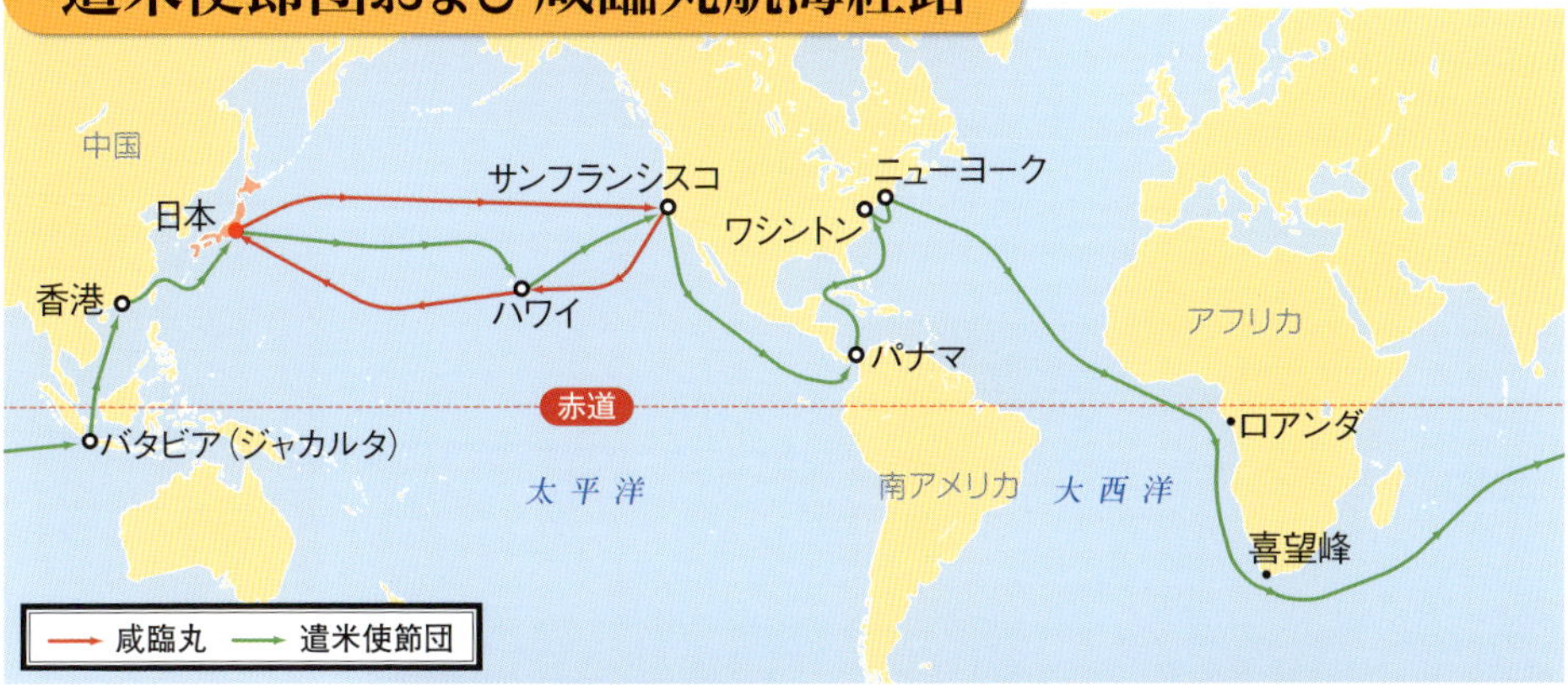

遣米使節団は往路にポウハタン号、帰路にナイアガラ号を利用し、世界一周して帰ってきた。咸臨丸は、サンフランシスコと日本を往復した。

荒波を進む咸臨丸

この荒波を前に、航海は困難を極めた。ただ実際に操縦していたのは、同船していたブルック大尉らおもにアメリカの軍人だったという。絵は、乗組員のひとりが書いたもの。

鈴藤勇次郎『咸臨丸難航図』木村家蔵、横浜開港資料館保管

一方、遣米使節の警護のために派遣された咸臨丸には、異なる使命があった。咸臨丸は、幕府が西洋航海術の伝習のために建設した長崎海軍伝習所の練習艦として使用されていた。

咸臨丸には、軍艦奉行《ぶぎょう》の木村喜毅《よしたけ》のもと、勝海舟《かつかいしゅう》以下の伝習所の卒業生ら日本人乗組員96名が乗船。ほかに通訳として中浜万次郎《なかはままんじろう》（ジョン万次郎）*、木村の従者として福沢諭吉《ふくざわゆきち》なども乗船していた。彼らの使命は、日本人による太平洋航海を成し遂げることだった。しかし、実際に咸臨丸を操縦したのは、江戸湾で遭難したアメリカ海軍軍人ら11名で、それに、わずかの日本人乗組員が協力していただけだったという。勝も船酔いのため自室にこもり、操縦に加わることはなかったそうだ。

*元土佐（高知県）の漁師。出漁中に遭難したところをアメリカの捕鯨船に助けられ、約10年間アメリカで教育を受けた。嘉永4年（1851）に帰国。その英語力を買われ、土佐藩や幕府に登用された。

事件

桜田門外の変

前代未聞の大事件

白昼堂々の暗殺事件

咸臨丸《かんりんまる》が太平洋を渡ったころ、江戸では、前代未聞の事件が起きていた。万延《まんえん》元年（1860）3月、登城途中の大老《たいろう》井伊《いい》直弼《なおすけ》が、水戸藩（茨城県）と薩摩藩（鹿児島県）の浪士《ろうし》に襲撃され、命を落としたのである。いわゆる桜田門外《さくらだもんがい》の変である。

なぜ、時の最高権力者である井伊直弼が惨殺されるに至ったのか、それにはこんないきさつがあった。まず当時の最大の政治課題は開国問題であり、それに将軍継嗣《けいし》問題がからみあい、複雑な様相を呈していた。

214ページでも述べたとおり、井伊を筆頭とする紀州《きしゅう》派が紀州藩主徳川慶福《よしとみ》を推すのに対し、薩摩藩ら有志大名らで構成された一橋《ひとつばし》派は、御三卿《ごさんきょう》一橋家当主である一橋慶喜《よしのぶ》を推していた。対立は激しさを増したが、安政5年（1858）に井伊が大老になると、井伊が推す慶福が必然的に、第14代将軍徳川家茂《いえもち》となり、対立は決着した。

「政治とテロ」―、新たな政治状況

継嗣争いに敗れた一橋派は、大老の井伊が、勅許《ちょっきょ》を得ずに日米修好通商条約（➡p.210）に調印したことを、違勅《いちょく》調印として攻撃する。ここで、尊王《そんのう》と攘夷《じょうい》とが政治運動として結びつき、以後、下級武士層を中心に、運動を激化させてゆくことになる。

一方の井伊は報復として一橋慶喜らを幕閣から追放し、彼ら

◎参考文献　吉田常吉『井伊直弼』（吉川弘文館、1996年）、松岡英夫『安政の大獄』（中央公論新社、2001年）

井伊直弼

彦根藩主井伊直中の14男（庶子）として生まれ、通常なら大老はもとより、藩主となることもかなわない立場だったが、兄たちの死により、第13代彦根藩主となる。優れた政治手腕によって彦根藩政を改革し、幕府内でも譜代大名たちからの衆望を得た。

豪徳寺蔵

桜田門外襲撃の様子

絵は水戸藩士の蓮田市五郎が、事件直後に描いたもの。

『桜田門外之変図』茨城県立図書館蔵

のブレーンとして活動していた尊攘派の藩士や幕臣たちを徹底的に弾圧した。いわゆる安政《あんせい》の大獄《たいごく》である。こうしたなか、水戸藩、薩摩藩の間には、井伊への反発が強くなっていく。そして、ついに先の桜田門外の変を引き起こすに至ったのである。

安政の大獄や桜田門外の変は、政治的問題の解決には、暴力的手段（弾圧、テロ）も用いるという、新たな政治状況の到来を示すものであった。

東京さんぽ

「桜田門」

江戸城の内濠に設けられた門で、正式には外桜田門。古く、この地を桜田郷と呼んでいたため、この名前がつけられた。また、当初、小田原街道の出発点であったことから、小田原門とも呼ばれていた。井伊直弼は、桜田門から500メートルほど離れた彦根藩上屋敷《かみやしき》から登城の途中、浪士たちに襲われた。

現在の桜田門。

政治

皇女和宮降嫁

婚約を破棄して江戸城へ

朝廷（公）と幕府（武）との融和政策

大老井伊直弼《いいなおすけ》が桜田門外《さくらだもんがい》において暗殺されると、幕政の実権を握った老中《ろうじゅう》の安藤信正《のぶまさ》と久世広周《くぜひろちか》は、朝廷との融和を目指す公武合体《こうぶがったい》政策を推進した。その目玉となったのが、14代将軍徳川家茂《いえもち》と孝明《こうめい》天皇の妹、皇女和宮《かずのみや》の縁組である。

しかし、当時、和宮にはすでに有栖川宮熾仁親王《ありすがわのみやたるひとしんのう》との婚礼が約束されており、朝廷としてはとうてい受け入れられないものだった。そこで幕府は朝廷に対し、10年以内で鎖国《さこく》状態に戻すという交換条件を提示。攘夷《じょうい》を熱望する孝明天皇は、この条件を受け入れ、和宮の婚姻を認めた。とはいうものの、幕府はすでに、安政《あんせい》元年（1854）に和親条約、安政5年には通商条約を締結しており、これまでの幕府政策とは相容れない条件だった。

和宮降嫁《こうか》は、公武合体による体制の安定化を望む幕府・譜代《ふだい》大名と、攘夷を望む朝廷の双方の政治的戦略の妥協点であり、極めて政略色の強い婚礼だった。

徳川記念財団蔵

和宮（静寛院宮）

数千のお供を従え、はるばる京都から江戸へやってきた和宮だが、その結婚生活は短かった。

夫婦仲は意外にも良好

そして文久《ぶんきゅう》元年（1861）12月、皇女和宮は江戸城に入城。その2ヶ月後に家茂との婚礼が執り行われ、和宮は大奥の御台《みだい》所《どころ》となった。

婚約者と引き裂かれ、生まれ育った京都から、武家の都である江戸へ連れ去られた和宮が、この婚礼を喜ばなかったことは想像に難くない。しかし、夫婦仲は思いのほか睦《むつ》まじかったようである。家茂は、公武合体政策の実現のため二度京都に上洛《じょうらく》するが、その間の往復書簡には、ふたりが気づかいあっていた様子があらわれている。

しかし、ふたりの結婚生活は、家茂の若すぎる死によって、わずか2年半で終わりを迎える。家茂の死後、江戸城において徳川家を見守り、維新後の明治10年（1877）に和宮は死去する。その亡骸《なきがら》は、遺言により、将軍家の菩提寺である増上寺《ぞうじょうじ》に、家茂とならんで埋葬された。

◎参考文献　徳川記念財団編　発行『徳川家茂とその時代－若き将軍の生涯－』（2007年）

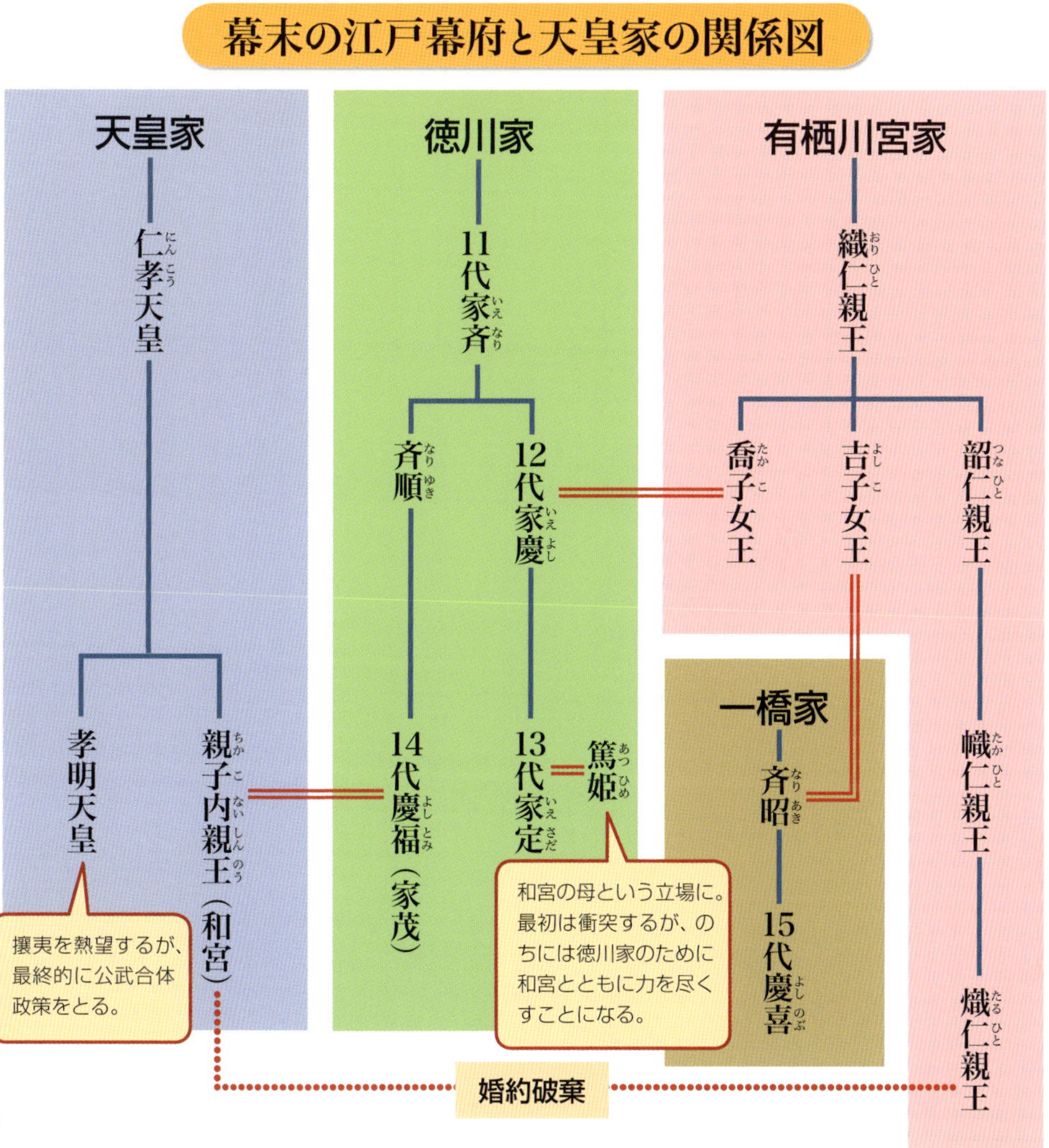

東京さんぽ

「増上寺」

関東へ入国した徳川家康によって、慶長3年（1598）に芝（港区）へ移される。徳川家の菩提寺として、2代秀忠・6代家宣・7代家継・9代家重・12代家慶・14代家茂が埋葬される。なお、徳川家霊《れい》廟《びょう》は普段は公開されていないが、桜の咲く時期に、数日特別公開される。

東京タワーを背に建つ増上寺。

政治

新選組の実像

幕末を駆け抜けた男たちの実像とは?

近藤勇ら上京する

文久《ぶんきゅう》3年（1863）1月、幕府は浪士《ろうし》を取り立てる触《ふれ》を出した。浪士取立の中心にあったのは出羽庄内《でわしょうない》（山形県）浪士清河《きよかわ》八郎と旗本松平忠敏《ただとし》である。尊王攘夷《そんのうじょうい》派の清河には、集めた浪士を攘夷を行うための実行部隊にしようという思惑があり、松平には治安悪化の原因である浪士を集めて、同じ浪士を取り締まらせようという思惑があった。

この触に応じたのが、近藤勇《こんどういさみ》や土方歳三《ひじかたとしぞう》たちである。近藤は多摩地域の百姓出身だったが、剣術の腕を認められ、天然理心《りしん》流《りゅう》宗家近藤家の養子となり、近藤家4代目の当主として、江戸市谷《いちがや》（新宿区）で道場を運営していた。剣術道場は剣術のみを学ぶ場所ではなく、国事について語り合い、政策論争を行う一種のサロンでもあった。幕府の浪士取立には、近藤たちだけではなく、全国から同様の経歴を持つ浪士（百姓・町人・無宿・下級武士）が続々と参加を表明した。

近藤ら総勢230人余の浪士は、浪士組として編成され、将軍家茂上洛《いえもちじょうらく》の警護のために上京する。しかし京都に到着して間もなく、清河は朝廷に対して浪士組は攘夷を実行する心構えである旨を建言《けんげん》し、浪士組は将軍を待つ間もなく、攘夷実行のために江戸に帰ることになる。

これに反発した近藤ら天然理心流門下と、芹沢鴨《せりざわかも》ら水戸藩（茨城県）関係者らは京都に残り、京都守護職の会津藩（福島県）預りとなり、京都の市中見回りを行うこととなった。

霊山歴史館蔵

新選組袖章

白地に赤で「誠」の文字、山形（ダンダラ）模様が描かれていた袖章。

攘夷実現のためのロビー活動

当時の京都は薩摩（鹿児島県）、長州（山口県）、土佐（高知県）などの浪士たちによる暗殺が横行し、たいへん物騒だった。近藤らは水戸派を粛清《しゅくせい》し、新選組を結成。浪士たちを襲撃しその名をとどろかせるようになる。このように一般に新選組といえば、弾圧や暗殺によってその名を知られるが、実像は少し違う。

近藤や新選組が目指したのは、将軍を中心とした幕府主導の攘夷である。また、幕府といっても一枚岩ではなかったため、新選組は、一会桑勢力《いちかいそう》（一橋・会津藩・桑名藩による京都を中心とする政治勢

◎参考文献　大石学『新選組』（中央公論新社、2004年）、宮地正人『歴史の中の新選組』（岩波書店、2004年）

近藤勇

新選組局長。明治元年（1868）の鳥羽·伏見の戦いののち、甲陽鎮撫隊《こうようちんぶたい》を組織し官軍と戦うが、下総流山《しもうさながれやま》（千葉県）でとらえられ斬首された。

国立国会図書館蔵

土方歳三

国立国会図書館蔵

新選組副局長。鳥羽伏見の戦いののち、宇都宮、会津等を転戦、箱館五稜郭《はこだてごりょうかく》（北海道函館市）で戦死した。

力）に属し、攘夷実現のための〝周旋《しゅうせん》（ロビー活動）〟を行っていた。

おのおのが目指す現実的な方法の実現に向かって「周旋」するのが、当時の志士に共通する政治文化である。人斬《ぎ》りに代表される威力行為は、周旋の手段ではあるが、本質ではなかった。

近藤勇は、浪士組を脱した直後に、老中《ろうじゅう》板倉勝静《かつきよ》の宿所へ建白書を携えて赴き議論するほか、諸藩士と交わり周旋を行っている。そして、そのことを「志大略相認書《こころざしたいりゃくあいしたためがき》」と題する書簡で郷里の後援者に報告し、剣術道具などの仕送りを依頼している。

近藤は多くの書簡を残しているが、そこには、当時の志士の政治文化や、地域とのつながりの様子が詳細に記されている。地域的課題を解決するため、地域とのつながりを保ちつつ地域を飛び出し活動する。新選組が象徴するのは、そのような幕末の志士の姿なのである。

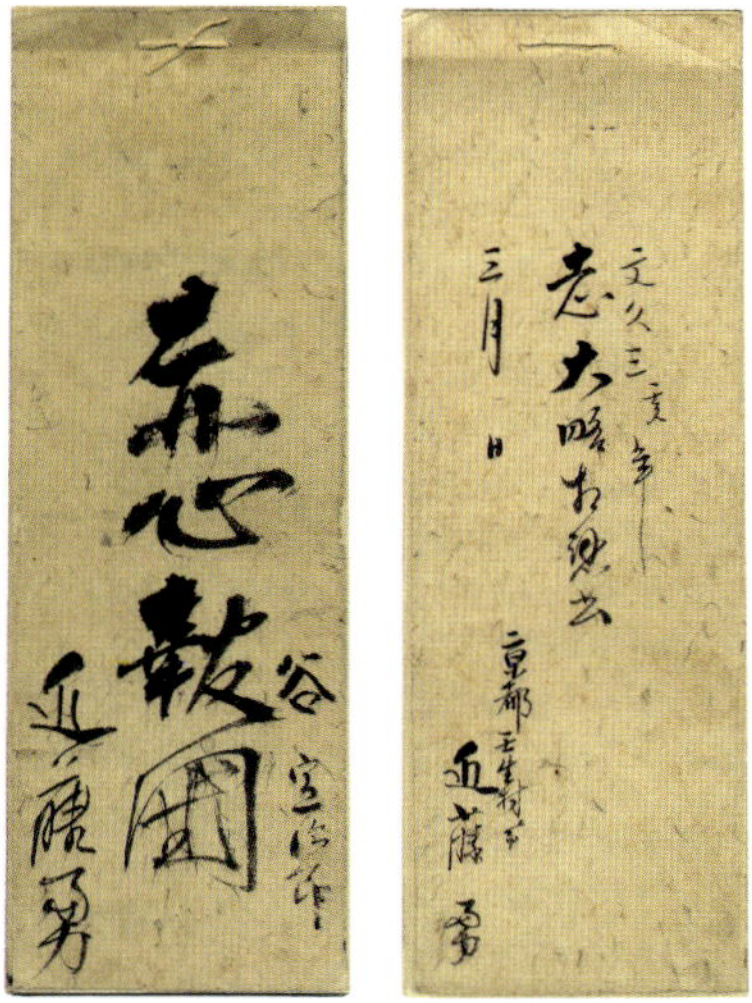

志大略相認書

近藤勇が郷里の後援者に送った手紙。攘夷実現のための強い思いなどが書かれている。

有山菫氏蔵、日野市立新選組のふるさと歴史館提供

15代❖慶喜

文化

江戸城は無血開城へ
大政奉還と戊辰戦争

戊辰戦争始まる

慶応3年(1867)10月、15代将軍徳川慶喜《よしのぶ》は、朝廷に対し政権を返上した。いわゆる大政奉還《たいせいほうかん》である。とはいえ、この大政奉還により、朝廷は幕府を討伐《とうばつ》する名目を失ったため、徳川将軍家の新政権が中枢的地位で参加する可能性も強まった。

一方、大久保利通《としみち》や西郷隆盛《さいごうたかもり》を中心とする薩摩勢は、徳川家や会津藩、新選組といった旧幕府勢力を排除すべく、12月に王《おう》政復古《せいふっこ》を行い、幕府を廃止し、御所《ごしょ》を掌握《しょうあく》した。しかし、この段階では慶喜はまだ政権奪取に意欲的で、徳川家の新政権での地位をめぐり駆け引きを行っていた。

年が明けて明治元年(1868)1月、新政権での地位を確かなものとすべく再び京都へ向かった旧幕府勢に対し、業《ごう》を煮やした薩摩藩が戦争をしかける。これが、鳥羽伏見《とばふしみ》の戦いであり、1年4ヶ月におよぶ戊辰《ぼしん》戦争の始まりである。鳥羽伏見の戦いは、維新政府軍の圧倒的な勝利で終わり、同12日には徳川慶喜以下、旧幕府首脳は、主力部隊を大坂に残したまま江戸へ帰った。

限界を悟った慶喜は、主戦派の重臣を退け、勝海舟《かつかいしゅう》などの恭順《きょうじゅん》派による組閣を行う。自身は寛永寺《かんえいじ》(台東区)に謹慎し、維新政府に対する謝罪の意を明確にしたのである。寛永寺の主でもある輪王寺宮能久親王《りんのうじのみやよしひさしんのう》は、慶喜の依頼を受け、3月7日に東海道を東上している有栖川宮《ありすがわのみや》大総督と面会し、謝罪状を提出する。しかし、十分な効果はなかった。

1日で終わった上野戦争

それでも慶喜の恭順は、最終的には勝海舟と西郷隆盛の会談によって受け入れられ、江戸城は無血開城となる。この結果、江戸が本格的な戦場となることはなくなったが、維新政府軍に一戦を挑むことを主張する旧幕臣や浪人《ろうにん》たちも少なからずいた。彼らは彰義《しょうぎ》隊を結成し、寛永寺で謹慎する慶喜の守護を名目に上野に結集。これに輪王寺宮の周旋《しゅうせん》が受け入れられなかったことに憤る寛永寺の僧侶も加わり、最終的には2000人におよぶ集団となった。

そして、すでに江戸城の明け渡しも終了した5月15日早朝、大村益次郎《ますじろう》率いる諸藩兵1万7000人が彰義隊への攻撃を開始し、上野戦争が勃発する。戦闘は、アームストロング砲(英

◎参考文献　佐々木克『戊辰戦争』(中央公論社、1981年)、家近良樹『徳川慶喜』(吉川弘文館、2004年)

上野戦争　圧倒的な武力を誇る新政府軍を前に、彰義隊は手も足も出ず、戦いは1日で終わった。

歌川芳虎『東台大戦争図』国立国会図書館蔵

国で発明された当時最新鋭の大砲）による圧倒的な火力により、夕方には勝敗が決し、彰義隊は瞬く間に壊滅した。維新政府軍の死者はすぐに埋葬されたが彰義隊の死者は放置され、上野山は彰義隊の戦死者が累々《るいるい》とした悲惨な状況だったという。焼け野原となった上野寛永寺は、江戸市中の人々に、権力者の移り変わりを知らしめるのに十分だった。

以後、戦火は北へ飛び火し、北関東、東北での戦いを経て、箱館《はこだて》（北海道函館市）が最後の決戦の地となった。旧幕府軍副総裁の榎本武揚《えのもとたけあき》らは、箱館の五稜郭《ごりょうかく》を占拠し、新政権（箱館新政府）の樹立を宣言するが、やがて新政府軍の攻撃を受け、明治2年（1869）5月に降伏。これをもって戊辰戦争は終結する。すでに江戸は東京と名を改めていた。

東京さんぽ

「上野寛永寺」

徳川家康の側近の僧天海《てんかい》を開山とし、江戸の天台宗の拠点として創建された寺院。増上寺（➔p.223）とともに将軍家の菩提寺となり、4代家綱・5代綱吉・8代吉宗・10代家治・11代家斉・13代家定の霊廟がある。江戸時代は、現在の上野公園（台東区）一帯が寛永寺の境内だった。

寛永寺の清水観音堂。江戸時代より浮世絵に描かれるなど著名な景観である。

文化

西洋の窓口

築地居留地

明治に入ってやっと開市

安政《あんせい》5年（1858）のいわゆる安政5ヶ国条約によって、開市・開港が約束されたのは、江戸・大坂（開市）と、横浜・兵庫・箱館・兵庫・新潟（開港）の7都市である。同年にはさっそく横浜・箱館・長崎が開港され、対外貿易の拠点、海外文化の窓口となり、独自の文化を形成していく。

しかし、幕府の膝元である江戸と、京都から近い兵庫・大坂の開港は、政治的にも大きな争点となり、なかなか開港されなかった。江戸の開市がその途につくのは、慶応3年（1867）。築地鉄砲洲《つきじてっぽうず》9ヶ町（中央区明石町）が居留地《きょりゅうち》（外国人の居留及び交易が許可された地域）に指定され、江戸開市担当の町奉行《まちぶぎょう》以下、その準備のため、土地の接収などを開始した。

しかし、そんなさなかの慶応3年10月、将軍徳川慶喜《よしのぶ》は大政《たいせい》奉還《ほうかん》し、王政復古《おうせいふっこ》の大号令によって京都に新政府が誕生。このため江戸の開市はさらに延期されてしまう。江戸開市準備が再開されたのは、政権が明治政府に移り、京都から維新政府軍が江戸城にやってきた明治元年4月で、維新官僚と、江戸幕府の外交担当者の協働で、開市事業が再開された。

そして同年11月に築地居留地が開かれ、東京が開市されたのである。居留地には、東京運上所《うんじょうしょ》（税関）のほか、各国の商館、遊郭が設けられた。また、居留地に滞在する外国人のために、築地ホテル館が建設された。明治元年（1868）に建てられた

◎参考文献　東京都公文書館編『築地居留地 都史紀要4』（東京都、1991年）

築地居留地の様子

明治元年（1868）に貿易のための市場として鉄砲州一帯に開かれた築地居留地。右側の大きな建物が、築地ホテル館である。ただし、このホテルは、完成から4年足らずで焼失してしまった。築地居留地は、明治32年（1899）の条約改正（治外法権撤廃）により居留地としての使命を終えた。

歌川国輝『東京築地鉄炮洲景』
東京都立中央図書館東京誌料文庫蔵

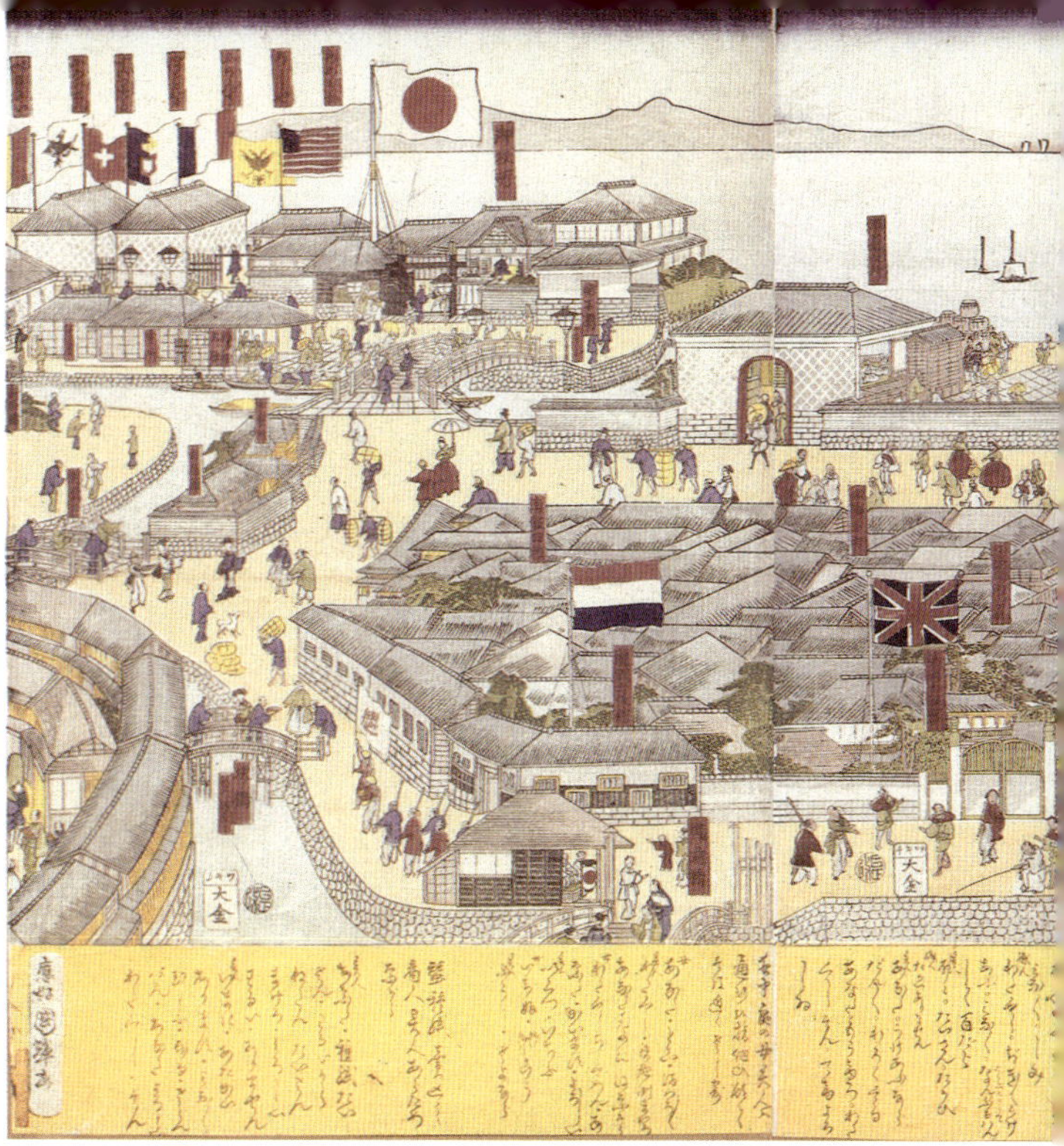

築地ホテル館は、本格的洋風建築として注目を集め、東京の新名所となった。

こうして築地居留地は、東京における西洋文化の入り口となったのである。

東京さんぽ

「明石町」

築地居留地があったのは、現在の中央区明石町《あかし》のあたりである。居留地の開発は、当初は横浜に押されあまり進まなかったが、明治10年代には外国公使館や教会・学校などが建てられるようになった。立教大学、明治学院大学など、いくつかのミッションスクールは、築地居留地で生まれた。また、現在の明石小学校前にあるガス街灯の鋳鉄製の柱は、当時、居留地で使用されていたものである。

コリント風の装飾が施されたガス街灯の柱。

アメリカ公使館跡のモニュメント。アメリカ公使館は、明治8年（1875）に、港区の善福寺から築居留地へ移り、同23年（1890）までこの地にあった。

15代❖慶喜

政治

江戸から東京へ

時代は変わっても日本の中心地

江戸城の明け渡し

江戸幕府の拠点であり、江戸時代、日本の首都の中枢であった江戸城は、明治元年（1868）4月11日、維新政府へ明け渡された。開城に先立ち、9日には和宮《かずのみや》と実成院《じつじょういん》（徳川家茂《いえもち》生母）が、10日には天璋院《てんしょういん》と本寿院《ほんじゅいん》（徳川家定《いえさだ》生母）などの大奥の住人が江戸城を退去する。代わって大総督有栖川宮熾仁親王《ありすがわのみやたるひとしんのう》が江戸城に入り、新たな江戸の主人となった。

江戸幕府の勘定奉行《ぶぎょう》・寺社奉行・町奉行の三奉行の役所は5月に維新政府へ引き継がれ、それぞれ民政裁判所・寺社裁判所・市政裁判所と改称された。なお、多くの下級役人たちは、主人こそ変わったものの、引き続き勤務し続けることができた。

5月11日には行政組織として江戸府が、19日には、引き続く戊辰《ぼしん》戦争の軍事最前線として江戸鎮台府《ちんだいふ》が設置される。そして、7月17日、東西の京を同視するという方針から、江戸は東京（東の京）と改称された。あわせて鎮台府は廃止となり、駿河《するが》（静岡県）以東を管轄する鎮将府《ちんしょうふ》が江戸城内に設置された。江戸府は、町奉行所を引き継いだ市政裁判所《しせいさいばんしょ》を吸収して東京府となり、東京の市政を管轄することになった。そして、10月には、江戸城は東京城となるのである。

京都から再び東京へ

王政復古によって誕生した維新政府は、京都をその根拠地としていたが、首都機能などの面から、東京への遷都《せんと》が議論されるようになった。そんななか、明治天皇が東京へ行幸《ぎょうこう》。明治元年10月のことである。明治天皇は12月にいったん京都へ還幸《かんこう》するが、翌明治2年（1869）に再び東京へ。以後、天皇は京都へ還幸することはなかった。そして新政府の官庁も続々と東京への移転を始めた。こうして東京は首都機能を強化し、現在に至るのである。

◎参考文献　藤野敦『東京都の誕生』（吉川弘文館、2002年）、佐々木克『江戸が東京になった日』（講談社、2001年）

月岡芳年『其二東京府京橋之圖』東京都立中央図書館東京誌料文庫蔵

天皇行幸

京橋を通過して江戸城へ向かう天皇一行。

幕末の江戸城

江戸城も東京城と改められる。明治以降、天皇の居城となる。現在の皇居である。

『Fベアト幕末日本写真集』より 横浜開港資料館蔵

明治初期の日本橋風景

明治3年頃の日本橋とその周辺を描いたもの。橋のたもとに高札があり、和装の人や棒手振《ぼてふ》りが描かれているなかに、洋装の人や馬車、自転車のような乗り物で移動するものなども一緒に描かれ、徐々に西洋化されている様子がわかる。なお、高札も明治6年（1873年）に廃止された。

歌川芳虎『東京日本橋風景』 国立国会図書館蔵

「江戸時代」を知るブックリスト50

❖読み物系❶（おもに「江戸」について書かれたもの）

編著者	書名	出版社	発行年
青木美智男	深読み浮世風呂	小学館	2003
伊藤好一	江戸の町かど	平凡社	1987
伊藤好一	江戸の夢の島	吉川弘文館	1982
大石 学	地名で読む江戸の町	PHP研究所	2001
大石 学	駅名で読む江戸・東京 ＊続編もあり	PHP研究所	2003
大石 学	坂の町江戸東京を歩く	PHP研究所	2007
大石 学	首都江戸の誕生	角川書店	2002
北島正元、南和男	江戸巨大都市考	朝日新聞社	1991
竹内 誠、大石 学	都市江戸への歴史視座	名著出版	2004
竹内 誠	江戸の盛り場考 浅草・両国の聖と俗	教育出版	2000
西山松之助、芳賀登	江戸三百年１ 天下の町人	講談社	1975
西山松之助、竹内誠	江戸三百年２ 江戸ッ子の生態	講談社	1975
西山松之助、小木新造	江戸三百年３ 江戸から東京へ	講談社	1976
西山松之助	歴史文化セレクション 江戸ッ子	吉川弘文館	2006
平井 聖	図説江戸 町屋と町人の暮らし ＊同シリーズ他に多数あり	学習研究社	2000
宮田 登	歴史文化セレクション 江戸歳時記	吉川弘文館	2007
山本博文	江戸を楽しむ	中央公論新社	2000

読み物系❷（江戸時代全般）

編著者	書名	出版社	発行年
大石 学	江戸時代新聞	小学館	2003
江戸文化歴史検定協会	江戸博覧強記	小学館	2007
大石 学	江戸時代への接近	東京堂出版	2000
大石 学	江戸の教育力	東京学芸大学出版会	2007
大石 学	知っておきたい江戸の常識 事件と人物	角川学芸出版	2007
大石 学	江戸のうんちく 社会と生活	角川学芸出版	2008
深谷克己	江戸時代（岩波ジュニア新書）	岩波書店	2000
深谷克己ほか	大系日本の歴史9～12	小学館	1988～89
山本博文	将軍と大奥	小学館	2007
山本博文	江戸時代を〝探検〟する	新潮社	2005

図版・図解が充実しているもの

編著者	書名	出版社	発行年
NHKデータ情報部、樋口清之	ヴィジュアル百科江戸事情（全6巻）	雄山閣出版	1991～94
小木新造、竹内 誠	ビジュアルブック江戸東京 江戸名所図屏風の世界	岩波書店	1992
笹間良彦	復元江戸生活図鑑	柏書房	1995
人文社編集部	切絵図・現代図で歩く江戸東京散歩	人文社	2002
竹内 誠、市川寛明	地図・グラフ・図解でみる 一目でわかる江戸時代	小学館	2004
東京都江戸東京博物館	大江戸八百八町展	東京都江戸東京博物館	2003

編著者	書名	出版社	発行年
深井雅海	図解 江戸城をよむ	原書房	1997
ヘンリー・スミス	ビジュアルブック江戸東京 浮世絵にみる江戸名所	岩波書店	1993
水藤 真、加藤 貴	江戸図屏風を読む	東京堂出版	2000
山本博文	ビジュアルＮＩＰＰＯＮ江戸時代	小学館	2006

事典系

編著者	書名	出版社	発行年
大石 学	大江戸まるわかり事典	時事通信出版局	2005
小木新造ほか	江戸東京学事典［新装版］	三省堂	2003
加藤 貴	江戸を知る事典	東京堂出版	2004
喜田川守貞	近世風俗志一～五（守貞謾稿）	岩波書店	1996
児玉幸多	江戸のすべてがわかる事典	三笠書房	1999
笹間良彦	図説 江戸町奉行所事典 普及版	柏書房	2004
竹内 誠	徳川幕府事典	東京堂出版	2003
竹内 誠	ビジュアルワイド江戸時代館	小学館	2002
西山松之助	江戸学事典	弘文堂	1984
林英夫、青木美智男	しらべる江戸時代	柏書房	2001
牧野昇、会田雄二、大石慎三郎	人づくり風土記 全国の伝承・江戸時代１３・４８大江戸万華鏡	農山漁村文化協会	1991
吉原健一郎、大濱徹也	増補版 江戸東京年表	小学館	2002
渡辺信一郎	江戸の庶民生活・行事事典	東京堂出版	2000

＊以上は本書でも参考にさせていただきました。

［き］

［く］

［け］

［こ］

［さ］

［し］

［す］

［せ］

さくいん

執筆者紹介

大石 学（おおいし まなぶ）

＊240ページ編著者紹介参照

工藤 航平（くどう こうへい）1976年生

総合研究大学院大学博士後期課程在籍、行田市史編さん専門調査委員

主要論文……「幕末期江戸周辺における地域文化の自立」（『関東近世史研究』第65号、2008年）

時代考証……正月時代劇「雪之丞変化」（資料提供）、土曜時代劇「オトコマエ!」（時代考証補）など

＊本書では、執筆陣のまとめ役として、全体構成、テーマ案の選定など企画段階から携わった。

★執筆ページ……p.16、52、54、78、136、154、158、162、164、166、168、174、176、178、206、212

（以下、五十音順）

大橋 毅顕（おおはし たけあき）1983年生

一橋大学大学院博士後期課程在籍

主要論文……「将軍綱吉の牧野邸御成り」（大石学編『高家前田家の総合的研究-近世官僚制とアーカイブズ-』東京堂出版、2008年）

時代考証……木曜（土曜）時代劇「陽炎の辻」シリーズ（時代考証補）

★執筆ページ……p.34、36、40、42、48、58、86、94、96、100、120、126、142、148、156

佐藤 宏之（さとう ひろゆき）1975年生

一橋大学大学院博士後期課程単位取得退学 博士（社会学）、法政大学兼任講師

主要論文……「御家騒動の構図-歴史・記憶・メディア-」（『江戸文学』第39号、2008年）

時代考証……金曜時代劇「蝉しぐれ」（資料提供）、時代劇スペシャル「花の誇り」（時代考証補）など

★執筆ページ……p.24、70、72、74、80、82、88、90、92、102、104、114、120、184、216

竹村 誠（たけむら まこと）1978年生

東京学芸大学大学院修士課程修了、墨田区文化振興財団学芸員

主要論文……「御三卿の領地変遷」（大石学編『近世国家の権力構造-政治・支配・行政-』岩田書院、2003年）

時代考証……金曜時代劇「御宿かわせみ 第三章」（時代考証補）、大河ドラマ「篤姫」（資料提供）など

★執筆ページ……p.14、28、30、56、108、110、140、144、152、172、186、196、198、200

野本 禎司（のもと ていじ）1977年生

一橋大学大学院博士後期課程在籍

主要論文……「旗本家の知行所支配行政の実現と『在役』」（大石学編『近世公文書論-公文書システムの形成と発展-』岩田書院、2008年）

時代考証……大河ドラマ「篤姫」（資料提供）

★執筆ページ……p.44、112、118、138、146、150、194、202、204、208、210、214

三野 行徳（みの ゆきのり）1973年生

総合研究大学院大学博士後期課程在籍、東洋英和女学院大学非常勤講師、小平市史編さん調査専門委員

主要論文……「幕府代官所における公文書行政の成立とその継続的運営」（大石学編『近世公文書論-公文書システムの形成と発展-』岩田書院、2008年）

時代考証……大河ドラマ「新選組!」（資料提供）、正月時代劇「新選組!! 土方歳三 最期の一日」（資料提供）など

★執筆ページ……p.76、116、130、134、170、218、220、222、224、226、228、230

望月 良親（もちづき よしちか）1981年生

一橋大学大学院博士後期課程在籍

主要論文……「甲府町年寄の由緒と将軍年始参上」（大石学編『近世公文書論-公文書システムの形成と発展-』岩田書院、2008年）

時代考証……金曜時代劇「最後の忠臣蔵」（資料提供）

★執筆ページ……p.22、38、60、62、68、98、124、128、130、132、160、180、182、188、190、192

●編著者略歴
大石 学（おおいし まなぶ）
1953年、東京都生まれ。東京学芸大学卒業。同大学院修士課程修了。筑波大学大学院博士課程単位取得。徳川林政史研究所研究員、日本学術振興会奨励研究員、同特別研究員、名城大学助教授などを経て、現在、東京学芸大学教授。
おもな著書・編著に『江戸の外交戦略』（角川学芸出版）、『吉宗と享保の改革』（東京堂出版）、『時代考証の窓から―「篤姫」とその世界』（同）、『地名で読む江戸の町』（PHP研究所）、『江戸時代新聞』（小学館）、『大江戸まるわかり事典』（時事通信出版局）など多数。大河ドラマ『新選組！』『篤姫』や、『陽炎の辻』シリーズなど、テレビ時代劇の時代考証でも活躍。

本文デザイン……義江邦夫（タイプフェイス）
本文イラスト……岡村奈穂美、小林哲也
撮　　影…………はせばひさし
編集協力…………株式会社アルク出版企画、三浦真紀
編集担当…………伊藤雄三（ナツメ出版企画）
写真協力…………株式会社DNPアートコミュニケーションズ、宮内庁、財団法人東京都公園協会、
台東区観光課、羽村市農業観光振興係、
浮世絵等の図版写真は所蔵先より借用（本文頁に記載）
カバー写真………『江戸図屏風』国立歴史民俗博物館蔵
『新吉原江戸町壱丁目玉屋内濃紫』（香蝶楼国貞） 国立国会図書館蔵

史上最強カラー図解
江戸時代のすべてがわかる本

2009年 8月11日初版発行
2009年10月10日第2刷発行

編著者　大石　学
発行者　田村正隆

発行所　株式会社ナツメ社
東京都千代田区神田神保町1-52 加州ビル2F（〒101-0051）
電話　03（3291）1257（代表）　FAX　03（3291）5761
振替　00130-1-58661
制　作　ナツメ出版企画株式会社
東京都千代田区神田神保町1-52 加州ビル3F（〒101-0051）
電話　03（3295）3921
印刷所　ラン印刷社

ISBN978-4-8163-4737-5　Printed in Japan